U0498584

战略洞察力

阿里三板斧顶层设计

天机（李川） 著

电子工业出版社·

Publishing House of Electronics Industry

北京·BEIJING

内 容 简 介

战略不是想出来的，战略是打出来的。

本书讲述了战略实战的真功夫：以阿里巴巴 20 多年的战略管理实践，结合中国互联网行业发展历程，吸取各行业中小企业生死存亡的经验教训，形成新时代企业战略管理的实践体系。

本书系统地为大家解读企业战略四部曲和战略实施三原则，通过"终局—布局—定位—策略"全面构建企业战略发展的图谱，通过"大舍大得、大赌大赢、大拙大巧"明确当下的战略发展路径。

作为阿里三板斧管理体系头部力量核心，本书旨在建立企业顶层设计的体系，保持一如既往的特色：

活生生：跨越多个产业周期，依然历久弥新。

血淋淋：身经坎坷荆棘丛林，伤疤鉴证历程。

从未来出发，从现在开始。战略需要的，就是洞察未来的智慧，就是选择当下的见地，就是看十年做一年的落地。

未经许可，不得以任何方式复制或抄袭本书之部分或全部内容。

版权所有，侵权必究。

图书在版编目（CIP）数据

战略洞察力：阿里三板斧顶层设计 / 天机著 .—北京：电子工业出版社，2022.1

ISBN 978-7-121-42644-5

Ⅰ.①战… Ⅱ.①天… Ⅲ.①电子商务－商业企业管理－经验－中国 Ⅳ.① F724.6

中国版本图书馆 CIP 数据核字（2022）第 015173 号

责任编辑：张月萍　　　　　　　　特约编辑：田学清
印　　刷：三河市良远印务有限公司
装　　订：三河市良远印务有限公司
出版发行：电子工业出版社
　　　　　北京市海淀区万寿路 173 信箱　　　　　邮编：100036
开　　本：720×1000　　1/16　　印张：18.5　　字数：319.7 千字
版　　次：2022 年 1 月第 1 版
印　　次：2022 年 1 月第 1 次印刷
印　　数：8000 册　　定　　价：69.00 元

凡所购买电子工业出版社图书有缺损问题，请向购买书店调换。若书店售缺，请与本社发行部联系，联系及邮购电话：（010）88254888，88258888。

质量投诉请发邮件至 zlts@phei.com.cn，盗版侵权举报请发邮件到 dbqq@phei.com.cn。

本书咨询联系方式：（010）51260888-819，faq@phei.com.cn。

战略是打出来的！

——逍遥子

前言

/

/

一位前阿里人的和盘托出   一位修行者的言无不尽

非常荣幸生活在这个伟大的时代，非常感恩曾经奋斗在这家伟大的公司。

从1999年到2019年，在这20年中，阿里巴巴从一个"笑话"变成了一个"神话"！那些曾经只是为了生存的人，如今不乏身家亿万者。在阿里巴巴发展的大潮中，有很多人在这块肥沃的土壤上成长起来，我就是其中一个。

我在阿里巴巴工作多年，从事管理之道的研究工作，同时还做业务的管理，亲身经历了天猫的发展，以及阿里巴巴很多其他项目的发展。我在阿里巴巴学到了很多东西，非常感谢阿里巴巴给我的一切。

因为使命感，我希望把阿里巴巴的思想、文化和管理，传授给正在做互联网转型的企业，以及对阿里巴巴的文化和管理感兴趣的管理者朋友。

在阿里巴巴的发展过程中，有三个管理史上的传奇故事。

传奇1

在 1999 年阿里巴巴刚刚成立的时候，马云曾对十八罗汉说他们的能力太差。在十八罗汉中，有马云的家人、前同事、学生。马云当时说："你们能力太差，在阿里巴巴未来的发展中，你们只能做连长和排长，所以一定要去找那些世界 500 强企业里的人，让他们变成我们公司的将军和司令！"

20 多年过去了，那些马云曾经认为只能做连长、排长的人成了阿里巴巴的顶梁柱，在各自的事业部中发挥着极其重要的作用。当年从事人力资源工作的彭蕾成为阿里巴巴资深副总裁、Lazada 董事长，当年的前台童文红成为菜鸟的董事长，当年的行政蒋芳——马云的学生，成为阿里巴巴集团的副首席人力官。从对互联网一无所知到成为优秀管理者，甚至行业的商业领袖，他们成功背后的真正原因是阿里巴巴有一整套的管理者培养机制！这套机制可以让人真正成长起来，并且在企业发展的过程中成就更多的管理者！

传奇2

阿里巴巴很早就已经做到不需要管理，只凭借员工的自我管理就能够经营好公司了。

2003 年发生过一件很严重的事情——暴发非典疫情！一位阿里巴巴员工参加广交会回来后被确诊，导致自 5 月 10 日起阿里巴巴办公所在地被迫关闭。因为无法进入办公室，员工只能在家上班。马云跟所有员工讲，这是公司生死存亡的时刻，所以拜托大家，希望大家可以把电脑、电话带回家去，接下来的一段时间里他没有能力也没有机会管大家，但是如果大家愿意的话，仍然希望大家可以在家继续工作。

之后，员工带着电脑、电话回家，并请爸爸妈妈帮忙："爸爸妈妈，万一我不在家的时候有人打电话，你们就说'你好，这里是阿里巴巴'！"

公司办公室无人上班，但是客户却毫无察觉，我们的客服、我们的产品、我们的销售，所有的工作都在有条不紊地进行着，这也是阿里巴巴管理的一个奇迹。

传奇3

在短短20多年的时间里，阿里巴巴出现了四代管理者。

2007年，阿里巴巴B2B业务在港交所上市。2008年，阿里巴巴很多重要的功臣纷纷退居二线。2014年，阿里巴巴集团在纽交所上市。2015年，很多一线管理者也退居二线——他们留学、出国、生娃……阿里巴巴的功臣，像陆兆禧、曾鸣教授等，退居二线，换上以逍遥子为核心的"70后"管理者。阿里巴巴发展得更好了！

所以马云说，在中国的互联网公司里面，阿里巴巴之所以比较强，靠的就是阿里巴巴的组织管理能力！组织管理能力就是阿里巴巴持续发展的命脉。

在阿里巴巴创业十周年的时候，马云对公司的管理层说，他希望把阿里巴巴管理中的知识和成功点沉淀下来，使之成为未来阿里巴巴管理者的一堂必修课，同时也希望把这堂课给到所有的合作伙伴和客户。所以，2009年，阿里巴巴的一批优秀管理者开始对阿里巴巴的管理进行全面的梳理和探讨。

这就是马云命名的"阿里三板斧"。今天我所讲的阿里巴巴管理三板斧就是这堂课的延伸，也承载着这堂课的内涵。马云非常注重企业的管理和组织。他曾说，元朝既没有像诸葛亮那样上知天文下知地理的军师，也没有出现像张飞、关羽这样能在万军中取上将首级如探囊取物般的将领，但为什么蒙古军队能打遍欧亚大陆呢？因为他们军队中的十夫长、百夫长特别厉害，这些十夫长、百夫长跟自己的兄弟们衣食住行都在一起，出生入死，是这些基层管理者的强大造就了当年蒙古军队的强大。

马云一直对道家很感兴趣。《道德经》说：道生一，一生二，二生三，三生万物。所以，马云希望这套管理课程的设计要足够简单、易于学习。他认为一切的管理都应该是简单的。于是在他的要求下，我们在设计阿里三板斧这套课程的时候就把管理者简单地分成三层：基层管理者、中层管理者和高层管理者，也就是阿里巴巴俗称的腿部力量、腰部力量、头部力量。

基层管理者（腿部力量）：就是所谓的主管和经理这个级别，类似元朝蒙古军队中的十夫长、百夫长。

中层管理者（腰部力量）：指资深经理、总监这个级别。自这个级别往上，不仅要带团队做事，还要去设计规划制度和规章等。

高层管理者（头部力量）：指资深总监、副总裁、总裁等级别。

三板斧分别给三层不同的管理者制定了必须掌握的管理技能。

对于基层管理者——腿部力量，要求能够把结果拿出来。基层管理者只要做好三件事情就可以了。

第一个是定目标，知道要做什么、如何分工，清楚团队中每个人的分工，为了自己的目标去努力。

第二个是追过程，对过程的监控、对里程碑的设计，以及对时间节点的调整，都是过程的核心。

第三个是拿结果，能够拿到真实的结果。结果才是对所有基层管理者的最终要求，必须有结果，否则基层管理者就是不合格的。

以上是对基层管理者的三个要求：定目标、追过程和拿结果。

对于中层管理者——腰部力量，核心要求是能够有组织、有流程、有制度、有体系地发展。马云对中层管理者有三个要求，分别叫搭班子（hire、fire、remove）、带队伍（team building）和做复盘（review）。

第一个是搭班子，包括招人、开除人和轮岗，这些都是中层管理者的事，不是人力资源的事，也就是说中层管理者要自己招人、自己开除人。

第二个是带队伍，包括培训体系、绩效体系、薪酬体系等领域的工作，对团队建设、团队辅导和团队成长负责。

第三个是做复盘，也称建流程，即团队拿到可以复制的结果。不仅要结果好、过程好，还要在项目推进的同时让团队成长起来。

对于高层管理者——头部力量，有更高的要求，同样有三个方面，分别是揪头发、照镜子和闻味道。

第一个是揪头发，即把一个人的头发揪起来，让他从位置上站起来，正所谓站得高看得远，揪头发就是要培养长远的眼光。

第二个是照镜子，指批评和自我批评，营造简单信任的工作氛围，让大家可以正常交流。

第三个是闻味道，指在每件事情面临选择的时候，能看到团队和自己内心的选择和选择背后的价值观体现了什么。

将20多年的管理故事、管理知识、管理体系都融进三板斧，很实用、很实际，也很实在。

本书要讲述的管理三板斧是根据当年马云设计的三板斧培训体系，结合阿里巴巴的管理案例，帮助学员学会思考在企业管理中存在的问题。一直以来，很多人了解阿里巴巴管理的窗口，就是湖畔大学（后更名为"浙江湖畔创业研学中心"）的三板斧，他们通过各种渠道看过湖畔大学三板斧或者听过很多公开的马云内部讲话，觉得阿里巴巴的管理确实非常厉害，无论是战略体系、组织体系，还是文化体系、绩效体系、薪酬体系，等等。

本书就是要带着大家去深刻地了解阿里巴巴具体的管理方法与策略，手把手地教会大家管理的方法与流程，解密阿里巴巴最真实的操作方法和步骤。

阿里巴巴除了有湖畔大学三板斧版本，还有几个其他的版本，本书所讲述的管理三板斧来源于以运营为核心的淘宝天猫体系。逍遥子非常重视三板斧，他要求淘系的三板斧课程能够把马云的管理思维和淘系的实际业务结合起来。他认为，仅仅讲课还不足以让每个人产生变化，必须用这套体系去推动淘宝天猫的业务发展，乃至阿里巴巴所有管理者的成长。

逍遥子的这一思路让淘系三板斧培训不再是一套课程，而是变成了一套与项目结合的管理方法。所以，三板斧培训既有讲述的版本，也有实训的版本，还有咨询的版本，各个版本都是对淘宝天猫近十年的运营实践经验总结而得来的，希望这套体系有借鉴价值！

总而言之，以阿里巴巴的管理实践为基础的"阿里三板斧"，将会成为一套时代的管理课程，成为互联网时代企业管理的必修课程。

管理学不仅是企业内部管理的事情，也是一个时代的推动力量。

如同德鲁克的现代管理与创新管理支持着美国的崛起与高速发展、稻盛和夫的阿米巴管理影响着日本企业的组织模式，我也希望三板斧在现在及不远的将来能够成为可以影响一代企业的管理思想和方法，成为互联网时代企业管理的核心推动力量。

有幸生在这样的时代，有幸长于这个伟大的企业，我希望以微薄之力，探寻阿里巴巴的管理脉络，分享阿里巴巴的管理经验与教训。

目　录

第一篇

管理真功夫——阿里三板斧

第1章

/

基层管理者三板斧：腿部力量

第 1 节　腿部力量的三个要点

阿里巴巴管理三板斧中的基层管理者的三板斧一共有三个方面的内容：第一个是定目标，第二个是追过程，第三个是拿结果。

第一个是定目标。定目标的核心是要做到上通下达，"上通"指了解公司的战略，了解团队处于什么位置；"下达"指了解每个团队的能力，以及将任务有机分配到每个人的手上。看似简单，其实也没有那么简单。

第二个是追过程。追过程的目的不是为了考核，更不是为了惩罚，而是为了在过程中锤炼每个人的内心，能在过程中把控项目的进展，能在过程中找到每个人的动力，让每个人都得以成长，让组织得以发展，让业务得以开花结果。追过程的核心是激励，是成长。

第三个是拿结果。对于基层管理者而言，要先定目标，再拿结果。拿结果是最最主要的，如果基层管理者拿不到结果，公司就没有结果。在很多时候，基层管理者往往拿不到结果，他们经常处于一种状态——每个人都很忙，忙忙碌碌，就是所谓的没有功劳也有苦劳，没有苦劳还有疲劳。然而，疲劳不能解决问题，因为对于管理者而言，带团队必须拿到实际的结果。作为基层管理者，要做好定目标、追过程、拿结果。阿里巴巴的管理者，他们大多是从基层管理者成为中层管理者，然后成为高层管理者，乃至成为阿里巴巴的合伙人的。先从基层做起，别拿基层管理者不当干部，练好了这三板斧，一切管理才能够落地。

第2节　定目标才有方向

在做事情的时候，公司要你做的事情、你想做的事情，以及你能做的事情，这三类事情是完全不一样的。如果公司要你做的事情你不会做，且不是你想做的事情，你怎么办？在实际的管理中也经常会遇到这个问题，对很多管理者而言，这是一个需要认真思考的问题。基层管理者的三板斧的第一个方面是定目标，即把目标定清楚，把分工定清楚，具体就是给员工做好分工、计划和对结果的奖罚机制。

朱元璋的目标解读

中国历史上大明王朝的开国者是朱元璋，曾有人问他："你的管理之道是什么？你治理天下的方法是什么？"他说："明，仁，勤，断。""明"就是定目标，定得清楚才叫"明"，目标定不清楚的就是一个昏君，目标定清楚表明他知道要往什么地方去。"明"的核心是对于未来的判断要准确。

马云的互联网预测

1999年马云就在讲，互联网将改变世界的方方面面。当年马云为什么知道互联网将改变世界的方方面面，并且选择电子商务？这就是因为他有前瞻性——他看到了未来，他了解到了发展的趋势。

乔布斯"遗失的访谈"

乔布斯"遗失的访谈"的故事也能给我们启发。1985年，乔布斯所创办的苹果公司出现了问题，他被董事局赶出公司。离开苹果公司之后，他创办了皮克斯公司。在他最落寞的时候，有位记者去拜访了乔布斯。当记者把采访录像拿给编导的时候，编导说："失败者的讲话是没有人听的。"直到乔布斯离开世界的那一年，有人从库房里面偶然找到了当年的录音和录影带，再看的时候，非常震惊！

在 1995 年的时候乔布斯就说："未来的电脑将可以拿在手上。"他说的是 iPhone。想想在 1995 年，那时的电脑还是一个大箱子！乔布斯也讲到通过因特网做商务将成为未来商务的主流，所有人将通过互联网达成交易（也就是电子商务）。乔布斯说："未来在网上做电子商务的时候，各种品牌，无论大品牌还是小品牌，对于用户而言都是一样的。"这所讲的就是淘品牌和原创品牌。在 1995 年他怎么就会想到淘品牌能出现？这是他根据逻辑做出的判断，这就是前瞻性，这就是"明"。"明"的核心是知道未来在哪里，世界的发展趋势是什么。

对于基层管理者而言，定目标的同时要上通下达。"上"要通透，要理解公司的战略，理解自己的工作在公司战略中发挥的作用。即便是一颗螺丝钉，也是一场战役中的一个环节，也能在整个战略中发挥它的作用。只有理解了这件事情，才能够在工作中更加注重自己工作的质量，这就是"上通"。

逍遥子在管理天猫的时候就是这样做的。2010年，他给天猫提出了一个GMV（销售额），所有员工的任务是需要将销售额在上一年的基础上翻多少倍。到了2011年，大家为了销售额做了很多9.9元包邮活动。一个管理者所制定的考核目标或者绩效目标，就是整个管理团队重点去突破的方向，只要能够在这个明确的目标指引下持续发展就好了。

光"上通"还不够，还要"下达"，即要了解公司的战略，知道为什么要做这件事情，关键是如何下达任务，并用什么样的方式下达。下达的方式是要去做好每个员工的分工。例如，将三十个人的工作分成五个或者八个模块，每个模块谁去负责，每个人有清晰的工作规划。

目标分解是需要有方法和工具的。第一种方法叫三三制，也叫金字塔原理，比如将新零售分成三个方面——人、货、场，然后将每个方面分成三个子方面，这就可以分成九个方面了。第二种方法是九宫格，九宫格就是把事情分成八个方面，三个方面是基础工作，两个方面是抓手，还有三个方面是子项目，只要把它们做好了，整个项目就可以做好了，这也是一个项目分解的管理方法。

九宫格运营管理

	基础项目	核心项目	创新项目
子项目			
抓手	务虚	**目标**：需要实现的具体目标（SMART）	务实
基础工作	货	人	场

很多基层管理者不了解工作的要害——工作中最大的资源就是上司，所以一个不会管理上司的管理者是一个不合格的管理者。跟上司沟通的时候会遇到各种问题，因为上司会"贵人多忘事"。

为什么会"贵人多忘事"呢？对你来说很紧急很重要的事情，对你的上司而言不一定是，上司手上可能有20件这样的事情，你的事情在他那里就只有1/20。所以学会推动你的上司，这将让你的绩效大幅提高。

管理上司的方法有三个。

第一个，在正式的场合提出需求。

第二个，在过程中通过各种手段和工具去提醒上司。

第三个，在出现里程碑的时候用正式公文去确认。

具体来讲，做任何工作都可遵循以下三步。

第一步，在正式的场合去做沟通和汇报，得到上司的确认。

第二步，用邮件汇报工作，以文案的方式再做一次确认。

第三步，在出现里程碑的时候，将完整周报或项目汇报给上司，先以邮件的方式发过去，然后找十分钟或者半小时的时间做项目的中期汇报，在过程中通过微信或者其他即时通信工具传达信息。当要签一些重要邮件的时候，可跑步去主动推动上司。宁愿让你的上司觉得你有点烦，也不要让你的上司觉得你是一个不负责任的人，因此，一定要去主动推动上司。

管理上司的核心方法叫推动（Push），管理下属的方法叫销售（Sale）。向员工销售目标有三个层次。

第一，了解员工个人的需求和目标。

第二，找到公司的期望目标和员工个人目标之间的差距在哪里，以及背后的原因是什么。

第三，目标视觉化。必须去了解员工想做什么、目标是什么，是买车、买房、结婚还是旅游，还要知道他是否有这笔资金，如果没有，就告诉他如何实现他的目标。

在销售的过程中，要让员工自己提出今年想完成什么目标，如果提出来的目标跟公司的期望目标有差距，就要想办法让员工提升个人目标，要考虑公司期望的目标和员工自己定的目标之间的差距是怎么造成的。

有差距的原因大致包括三个方面。

第一，能力不够，这就要培养员工的能力。

第二，意愿不够，这就需要激励、鼓励员工。

第三，资源不够，对此，作为基层管理者，就要给员工更多的资源。

解决好这三个问题，员工就会愿意接受更多的挑战，主动去达成目标。在定目标的过程中，要把在实现目标过程中要做的事情清楚地记下来。

　　重要的是让员工自己把计划和目标都写下来。在员工和团队有共同目标的情况下，员工就会重视自己写下的东西。能否让员工的目标变成团队的目标，这是定目标是否成功的标准。让员工心里时时刻刻都在为团队的目标而奋斗，这才是最好的管理者。

第3节　追过程才有执行

计划赶不上变化，进展跟不上发展。团队成员主动性差，推一下动一下，怎么办？发现团队成员天天都在做准备就是不做事情，等到要交结果了才加班加点地干，看起来很积极，结果却不理想，怎么办？这里讲基层管理者三板斧的第二个方面——追过程，做好团队过程管理及团队激励的工作。

在团队发展的过程中，只有每个人每天都做好，团队才会有进步。这就要让团队中的每个人今天都比昨天做得更好，给团队带来巨大的激励，并制定各种各样的竞争手段去PK（竞争）。PK机制在阿里巴巴的管理中应用得特别多，尤其是销售团队。

这里讲三种大规模的PK。

第一种是整个公司的PK。制定一个非常大的目标，找到标杆团队，设立奖项，每个月、每个季度设置全国的评比。有了目标，优秀的团队和优秀的员工达成目标，就会成为公司的标杆。

第二种是团队和团队之间的PK，做一对一的部门PK。例如，让南京和北京的团队PK，让上海和杭州的团队PK，从而使团队的士气和团队的凝聚力激发出来。很多时候，员工自身的惰性会被团队的整体氛围改变，所以团队之间的PK也是非常关键的。

第三种是人与人之间的PK。很多时候，员工很努力是因为看到身边的人更努力。当你和一个员工说一个陌生人很厉害的时候并不一定会被员工信任，但当你指出他身边的人比他厉害的时候，他就会开始紧张并努力起来。

这三种PK可以经常去做。

在过程管理中，要做到每天都有计划。六点工作制是来源于福特汽车的管理方法。有一天，福特汽车的董事长去找著名的管理学家——艾维·李。董事长说："公司里有几十万名员工，有文化水平很低的操作工人，还有来自世界名校的科学家，有没有什么方法既能够提升福特汽车的管理能力，又能让全员共同完成任务？"艾维·李从各种各样的管理方法中进行筛选，最终确定了一个最简单、最有效的方法——六点工作制，一个价值25万美元的管理方法。

下面给大家介绍一下这个非常实用的六点工作制。

六点工作制

序号	今日事项	量化目标	时间节点	完成情况	改进措施	奖罚措施	检查人
1							
2							
3							
4							
5							
6							
备注							

首先，每天只做六件事情，并将这六件事情写下来。每天早上上班的时候拿出十分钟的时间来做。每个团队成员写下当天要完成的六件事情是什么，按照重要程度一条一条写好，然后按照清单去完成。到了晚上下班的时候，做六点工作制的总结和复盘，看哪些做完了、哪些没有做完。一定要将每天六点工作制的奖惩措施制定好，即做完以后给什么奖励、做不完给什么惩罚。这样每天写六条。

为什么只写六条？艾维·李研究认为，在制定每天工作任务的时候，多于六条的话会让人精力分散，导致一些工作当天完不成，而少于三条的话，很多重要不紧急的工作就会被遗忘，定下六条就刚刚好。六点工作制是一个能成功的管理和实践的方法。

其次，六点工作制管理方法遵循的是在每天早上写上六件事情，在晚上下班的时候，员工自检，主管复查是否完成。早上写完计划跟主管汇报，得到主管的确认，晚上下班之前跟主管汇报完成的情况。这样每次晚上的复盘就可以看到很多的内容，包括完成的和没完成的。

最后，六点工作制管理方法的核心是需要去做奖惩措施，如果做到了有什么奖励、做不到又有什么惩罚。很多人会选择奖励，当然也可能有人选择惩罚。实际上，在每天的工作安排中，惩罚的推动力会比奖励的推动力大十倍。在管理团队的时候，六点工作制需要定下来一个惩罚方法，在当天晚上没做到就要执行这个惩罚。所谓约法三章，愿赌服输。管理不够严格是对管理最大的伤害。做每天的奖励和惩罚措施特别重要，但只有惩罚的团队，士气会逐渐低落。从短期来看，惩罚会带来更高的效率，而从长期来看，既要惩罚，也要通过奖励来提升士气。

另外，开早会也是很重要的。通常开早会有六个步骤。

第一步，制定迟到的奖惩措施。

迟到的惩罚可以是罚十元钱，但不一定非要罚款，也可以是趴在地上做十个俯卧撑，但必须有惩罚，目的就是让团队成员知道"我不能迟到"。早会的目的是唤醒大家，告诉大家开始上班了，即使只有五分钟也能调整所有人的态度和团队的气氛，比不开要好得多。

第二步，请每个人轮流做早会的主持人，每周、每月评选最佳主持人。

这个方式是让员工自己有参与感，能够主动表现。在开早会之前，主持人需要给大家分享一些知识、一个案例或者其他有意义的内容。当然，不同的企业可以有不同的内容，比如一篇稻盛和夫的管理文章、一个电子商务的新闻等。让主持人分享可以提升价值观的层次。

第三步，早于会点到，了解哪些人没有准时到会、所有人的工作情况及所有团队目前的竞争情况。

第四步，做昨天的总结，简单地总结团队昨天六点工作计划的完成情况。

早会不做讨论，要在短时间内完成，大概十五分钟。但是早会一定要把事情讲清楚，倘若某件事情需要讨论，可选择在晚上去讨论。

第五步，讲讲今天的六点工作计划。

早上员工的六点工作计划只表述不讨论，只告知不沟通。

第六步，公司文化建设，比如大家一起喊口号或者做一个小游戏。

除了开早会，开夕会也很重要。夕会是为了总结、讨论和分析。

夕会要注意以下三件事情。

第一，夕会的时间。如果员工都是在固定时间下班，那就安排在下班的时间点开。

第二，每个人带着自己的六点工作计划向主管汇报进度（完成或未完成）、没有完成的原因是什么，分析原因之后要在明天做改进。

第三，每天的夕会总结。总结今天的过程，使用的工具、新的流程、新的方法，考虑是否可以提升效率。

过程的点点滴滴往往会影响效率，过程的改善才是公司里面可以沉淀的东西，追过程就需要在平时工作的现场和每天的夕会中去解决问题。

第 4 节　拿结果才有发展

俗话说："没有功劳也有苦劳，没有苦劳也有疲劳。"我们经常会发现劳而无功、团队空转的现象，每次检查的时候，结果都是打折的，效果总不尽如人意。遇到这样的问题怎么办？是继续努力，坚持到底，还是勇敢放弃？是前行还是撤退？该如何去做？

在拿结果的过程中，如何取得切实的绩效结果？

阿里巴巴有这么一句土话："我们为结果付酬，我们为过程鼓掌！"

在阿里巴巴，所有的工资、奖金、期权、股份等，一切都跟结果挂钩。过程做得好会鼓掌、会鼓励，但一定要有结果。对于基层管理者而言，打仗拿结果是最重要的事情，一个打不了仗和不能打胜仗的团队，管再多都是没有价值的。在阿里巴巴的成长过程中，无论是B2B早期的销售团队，还是后来淘宝、支付宝、阿里云等运营的团队，每个项目都必须拿出结果。

对于任何一个结果都有如下三个要求：

（1）明确的标准，即要做成什么样、拿到什么样的结果。

（2）明确的时间，即什么时间点完成这个结果。

（3）明确的成本，即准备用多少钱和资源去做这件事情。

结果的标准有一个原则叫SMART原则。SMART原则指结果必须是明确的、可衡量的、可达成的、可追溯的、有时间限制的。

根据实际的案例来分析不同的项目、不同的业务要拿的结果到底是什么。在实际的项目管理过程中，虽然无法做到三个要求同时尽善尽美，但是每个项目都要确定一个要求不变，其他两个要求跟着这个不变的要求按照实际情况来调整。有些项目是时间不变的，那么成本和标准要调整；也有些项目成本不变，但标准可以变，或者时间可以调。比如春节晚会时间不能变，一定要在每年的年三十的晚上，在新闻联播之后正式开始，这种项目是必须做到时间是确定的。

阿里巴巴"双11"实战案例

阿里巴巴最典型的"双11"项目，时间是第一要素，到了时间节点一定要上线。每年11月11日凌晨的那个时间点，大家都会第一时间进入阿里巴巴的平台抢购，所以时间是绝对不能出问题的。因为时间是确定的，所以其他因素就会随之调整，每年阿里巴巴在这件事情上都会面临非常大的挑战。

黑客进攻一个网站的方式是什么？用几十万或者几百万个账号同时登录一个网站。在2012年的时候，我们预测"双11"大约会有800万人同时登录天猫平台，于是准备了接近1000万用户的峰值，但是当天晚上零点进来了1200万用户，网站差点就瘫痪掉！

在网站处于崩溃边缘时，最可怕的不是"死"，也不是"活"，"活"不可怕，"死"也不可怕，最可怕的是要"活"不得，要"死"不能。比如当天有款原价1000元当天卖500元的鞋子上架，这款鞋子库存为500双，其中37码红色的只有50双，然而37码红色的特别畅销，因系统崩溃，在50双红色的37码鞋子卖完之后，虽然消费者选不了37码鞋子的红色款，但仍然可以下单。在抢购状态下，消费者是不能保持平常的理智的，即使选不了颜色也不会等网站正常以后再买，因为"双11"一年就一次，能下单就意味着还能买——消费者便先把钱给付了，然后在备注中写上"我要的是37码的红色"。结果商家就来平台投诉："这款37码红色款鞋子只有50双的库存，多出来的订单是没有库存的，参加'双11'活动的50双鞋子是以前生产时专门准备的库存，现在若生产则成本要比'双11'售价高很多。"结果只能是拿出好多钱来补偿消费者。从这个角度来看，有些项目是时间绝对不能变的，这就需要把标准和成本进行调整，我们称之为时间确定项目。

有的项目的标准绝对不能变，但是时间、成本都可以变，比如登月计划，比如食品安全。食品安全这个标准是不能变的，这是事关人命的。不仅食品如此，药品也如此，可以通过提高价格来增加收入，但是质量绝对不能出问题。所以说，标准一定要卡住，成本和时间都是可以调整的。

阿里巴巴O2O事业部实战案例

在O2O事业部的时候，我们为了打通行业的线上和线下，提出了一套方案叫四通八达，包括货物的打通、资金流的打通、数据的打通和会员的打通等。

为了打通，我们做了一个产品叫会员宝，就是一张会员卡，通过会员卡可以打折。有一个合作公司，卖珠宝也卖黄金，他们有一张线下会员卡，用这张会员卡去买钻石类的珠宝可以打85折，买黄金类的是不能打折的。后来我们在线上做了一张线上会员卡。当时我作为这个项目的运营负责人，跟我的产品经理讲得很清楚，线上会员卡必须做好产品维度，就是每个产品能打多少折，要把线上会员卡跟线下会员卡挂钩，而产品经理在实施的时候操作有误，他弄成了全店打折。就是说在网上用这张线上会员卡时店里的所有产品都可以打85折，黄金也可以打85折。

要知道黄金只要打85折，基本上黄金店就能被抢购一空了。所以在上线的第一个晚上，有200多人用这张线上会员卡来购买网店里的黄金，都是85折的价格，这是一件惊天动地的事情！客户打电话说发现一个严重的问题，必须马上将这个产品下架，然后去跟200多个用户打电话解释。因为货还没有发出去，所以可以跟他们去解释，赔给他们红包。但还是有几十个客户硬说不行，最后商家亏本把东西卖给这几十个客户了。这就是标准！

在这件事情之后，在任何一个项目上线之前，我们一定要在公司内部反复测试，因为任何一个失误都可能给整个平台带来巨大的影响。

还有就是成本不能变，时间、标准是可以变的。比如在阿里巴巴outing（一种类似于团建的出游活动）的时候，每人有1200元的旅游经费，每年可以去两个不同的地方，超过1200元公司就不给报销了，需要自己补贴。这个成本是固定的——只有这么多预算去做，多一分都不行。

我在做三板斧管理实训的时候会反复地跟所有的团队讲，资金预算的每分每角都要核算清楚，要想想：如果我砍掉一半的预算是否还能做到，砍掉一半的钱能做到什么程度？不停地去"挤牙膏"，不停地去"拧毛巾"，所有的利润都是在"拧毛巾"中拧出来的，没有一个创业公司不如此，甚至没有一个真正成功的企业不如此，每分预算都要做得非常清晰。

要拿结果，就要知道有标准、时间和成本三者的衡量。有结果给公司，这是基层管理者要做的最重要的事情，是基层管理者工作的核心。这些方法对于很多企业的中层管理者，甚至高层管理者来说，都是只有学会了才能做好工作的。上层的管理者必须身先士卒，基层管理者必须严格地执行，做得井井有条。

第2章

/

中层管理者三板斧：腰部力量

第1节　腰部力量的三个要点

幸福的秘诀在于腰部！个人养生如此，企业和组织管理又何尝不是！

对很多企业而言，最难的就是中层管理者的培养，但是如果没有优秀的中层管理者，公司的战略就没法进行合理的解读，基层管理者也没有办法落地。企业很难从外面招到马上就能用的中层管理者，而在公司内部从基层管理者提拔上来的速度又非常慢。

同时，很多企业对中层管理者也有困惑，觉得中层管理者就是夹心饼干，上不着天，下不着地！中层管理者在上面得不到老板的赏识，在下面得不到下属的支持。也有很多中层管理者经常跟我说因为上级的审批老是不及时，把公司的事情耽误了，板子反而要打到自己身上，很委屈。如果说基层管理者要做到上通下达，那么中层管理者就要做到左右逢源，但这样不是说中层管理者要做老好人、做滑头。左右逢源是中层管理者重要的工作方法。中层管理者的三板斧是搭班子、带队伍、做复盘。

第一是搭班子，就是招人、开除人和轮岗。

阿里巴巴的中层管理者已经涉及公司的组织、文化、制度和流程的方方面面，既然涉及组织的发展，就需要中层管理者自己去招人和开除人。阿里巴巴的中层管理者是有招人和开除人职责的。中层管理者自己承担招聘的任务不容易，同样，自己把自己招聘的人再开除也不是一件容易的事情。

在每个考核季，比如季度、半年度或者年度，都有严格的271制度，就是20%优秀的，70%合格的，以及10%面临要被淘汰的。而作为管理者，就像古代打仗的将领一样，既要能招兵，又要能在人员不合适的时候主动去开除。对公司而言，如果不淘汰10%业绩未达标的人，就是对优秀员工的不公平。

第二是带队伍，团队需要建设，人员需要培养。

阿里巴巴有一句土话是"平凡人做非凡事"，这是对所有人的要求。每个人都是平凡的，无论他之前多么伟大，来到阿里巴巴之后，他都必须保持平凡人的心态，因为人一旦自以为是，就容易进入一种叫作"我执"的状态。

"我执"之人一般有三种状态。

第一种状态叫重要感，就是认为自己很重要。

第二种状态叫优越感，就是认为自己应该获得比现在更多的东西。

第三种状态叫控制欲，就是认为一切都应该按照自己的方式去做，非要如愿才行。

先说第一种状态重要感，就是我认为我自己很重要，每天都在想我做过什么事情、我有什么能力、我对团队有什么价值、我曾经是谁、我未来可能是谁，等等。这些自我认为的重要感有时候会掩盖其他东西，其实重要的不是自己，而是一个组织、一个团队。西方电影特别强调个人英雄主义，但在中国的传统文化中，其实更注重团队概念，团队才是更加重要的存在。

有人问："一个自信的人难道不是这样子的吗？"

自信有这样的三层意思：

（1）我认为我不行，我知道我的缺点。

（2）我认为我行，我对自己的优点有非常明确的认知。

（3）如果一定要做，虽然我现在不会做，但通过学习我一定可以。这和"我执"还是有很大差别的。

再说第二种状态优越感，就是总有一种"我总应该获取比他更多的东西"的优越感。那种优先的感觉是人心中的一个有毒的东西——认为自己应该获得更多的东西。

最后说第三种状态控制欲，就是一切应该按照我的方式去做，只有我是对的，如果不听我的，我就生气，我就要找麻烦。其实项目的成功都是众缘和合，而自己只是促成成功的一个因素。

阿里巴巴人所说的"平凡人做非凡事"，就是必须去把一群平凡人组合起来，然后以团队的力量互相促进。在《亮剑》中有这么一句话："英雄都是以群体的方式存在的。"创建团队的人给了这个团队特别的精神，即使这个人不在了，这个精神也可以传递下去。团队建设就是给团队以制度，更重要的是给他们文化、给他们灵魂。

第三是做复盘，指的是团队要拿到可持续发展、可复制的结果。

做复盘，强调的不仅是要拿到的结果，还包括过程的可复制和组织的成长。做事情不仅要结果好，团队和组织的成长也很关键。就像虽然打了胜仗，但是团队失去了人心，团队被打散了，其实是得不偿失的。打了胜仗不代表取得了成功，关键是团队有成长。一个人之所以能拿到价值这么多钱的结果，是因为这个人所在的团队值这么多钱。所有项目的成功都离不开一个优秀的团队。

马云曾经说："我负责在外面吹牛，他们负责把吹牛变为现实。"阿里巴巴的成功，就好像把一艘航空母舰搬到喜马拉雅山上。管理者背后有一个团队能抬着航空母舰飞奔起来，关键在于团队能一直成长。

当一个人没有一个强大团队支撑的时候，他所讲的一切都是空谈。团队理念是管理中最重要的东西。在团队做项目的过程中，一定要拿到的是过程的结果，因为过程中有工具、流程被提炼出来，也可能有新的系统，甚至新的解决方案被总结出来。一个企业最终需要沉淀的就是过程中的这些工具、流程、系统和解决方案。未来还有很多项目要做，未来还要去培养新的团队，如果没有把操作流程进行标准化，那么成功的结果就是不可复制的。

第 2 节 如何搭班子

中层管理者的第一板斧叫作搭班子，即招人、开除人和轮岗。要招什么样的人，要开除什么样的人？在阿里巴巴，每个管理者都要自己招人，也要自己开除人。

我在阿里巴巴的招人实战案例

2013 年 11 月，逍遥子成为公司的 COO。当时公司投资了银泰，需要帮助银泰做线下商业的转型，于是我就被调去负责这条业务线。

当时这个业务叫 O2O 事业部，我带着三个人去组建这个团队。O2O 事业部有两条核心的线，一条是商场，一条是品牌商。公司给事业部批了 50 个人的招聘指标。

阿里巴巴是这样一家公司，今天批了你 50 个指标，到季度检查部门业绩的时候，是按照 70 个人的份额来检查的。也就是说，不管是 3 个人还是 50 个人，最终都要按照 70 个人的工作量给出月度、季度、半年度的目标，所以我就要赶快招人。

我跟我的人力资源说："老兄，你赶快帮我招人，我现在非常缺人。"但是这位兄弟一个星期才招了两个人！他说："你要的人太难招了，既要懂电子商务和互联网，还要懂线下、懂零售，同时这个人还得符合阿里巴巴的价值观要求！这样的人天下就没有几个啊。"

我一想，这种人确实蛮难招的，但是任务摆在那里，只能自己招人。我就写了一篇招聘启事，在我的公众号发出来，不仅自己发，还找了行业里的几个老朋友，给他们发红包，让他们帮我在全网转发，招聘既懂线上线下又符合阿里巴巴价值观要求，且希望在阿里巴巴发展的人。

大约两周的时间，我收到了 300 多份简历，筛选出 120 多份基本符合要求的，最终成功地约了 70 多人来公司面试。在短短的两周之内，我自己招聘了 50 多个人，终于达到了第一个季度公司考评中对我的部门的业绩要求。

在阿里巴巴，人力资源是招聘的第二责任人，业务负责人是招聘的第一责任人。人力资源帮我走流程，去审查这个人的资料，以及去帮我一起判断这个人是否是合适的。

等发现这个人能力不够的时候，我能怪别人吗？我能怪人力资源没帮我招人，或者招错了人吗？

马云如何挖到阿里巴巴第一任COO

阿里巴巴有很多牛人都是被马云一个一个招进来的。

马云非常喜欢学习。有一次去听通用电气前中国副总裁关明生的演讲，等关明生讲完课，马云问关明生这边除了讲课做不做咨询。那个时候关明生也做咨询，就给了马云很多建议。用了之后很有效，于是马云又找关明生，询问除了做咨询，要不要做教练。因为对于关明生教的方法阿里巴巴的人不一定会运用，所以就问要不要来阿里巴巴做教练。等关明生到了阿里巴巴，马云让自己团队的管理者每天围着关明生不停地问这问那。

等到有一天大家都很熟的时候，马云就去问关明生，要不要加入公司，并劝说他公司这么好、人这么好，而且大家也都非常需要他。后来关明生成了阿里巴巴的COO。作为第一任首席运营官，关明生把阿里巴巴的价值观、文化体系完整地建设了起来。

所以在 2000 年的时候，阿里巴巴就已经引入了通用电气的管理制度。在早期就建立了一套完整的国际化管理制度，这在那个时候是很了不起的。阿里巴巴发展到今天能如此成功，是因为前期的组织和文化的基础打得好，这得益于当年关明生先生的巨大贡献。

招人是管理者最核心的事情之一，创业者、重要的管理者，尤其是核心管理者，最好自己去招聘。

在古代带兵打仗，一个将军是要杀敌的。在现代团队里做一个管理者，开除一个人时就要像古代战场上的将军一样，要有铁血手腕。阿里巴巴有一个绩效考核的制度叫271制度，要求每个考核季必须淘汰10%的人，这是阿里巴巴的一个硬性规定，无论团队有多优秀，都要有10%的人被淘汰。

因为公司的这个制度，在阿里巴巴做管理者就很难了。自己招人，招来之后辛辛苦苦地培养他们，到了考核季，招的70个人中又必须淘汰7个。但是当我要去开除这7个人的时候，并不是简单地告知他们被开除了就行的。

我要开除我的下属，我的领导会跑来问我几个问题。

第一个问题：你要开除他们是因为他们有什么问题？

一定是价值观和能力两个方面的原因，不达标的原因是什么？有一二三四五个原因，要把他们"干掉"，你要把他们的问题说清楚，证明你对员工是非常了解的。如果你要开除一个人，却连为什么开除都讲不清楚，那么被"干掉"的一定不是这个人，而是你这个主管。

第二个问题：请问你在招聘他们的时候，知不知道他们有这几个问题？

该怎么回答？你说不好意思我不知道？不知道就是管理者能力有问题，招人的时候要有眼光，要了解应聘者的性格，要知道他们的能力、意愿、未来的发展，等等。面对这个问题，优秀的管理者会说："我知道他有这几个问题，但是我认为通过我的培养，能帮他们解决这个问题。"领导又问："请问给了你这么长的时间，为什么还没有解决他们身上的问题？你不是说你可以解决吗？但是到今天为止他们还有这些问题，你并没有帮他们解决问题。你对员工辅导培养的能力不够。"这个时候，你可以说自己对他们的培养很多，比如什么时候送他们做什么培训、什么时候给他们什么样的指导，但是他们还是没有学好。

第三个问题：你培养不好他们，你让他们转过岗吗？

"也许是你培养人的能力不够，你给他换一个管理者他就能做得更好了。"确实如此，有很多员工在这个岗位做得不好，但到另外的岗位就能如鱼得水。这就证明前面的管理者辅导能力差。很多企业都有这种情况。

我在阿里巴巴的时候也有过这种情况，早期发展得不怎么好，后来到了天猫就成长得很快。很多时候是管理者自身某一个方面的能力有缺陷，导致下属身上有很多问题没法解决，这时要帮下属转岗，看看其他的管理者能不能解决这个下属的问题。在做了这么多事情之后，虽然最终还是要开除这个人，但是可以想象这个人会对管理者感恩戴德。因为虽然你作为管理者知道他有问题，但你还是给了他很多培养，是他自己没有做好，所以当他走的时候他一定会很感激你，而不是恨你。

阿里巴巴在每年的三四月份，都会有10%的人被自己的团队淘汰，甚至离开公司。这个时候公司里面经常会有饭局，大家抱头痛哭，因为大家经历了一年的摸爬滚打是有感情的。招聘一个人和开除一个人，不是说这个岗位上有没有这个人，而是管理者心里有没有这个人。只有管理者内心有这个人，即使到了这个人要离开的时候，他还能够感恩戴德，还能够相拥而泣。这才是真正的优秀管理者管理的结果。而不是像有些企业开除员工的时候闹得地动山摇，甚至到法院诉讼，这是平时管理缺失的表现。

换一个角度来看，招聘一个人、开除一个人，都是企业管理的命脉所在。如果招人招得好，培养就很容易，招人招对了，就算不培养他，他自己也会主动成长。但是如果招人招错了，一切就白费。同时，在过程中一定要给人以压力，要让他们知道有10%的人会被淘汰。所以说招人和开除人是组织成长的关键所在，也是企业的命门所在。

第 3 节　如何带队伍

平凡人做非凡事，是阿里巴巴管理的一个秘诀。如果没有自己的团队，没有一个百战百胜、有情有义的团队，就什么事情都做不了。在管理中你会发现，有时候团队执行力很强，你安排的任何事情，他们都能以最快的速度去把事情做好，但是有时候就做"变形"了，说的是你的想法，做出来却是另外一套。在团队的建设中，大家的心是在一起的吗？是一个人一个样，还是像一盘散沙？到底是团队还是团伙？事实上，很多团队看起来像没有被训练过的团伙。一群乌合之众，是没有办法打仗的。

戚家军的故事

明朝抗倭名将戚继光，带着一队人马去跟倭寇打仗，没想到还没开始打士兵就要逃跑，甚至在逃跑过程中把自己的部队给冲散了。看到这些，戚继光哭笑不得，他当时就总结到：如果没有一支能征善战的军队，没有一支思想统一的军队，一切的打法都无从做起。于是戚继光开始训练自己的军队——戚家军。有一天他路过义乌，看到村民因为宗族之间的利益打架。这些村民拿着锄头，拿着木棒，打了两三年。看到义乌人如此善战，于是戚继光专门从义乌招募了一支军队，这支军队后来成为戚家军的主力。

在后来的台州大捷中，明军遇倭寇大队人马，戚继光指挥有度，一举歼灭倭寇5500 多人，而戚家军死亡 20 人。台州大捷历时一个月，取得十三战十三捷的胜利。这就是因为部队训练有素，政令井然有序，指挥进退有度。戚继光的成功不仅是个人的成功，更是团队的成功。管理者若不着力去打造团队，最终将一事无成。打造一个团队才是一个项目成功的关键所在。

在打造团队的时候，有三件事情很重要。

第一是新人要融入团队，必须做好师徒制和一百天成长计划。

这样新人才能很好地和老的团队成员融合起来。

第二是十六字指导方针。

这是阿里巴巴带队伍成功的关键方法。

第三是让团队成员之间发生化学反应。

具体来讲就是让团队成员彼此之间能够协调起来，最终1+1大于2。

在每个新员工正式入职阿里巴巴之后，主管都会找一个工作三五年的老员工担任这个新人的师傅。师傅不仅要带着他了解整个阿里巴巴的基本情况等工作上的事情，还要帮助他找房子住，帮助他了解食堂在哪里、医院在哪里等生活上的事情。除此之外，还要在新人有任何问题的时候给予解答，带着他去跟团队其他成员和合作的团队一起参与活动和会议。师傅带着一条业务线和一条情感线带新人，新人就会很容易融入团队。不然，每个人都很忙，谁会愿意帮助新人做这些事情呢？所以，师徒制在新人融入团队时很重要。

《影响力》里的故事

有人倒地受伤了，大家都在那里围观而不去营救。为什么？因为所有人都左看看右看看，你不动我不动大家都不动，这就是从众心理。假如你倒地受伤了该怎么办呢？可以指着旁边穿红衣服的说："你来救我，你赶快打120！"那个人马上就会打电话。为什么？人就是这样，因为他如果今天不打电话，你出了事情他就会一辈子内疚，忽然间他就有了责任感。

师徒制也是如此，管理者不要以为来了新人，团队里的每个人都会主动照顾他，如果这样想，只能是没有人照顾他。所以，一定要给一个人这样的责任，这是师徒制的关键。

新人融入团队的另一个关键是一百天成长计划。阿里巴巴会为所有的新人制定一个为期一百天的成长计划，在这一百天大约十四周的时间里，要明确每周做什么事情、什么时候考核、业务熟悉需要多长时间、团队熟悉需要多长时间、这些事情谁教、要达成什么业绩才可以转正，等等。这些在一百天计划里面写得非常详细，细到可以看出每天新人要做什么事情。只有这样，新人才容易融入一个团队。如果一个团队的新人培养计划没有做好，招再多人也没用，来一个走一个，永远没法让人固定下来。

十六字指导方针：我做你看、我说你听、你做我看、你说我听。

十六字指导方针是团队成长的一个关键方法，在阿里巴巴一直传承下来。

想让一个人学会一件事情，必须先找一个会的人来教他。做一遍给他看，叫耳听为虚眼见为实。管理者必须手把手地带着他做一遍，也就是说，管理者要有"我做给你看"的能力。

但是做给他看不代表他能马上学会，可能他不知道为什么要这么做、每步动作的原因是什么。就像打太极拳，他只看到你的手挥来挥去的样子，若不知道为什么这么挥来挥去，就很难记住动作的顺序。你要说给他听，你把动作的原因说给他听，让他知其然也知其所以然，这样他就能够理解并把事情做好。这就是"我做你看"和"我说你听"。

在教会新人动作以后开始"你做我看"——我看一看你做的动作是不是按照我教的来做的。很多时候，你做的是这一套，他一做就慢慢地走形了。人往往是这样子的，看也看了，讲也讲了，但是一做就错。所以，一定要有耐心去指导他把每个动作一步一步地做好。就像教小孩子走路一样，别说"我走一遍给你看，再告诉你怎么走"，小孩子就马上会走了。这是不可能的，他需要时间来练习。"你做我看"，看"你"做的过程是否符合标准，然后在过程中一一纠正，并看"你"有没有做出来跟"我"一模一样的动作。反复教反复学，最终做的东西跟"我"教的一样了，过程也能领悟了，这还不算学会，还要"你说我听"。

能要求新人做到前面的三步，已经算是一家很卓越的公司了。教练先做一遍，再给新人讲清楚，然后继续告诉新人"你做给我看，我要检验结果"，之后是反复地练习和辅导。但这些在阿里巴巴还不够，还有最后一步，称为"你说我听"——

让"你"再说一下，并把自己的理解说出来。

阿里巴巴培训一个新人到什么时候结束？公司要求到这个新人可以去培养别人的时候才算结束。这在管理中是很重要的，能教会别人，整个组织和系统才会不停地往下传递。

最后讲一讲让团队成员之间发生化学反应，也就是用三板斧实训的方法来训练团队。在72个小时中做最真实的项目训练，真实的项目、真实的团队，而且有271制度，全部在现场演练。讲道理没有用，每个人都有自己的道理，看这个人是不是合适，就要去实际的战场里体现。真正好的管理不是学出来的，是练出来的。

第 4 节 如何做复盘

到底是过程重要还是结果重要？其实过程和结果都很重要。很多管理者认为，考量是否成功的关键是看结果是不是对的。有人说，只要结果好就好了，不管中间是什么样子的，不择手段都可以。真的是这样吗？对于组织而言，到底什么是好的结果？组织是要能永续的、长期发展的。有时候打了胜仗都不一定是好事，因为团队有可能被打散了，会离心。那么，到底什么样的结果才是好的呢？

中层管理者的拿结果跟基层管理者的拿结果是不一样的。对于基层管理者，就是用最终的业绩作为做复盘的考核标准之一，但是中层管理者更重视过程。在阿里巴巴，如果有人问主管："你要结果？要过程？还是要什么？"那么主管会回答："我既要结果好，也要过程好，还要团队得到发展。"这是马云的思路，这是不矛盾的，既要、也要、还要，是一个中层管理者做复盘的考核标准之一。

阿里巴巴与8848的争夺战

2003 年，电子商务 B2B 行业快速发展，当时阿里巴巴和 8848 有一场重要的战争。当年的 8848 规模大，名气也大，但遇到了互联网发展低潮，为了占领市场，8848 主动发起了战争——打起了价格战。

而阿里巴巴是把员工的努力来作为核心竞争力的。当年为了抢市场，销售人员自己去借钱买车自己开，或租司机。他们永远在做两件事情：要么在客户那里，要么在去见客户的路上。

阿里巴巴的销售人员去了客户那里就跟客户说："我是阿里巴巴的，来帮你做出口贸易。"客户说："我家连电脑都没有，我不知道怎么做。"销售人员说："没电脑没关系，我帮你买电脑。"之后销售人员把电脑买回来，帮客户安网线，教客户怎么上网。客户说照片不会拍，也不会用网站，于是销售人员帮客户发布产品。直到有一天真的从网上拿到了订单，赚到了几十万美元，客户就知道原来真的可以通过电子商务找到订单。2003 年，很多做外贸企业的老板都觉得做互联网的人都是骗子，怎么可能相信能通过互联网找得到订单呢？但当真实的订单产生之后，就一传十，十传百，当年的阿里巴巴就这样一单一单地干掉了竞争对手。市场竞争和客户的争夺最主要的矛盾不是价格，一个会员是 18000 元也好，28000 元也好，没有效果都是空谈。客户看的是真正能带来什么样的效果、有多少订单，这才是最重要的。

阿里巴巴让员工发挥能动性，去服务好自己的客户，而不是简单地涨价或者降价，依赖平台的影响力。所以，员工的服务就是阿里巴巴的命脉所在。这就是结果好：客户有价值、员工有收入、公司有发展。这都是最重要的事情，这就是既要、也要、还要。那么，过程怎么样才叫好呢？

我在天猫商学院负责培训的时候，天猫的一位副总裁问我："你做了这么多培训，培训到底有没有用？"我说培训还是有用的，但这位副总裁觉得培训其实用处没那么大。他说："客户是很难教的，与其通过培训来让客户掌握平台的使用方法，不如把平台做成傻瓜式的操作，想办法把所有的要求和标准沉淀到系统里面去，那样别人操作起来就很简单了。"他讲得非常有道理，做企业管理也是如此。

通过对员工的激励可以提升三倍的绩效。激励的方法有很多，比如PK的方法，比如竞赛的方法，比如鼓励的方法。"打鸡血"的方法一大堆，这些方法都可以提升三倍的绩效。

改造流程可以提升十倍的绩效。业务的流程跟公司的战略规划、团队自身管理水平、员工的能力水平是要匹配的，而流程的升级可以提升十倍的绩效。

百倍的绩效提升需要靠技术和工具。如果带着一把机关枪和十万发子弹穿越到古代，打败一万人的部队很轻松。技术的发展、工具的发展非常重要，比如互联网的技术能够提升百倍以上的绩效，一定会带来企业经营的巨大变革。

做事情的时候，要先去思考如何做激励才能让员工有更好的绩效，然后改造流程让绩效越来越好，最后把流程技术化，成为生产工具，用互联网的技术开发为生产工具，使绩效百倍千倍地增长。很多人做管理，为了管理而管理，没有考虑其他，结果很多东西不落地，也就没法真正实施。

除了要结果好、过程好，还要团队得到成长，建流程中使用的工作方法是做复盘。阿里巴巴经常做的复盘有两种，一个叫人力资源复盘，一个叫业务复盘，人力资源复盘排在业务复盘前面。

在召开人力资源复盘会时主管会遇到很多的挑战。

第一个问题：哪三十个人是今年发展得最好的？

管理者如数家珍地讲出来今年谁有什么发展、做得还不错，等等。管理者如果对自己的团队中做得好的人不能做到如数家珍，那肯定是有管理问题的。这样的管理者一定不合格。

第二个问题：在他们的发展过程中，你做了什么？

他们都做得好，你什么都没做，那你有什么用？有没有你都一样？管理的关键是在他们成长的过程中你做了哪些事情让他们得以成长。每个阿里巴巴的管理者，都要去讲"我做了什么，我对那个人做了什么，我对大家做了什么"，将管理的路径一个个讲清楚。

第三个问题：今年你主动淘汰了哪些人？

淘汰不是指那些因为自己不满意或者自己有更好的机会而离职的员工，而是指那些根据271制度你主动淘汰的人。当淘汰人的时候，你要清楚你招聘的时候知不知道他有这个问题，你是怎么辅导他的，有没有让他转过岗，最终去往哪里，你怎么帮他等问题。一旦完成人才复盘，就会形成阿里巴巴的人力资源库，就会跟绩效、奖金、期权各个方面挂钩，人才复盘中会留下那些关键的人才。人才复盘完成之后，公司才开始去做业务复盘。业务复盘就是计划多少、最终结果是多少等，这些都会让团队成长。

第3章

/

高层管理者三板斧：头部力量

第1节　头部力量的三个要点

阿里巴巴经常会更换高层管理者，比如阿里巴巴B2B业务2007年在中国香港上市之后，公司要求非常多的高层管理者从一线退下来，换了一批新的高层管理者，公司依然发展得非常好。2014年，阿里巴巴集团在美国上市。2015年，公司又要求高层管理者集体从一线退下来，包括曾鸣教授、陆兆禧等，换了一批"70后"作为阿里巴巴的核心管理者。阿里巴巴的发展依然没有问题，依然发展迅速，而且越来越好。大部分公司根本经受不住管理层集体退休这样的事情，甚至一两个人的人事变动都会把公司搞得乱七八糟。

阿里巴巴的文化体系叫"六脉神剑"和"九阳神功"。

"六脉神剑"指阿里巴巴对所有的员工都有六个要求。文化体系中最核心的价值观就是客户第一。公司价值观有两个要求，分别是"唯一不变的是变化"及"因为信任，所以简单"。"唯一不变的是变化"是阿里巴巴管理中特别独特的一点。

阿里巴巴很早就认识到互联网是一个动态发展的过程，而动态发展代表着很难搞清楚到底什么是对的，于是就要不停地变化、快速地去试错。

互联网企业管理和传统企业管理的巨大区别在于：互联网企业的管理是需要快速试错的，不能要求一次就把事情搞定，而传统企业的管理要求把事情一次就做得非常细致，要以制度和流程为管理核心，但对互联网企业来说，最重要的不是制度和流程，而是如何快速地排除错误选项，从而让企业实现它的愿景和目标，并一切以此为基点。从这个角度来看，互联网企业的管理一定是多变的，阿里巴巴随时都会有很多变化发生，比如管理者的轮岗。轮岗这件事情在很多公司里面是不被接受的，但在阿里巴巴做一个项目，往往虽然业务没有变、团队没有变，但是这个项目的管理者换了三四茬，这是很常见的事情。

公司价值观对员工如何做人有三个要求。

第一是"今天最好的表现是明天最低的要求"。

第二是"此时此刻，非我莫属"，即做任何事情都要激情四射、光芒万丈。

第三是"认真生活，快乐工作"。

六脉神剑中的每条价值观都要考核。

除了针对全体员工的六脉神剑，对公司的管理者还加了三条，这九条合起来成为九阳神功。

九阳神功是阿里巴巴对管理者的要求。

第一是"眼光"。不仅要看得更远、看得更高，还要有更高的境界。

第二是"胸怀"。马云说得最多的就是"男人的胸怀是被委屈撑大的"。一个管理者，尤其是高层管理者，必须受得了委屈，因为只有这样才能成长。管理者必须有胸怀，没有胸怀是做不了大事的。

第三是"超越伯乐"。管理者要去发现比自己更厉害的人才，并培养超越自己的人才。

只有达到了这九条，才是一个优秀的管理者。

高层管理者的头部三板斧，分别叫作"揪头发"、"照镜子"和"闻味道"。

第一个是揪头发。揪头发很形象，把头发抓起来就能让人立起来，也就是从位置上站起来。揪头发可以让大家站得更高、看得更远，这样就能发现自己说话做事有着自己的"小九九"、自己是井底之蛙、总是自以为了不起。只有站起来，屁股离开自己的位置的时候，才能发现天下如此之大！

一个人的境界一旦打开，就关不住了。揪头发就是让人打开自己的境界。很多管理者最大的问题就是眼光不远、境界不高。这些管理者的问题会成为公司发展最大的瓶颈。很多时候，高管团队的境界是公司发展最大的瓶颈，所以一定要揪头发，一定要把瓶颈打破。

第二个是照镜子。照镜子指批评和自我批评，就是把管理者的问题拿出来看，或者把需要调整岗位的员工的问题拿出来看。阿里巴巴有各种照镜子的会议，比如裸心会、生命年轮。裸心会，不是不穿衣服大家一起聊天，而是大家把心敞开，不要有遮挡，不要有隔阂。比如我觉得你哪里好哪里不好、我觉得这件事情你该怎么做等，有什么问题，大家摊开来讲，大家把心敞开。

彭蕾说过，即使是一棵毒草也可以长在阳光下。意思就是公司里所有的人和事都可以放在阳光下，只有在阳光下，霉菌才不会一直滋生。阿里巴巴有很多管理者都被照过镜子，包括逍遥子、卫哲。从内心来讲，照镜子是很难受的，很少有人能经得住别人的批评，尤其是无理的，甚至是人身攻击程度的批评。团队早年发展中也是一样的，特别注重批评和自我批评，这是确保组织健康成长的关键。阿里巴巴经常举办这样的裸心会，如果某个管理者的问题很多，裸心会做的程度更深，则叫扒皮会，所有的参会者会帮这个管理者扒皮，把他的遮挡、他的问题都扒出来。扒皮不是为了千刀万剐，而是为了治病救人。

最后一个是闻味道。头发可以揪，镜子可以照，但是味道这一点就比较麻烦，第一看不见，第二摸不着。不过，你可以闻得到哪个地方是香的，进去之后心旷神怡；哪个地方是臭的，进去之后臭不可闻。此外，味道容易散发出来，久久不会散去，味道融到空气里，无处不在，会影响整个团队的氛围。一旦将味道不一样的人放到团队里，就会军心涣散，如果不马上清除，很快就会出现问题。味道虽然看不见、摸不着又很虚无，但其实它反映了一个人的价值观及其对价值观的选择。阿里巴巴有很多闻味道的方法，方法的核心是去了解对方是如何做选择的。闻味道会反映人的价值观和思想。

讲到这里大家就能看到，高层管理者不像基层管理者，要去解决目标、计划及所有人员成长的问题；也不像中层管理者，要重点去解决制度和流程的问题，以及绩效的问题。高管团队要解决方向问题，解决文化问题，他们要考虑体系中唯一的、重要的、根源性的发展问题。他们思考整个业务的生态基础、生态平衡，以及战略规划的逻辑性，特别考量一个人对未来的判断。对未来的判断能力是一个人的战略思考及布局能力的重心所在。高管团队一方面要制定游戏规则，确立方向；另一方面要制定各种方法，带领团队搭好班子。这样才能够将事情解决好。

第2节　揪头发才能向上思考

一旦长时间在某一个岗位上，思考问题的习惯就会模式化。而且对于不同的岗位，个人利益、团队利益和组织利益，这三者的利益也不一样。

西方经济学中说得很简单，每个人都谋求自己的利益最大化，加起来就是整个社会的利益最大化，这是西方微观经济学核心的观点。当个人利益和团队利益发生冲突的时候，团队该如何取舍？

组织一旦建立就有自己的发展路径，有自己的利益。在组织发展的过程中要兼顾客户、消费者、平台商家和自己的利益。这些利益该如何分配，组织是多拿点还是少拿一点，这个平衡怎么保持？

这就需要来揪头发。现在讲揪头发的方法。

第一个方法叫"屁股决定脑袋"。

管理者一旦长时间在一个岗位上，就会养成这个岗位的职业习惯。比如做人力资源的人自然对人更敏感，于是他就会对人越来越敏感，因为他在不停地训练自己。就好像健身一样，你不停地去练你的腹肌，那么腹肌当然就会越来越发达。工作的道理是一样的，能力、心力都是因不停地训练而不停地成长的，你在什么岗位自然就容易按照这个岗位的需求去做。这样会提高工作的效率和能力，但也会限制个人的成长和发展。就好像让一个篮球打得很好的人去游泳，往往很难；让相扑很厉害的人去打乒乓球，也会没有任何优势。一个人一旦一直做一件事情，就会形成做那件事情所需要的固定化的思维、肌肉习惯等，生理学、心理学都有这方面的解释。

有些人会主动地去挪一挪，比如逍遥子，但是也有很多人不想挪，怎么办？公司就要求他们必须挪一挪，这就是轮岗，阿里巴巴经常会安排高层管理者轮岗。轮岗的方法是，比如今天把一个管财务的人安排管业务，也可能把管前台的安排管销售、管销售的安排管人力资源等。有人说，这样把管理者换来换去不会一团糟吗？只要有原则，就不会一团糟。高层管理者、中层管理层和基层的管理者三层中永远只有一层在调控中。也就是说，不要在一个部门内的三层同时调动管理者，那是非常危险的事情，每次只调整其中一层，把其他两层当成部门的稳定剂和缓冲剂。管理者轮岗往往也是动态的，有些人成长快，有些人成长慢，管理者的变化会让项目计划经常变化，而项目计划变化的时候团队里的其他管理者和每位成员就会发生变化，所以说三层管理者都主动地轮岗，让他们不停地把屁股挪一挪就好了。

第二个方法是"眼界决定境界"。

有时揪头发就是把管理者从位置上拎起来，站起来才能看得更远。一个人在做一项业务的时候，他才会沉下来去思考这件事情，沉得越深他就越能看到这件事情未来发展的规律和节奏。看待任何一件事情，开始的时候都是浮光掠影，实际上，一个人一旦深入到业务的世界，了解了业务的规律，这个人对这件事情的思考维度和思考深度就会与其他人完全不一样。

马云经常带着阿里巴巴的管理团队去红色革命老区，比如去井冈山，比如去古田会议会址，看看当年在我党发展过程中，那些关键事件之后给人的思考。当一个人有更高的眼界、内心有更多东西的时候，同样的事情也能够做得与以前不一样。

第三个方法是"心胸决定天地"。

只有看得更远，没有屁股主义，也没有太多顾及自己的利益的时候，才能够找到整个组织成长的价值。揪头发的一个很关键的点是需要用自己的思维以老板的视角去看整个公司的战略。很多时候，做事情会被限制在自己的岗位和职位上，只有跳开这一切，才能做得更好。

明朝名臣杨涟的故事

明朝有一个很关键的人物——杨涟，他是魏忠贤的死对头，著名的东林党人。在神宗晚年，郑贵妃挑拨神宗和太子的关系，杨涟虽然只是一个小官，但是他用自己的力量联合官员，让太子顺利继位。此后，在光宗继位后不久，郑贵妃、李选侍和魏忠贤又想利用年幼的熹宗把持朝政，杨涟再次联合官员逼迫李选侍移宫。当初神宗托孤时，杨涟只不过是一个县令，却能带领着官员稳固朝政。面对光宗临终前后的红丸案、移宫案，杨涟为什么能够力挽狂澜呢？这是因为他内心决定为国家的利益宁死不屈，他站在正义的一面。每个人都是如此，如果自己限制自己的立场，那么自己能发展的前途永远就这么大；如果对自己没有限制，知道自己能做更多的事情，那么所谓的轮岗不过是一种历练。

第3节　照镜子才能互相成长

"以铜为镜，可以正衣冠；以史为镜，可以知兴替；以人为镜，可以明得失。"这是当年李世民给魏征的话。作为管理者经常会遇到各种各样的问题，而管理者由于在管理的位置上，往往看不到自己的问题。

著名的管理学家德鲁克曾经说过，所有伟大的管理者首先都是一个伟大的自我管理者。其实管理的核心就是自我管理。很多公司的氛围，要不就是互相指责，要不就是去做一些掩盖矛盾的事情，表面看起来一团和气，背后却是尔虞我诈。团队若有这样的问题就很麻烦。那么作为高管团队，应该如何来照镜子，如何来扒皮，如何使互相之间有适当的摩擦和成长呢？

高层管理者的第二要求叫作照镜子，如何做批评与自我批评，照镜子不是简单的事情。"观自在菩萨，行深般若波罗蜜多时，照见五蕴皆空，度一切苦厄"，这是《心经》开宗明义第一句，其开篇便讲"观""照"二字。

学习一面镜子很难。为什么要学习镜子？因为在佛法的修行中有静观一说，就是像镜子一样去观察这个世界。

镜子有三个特点。

第一个特点是"镜能映相，过不留影"。

这个特点就是说当你站到一面镜子前的时候，你发现镜子里面立马就能够呈现出你的样子，当你离开镜子的时候，镜子里面就不会有你的样子了。不论你有多少记忆，有多少对别人的埋怨，有多少过去一直抹不掉的伤痛，镜子照过了就静止了，但是你心里依然留着那道伤疤，真的能做到"过不留影"吗？当事情发生在你面前的时候，你是真的专注于当下的人和事，还是在胡思乱想？这是件很复杂的事情。

第二个特点是"镜不改变其大小"。

你是大的，镜子就告诉你你是大的；你是小的，镜子就告诉你你是小的。除非它是一面哈哈镜。一定要去了解自己真实的样子，但是实际上每个人在做事情的时候，都会用自己的眼光去把事情放大或缩小。

当面临任何一件事情的时候，每个人都会有两种选择，一个叫"视人为人"，一个叫"视人为物"。视人为人，就能够将心比心，平等地对待人；而视人为物，就会把人当成障碍或者把人当成做事情的工具。另外，因为视人为物，当面对有光环、有名誉的人时，就会小看自己，姿态放得很低。面对很知名的人或者面对你的老板时你会紧张吗？如果会紧张，那你就是在视人为物的状态，因为你正在用别的东西来替代真实的人，替代那个很知名的人或者你的老板。当然，有些时候又会把人看得很小，比如看到能力不济的人就会滋生骄傲自满的情绪。特别喜欢去看别人的过失也是视人为物的表现。很多人都是这样的，但是镜子不是，不管你是皇帝还是乞丐，它都告诉你，你该是什么样子的就是什么样子的。

第三个特点是"不改色"。

具体来讲，你是红色的就是红色的，你是蓝色的就是蓝色的，镜子不改变你的颜色。但是人不是这样的，人有七情六欲，会根据自己的情绪戴着有色眼镜去看待这个世界，去面对这个世界。

了解了镜子的三观，再看自己的三观，看看自己做得怎么样，是不是还不如一面镜子？能够做到心如止水是人生中最难得的修行。

在阿里巴巴"照镜子"的方法

第一个方法，每周都有周报，在周报中有一个小技巧，这是管理者需要去关注一件事情。阿里巴巴很多部门的周报中都有格式的要求，其中最后一个写的是"自我成长"，也就是"我期望的自身成长是什么，这段时间感受到、学习到的东西是什么"。一个管理者要特别关注自我成长这件事情，去勇敢地做自我批评，以及去看团队给的建议和意见。

我经常跟我的团队讲："在周报中写上你对管理者的建议和意见。"基层管理者和中层管理者有建议提出来，就代表高管团队需要去反省、去思考。作为高层管理者，一定要去关注周报，主动去要求基层管理者、中层管理者持续地提出管理的改进建议和意见。你从中会发现优秀的人才，也会发现管理中需要改善的关键点。管理不是一蹴而就的，就好像种一棵苹果树一样，需要每天浇水，每天施肥，经过漫长的等待，最后长成大树，欲速则不达。

第二个方法，开扒皮会。扒皮会，就是在一个月或一个季度的时候拿出专门的时间开总裁见面会。作为管理者要非常正式地将这种开放的方式介绍出来，让大家都感受到这一点。卫哲是一个非常优秀的职业经理人，也是有很多功劳的人，他在进入阿里巴巴之前曾是中国最年轻世界五百强企业的总裁之一。马云对他很器重。他的能力非常强，带着阿里巴巴迅速成长，即使当年那么多的企业遇到了金融危机，阿里巴巴 B2B 业务依然保持非常高的增长速度。

马云有一次在讲到 B2B 问题的时候，开了一场扒皮会。马云说："今天晚上做个扒皮会，大家一起跟卫哲好好聊一聊！"整个 B2B 的管理团队都在，卫哲坐在中间，大家跟他讲自己所看到的问题是什么、公司里面有哪些问题，这些问题是由于卫哲没有看到而形成的或者因为卫哲的管理缺失而造成的。据说在那场扒皮会上，卫哲汗如雨下，他以为马云要把他开掉。虽然后来真的发生了卫哲引咎辞职的事情，但是在他辞职之前，这场扒皮会的确帮助了卫哲的成长。阿里巴巴的管理者经常会有参加扒皮会的经历，但核心是他们心里一定很清楚所有的问题都是为了促进他们更快成长。在卫哲那场扒皮会结束之后，当天在现场向卫哲提出规则和管理中有问题的人在会后都给他发了一条信息，告诉他其实这样是为了支持他，因为大家知道公司的管理有问题存在，扒皮会是一起来推动他改变、给他力量和真相的。

在整个团队里面，大家要如何去了解彼此呢？有一种方法叫"生命年轮"。人的很多心理活动和习惯都和他人生过往中一些重要的事情有着很大的关系，所以，如果了解了一个人的人生经历中的重要事情，就能知道他为什么这么想问题了。一个成熟的人会学会一点：站在别人的角度，用别人思考问题的方式体会别人的感受，而不只是站在自己的角度来讲道理。阿里巴巴在对每个员工进行绩效考核的时候，该员工的主管和团队的人力资源（也就是政委）会一起跟员工交流这一个考核期他的工作情况、成长情况及发展情况，并指出他的问题所在。他做得好就会被提升，做得不好就可能被淘汰。团队淘汰人最怕的事情就是，主管在考核的时候说对员工很不满意，但是主管在平时并没有告诉过员工他的工作有什么问题，让员工觉得自己的工作是对的。为什么不早点告诉他呢？主管要时刻让员工知道自己的成长情况才是最重要的事情。但是直言还要"有讳"，主管有话要跟他讲，且一定会来对他讲，但是要选择好时间、方法及方式。"直言有讳"，直言是一种慈悲，有讳是一种智慧，这才是让员工能成长的秘诀所在。

第 4 节　闻味道才能推动文化发展

说你有，你就是没有也有；说你没有，你就是有也没有。

一个人自己有没有无所谓，关键是别人觉得这个人有。有人说："我做好自己不就行了吗？"不行，你自己不是一个独立的王国，而是在跟伙伴们共处。有一本书这么写：人做事情，97%靠的是情绪。人并不是那么理智的动物。在沟通表达中也有一个说法：对一件事情的表达，语言文字占7%，语气和语调占28%，还有65%是身体语言。一个人的举手投足及他所表现出来的各种神态，能够占到信息传递的65%，所以从这个角度思考，人的味道是能够被感知到的。

高层管理者的最后一个要求是闻味道。如何做出正确的选择？选择是一件很难的事情。人生就是一次一次选择的累加，人每时每刻都在选择，过往无穷多的选择造就了今天的自己。那么"如何做出正确的选择"这一点对所有人而言就都很关键。

在阿里巴巴发展的过程中有很多的选择，每个选择都影响着阿里巴巴今天的发展。

阿里巴巴"双11"活动的来源

阿里巴巴是怎么有"双11"这个活动的？ 2009 年，逍遥子成为天猫（当时叫淘宝商城）总裁的时候，他就在想：美国有一个节日叫黑色星期五，我们能不能也搞一个这样的节日，让中国的电商在这个节日一起参与进来搞一下促销？在当时的黑色星期五，全美国一个周末差不多可以成交 20 亿美元的商品，换算过来大概是 150 亿元人民币。这在当时对天猫来说是个天文数字，天猫估计需要花十年才能做到一天卖 100 多亿元人民币的货，然而实际上花了 3 年就做到了。当"双11"让电子商务被全国人民关注，有了自己的品牌和历史意义之后，它就不仅仅是一个简单的销售庆典概念了。

想做庆典有很多的方法，比如京东的庆典放在 6 月 18 日——京东成立的日子。阿里巴巴当时是靠数据来选的。庆典活动的销量要好，那么一定要选每年销量最好的时候。当时看到每年的 10 月、11 月、12 月的销量是整个淘宝商城平台一年的一半，也就是说 1 月到 9 月的销量加起来，等于后面 3 个月的销量。那么做庆典肯定要选 10 月、11 月、12 月，绝对不能选别的日子。当年线下还非常强大，10 月线下有黄金周，12 月有元旦和圣诞，都不能选，所以只能选 11 月。找来找去都没有节日，最后找到一个不叫节日的节日——光棍节，于是"双 11"狂欢节就这么来了。过光棍节的人不多，但是过狂欢节的人比比皆是，剁手党在中国遍地都是。阿里巴巴依据数据、依据商业的思考和野心来确定了自己的选择。

阿里巴巴的选择不仅指业务上的选择，做管理也是一样的。如果团队有问题发生但是管理者不去阻止，或者管理者没有在第一时间站出来把问题解决掉，小问题就会成为一个不停变大的大问题！

当年聚划算小二被发现有贪污的情况，为什么问题会严重到这种程度？其一是高层管理者自身就有问题，其二是当问题刚刚发生的时候没有去解决。

有这样一个实验叫破窗实验，就是一栋楼有一个窗子破了，如果没有人及时去修或者没有人去说这个问题，不久之后这栋楼所有窗子都会破。所以要闻味道，一旦发现任何问题有苗头，就要去解决问题。

闻味道还有一个比较重要也比较难的点，叫作直觉，也叫预感。在阿里巴巴还不是很大的时候，马云经常到各个业务部门去看一看，他只要看到这个团队的工作、开会的场面，就能知道这个团队做得怎么样。为什么他能感觉到？马云跟我讲："一个优秀的团队是有味道的。你如果到了狼窝里面，狼都嗷嗷叫着；你如果到绵羊群里，它们挤来挤去都是软绵绵的感觉，味道就不一样。"不同人、不同团队的气场是不一样的，一个人要能感受到别人身上的气场，要能感受到团队的气场、团队的能量，也就是所谓的士气。三军可夺帅也，匹夫不可夺志也。志气一旦没了，这个团队就会出现巨大的问题。

团队的士气该怎么去培养呢？

第一个方法是"制定团队的规则"。

打仗的时候冲锋号滴滴答答地一吹，所有人马上开始往前冲，即使前面是枪林弹雨也义无反顾，因为大家都有崇高的追求。但仅仅大家有崇高的追求还不够，以前军队都有一个机关枪枪手当督战，冲锋号吹完了，机关枪就直接往战壕里扫过去了，不管里面是不是还有人没跳出战壕。所以，每个团队都要制定一条严格的规则，作为团队士气的第一保障。

第二个方法是"不停地树立典型"。

这就是一定要让大家知道什么东西是团队需要的、哪些人做得很好。于是在管理中经常有各种PK、各种大赛、各种宣讲会、各种各样的荣誉奖章。用这种方法来让优秀的人站出来，目的就是树立典型，给每个人参加竞赛的机会，给冠军、亚军颁奖。

第三个方法是"斩草除根"。

要尽快将那些有问题的人解决掉，这个"解决掉"不是说把有问题的人开除，而是一旦这个问题冒出来，管理者第一时间闻到有味道不对，马上就去处理，有则改之，无则加勉。没有问题也是打预防针，一定要将问题消灭在萌芽状态，不要让它长大，一旦滋生成了漫地野草，再怎么样都压不住。优秀的管理者都有自己的敏感性，这种敏感性不可名状，是闻味道所必需的。

阿里巴巴中作为政委的人很清楚，每个人内心都有活动，有时候是积极正面的，有时候是黑暗的、消极的、负面的。一定要把团队调整到一个积极正面的状态，这一点非常重要。

基层管理者的三板斧"定目标、追过程、拿结果"，讲述了基层管理者要做的事情；中层管理者的三板斧"搭班子、带队伍、做复盘"，最终既要结果好，也要过程好，还要团队得到发展；再加上高层管理者的三板斧"揪头发、照镜子、闻味道"，这九个要求让大家对阿里三板斧了解得更全面。

第二篇

战略规划要素与原则

第 4 章

企业战略四部曲

第 1 节 文化即战略：使命、愿景和价值观

在阿里巴巴的发展过程中，为什么能有那么多的战略，每个战略都还如此正确？从最早的B2B销售模式、2003年淘宝的运营模式、2004年支付宝的产品模式，到2007年阿里云的技术模式，为什么阿里巴巴的战略越来越好？

逍遥子说："战略是打出来的，不是想出来的，也不是纸上谈兵画出来的，一定要在实战中去磨炼。"阿里巴巴有这么一句土话，"方向对了，就不怕路远"，就是说只要方向是对的，即使千难万险，即使天高路远都不要怕，因为每步行进都是在接近目标。

唐僧师徒取经成功的原因是孙悟空会七十二变，打遍天下无敌手吗？不是。是因为猪八戒或沙僧吗？好像也不是。取经成功的原因是唐僧的坚持。唐僧有一个去西天求法的目标，有一个取经的心愿。他之所以能成功是因为他有一个明确的目标、明确的方向和明确的使命。取经成功是战略目标的实现，而这个战略目标就包

括最早的战略制定、实施过程中问题的解决及最终成果的展现。

在阿里巴巴收购了一些企业之后，这些企业的老板总会说一句"你们赢了"。但其实不是阿里巴巴赢了，而是这些企业输给了这个时代。即使这些企业曾在行业里做得很好，但只要战略发展的方向出了问题，无法跟互联网做对接，就会输给这个时代。

有人问我一个问题："天机，为什么互联网会干掉传统企业？为什么互联网发展的速度如此之快？"我开玩笑说："因为不在一个维度竞争，就像一条线有无数个点、一个面有无数条线、三维空间有无数张面，互联网和传统企业的竞争根本就是不同维度的竞争。"

在《三体》这部著名的小说里，最厉害的武器就是维度武器"二向箔"，所以在互联网行业流行的战略叫作"高维打低维"，也就是人们常说的"降维打击"。

因为上一个维度的变成下一个维度的，就是无穷大的。将互联网淘宝零售的模式与线下零售的模式进行对比，你就会非常清晰发现互联网的商业模式至少比传统店铺模式高出一个维度。

第一，在淘宝可以开多少家店铺？答案是无穷多个。但是，在线下商场里面一定是有限的，因为商场面积是有限的。

第二，在淘宝开店铺，可以放多少件商品？答案又是无穷多件。在线下的一家店铺里面能放多少件商品？一定是有数量限制的，还是因为面积是有限的。

当你理解了互联网的无穷性，你就会了解线上商城和线下商场根本不是同一个维度的东西。从维度这个角度去思考这个世界，去思考互联网，就能明白传统企业应该结合互联网提升自己的维度，而不是简单地把互联网当成传统企业的延伸和渠道。互联网不是一个新的渠道或者新的方法，而是一个新的维度，以这种思路去理解才知道为什么说传统企业输给了时代，其实是输给了高维度。

阿里巴巴为何选择做电子商务？

阿里巴巴早期是怎么知道要做电子商务服务的，首先是制定了公司的愿景目标。阿里巴巴的发展过程，是有三个东西作为基础的——使命、愿景和价值观。

马云1996年开始做互联网，1997年到北京去做中国黄页，1999年创业失败后又回到了杭州。当时马云带着十八罗汉一起制定公司的使命，就是我们到底要做什么。阿里巴巴存在的意义是什么？是让天下没有难做的生意，要解决大家做生意难的问题，要用互联网的方式去解决大家在经营中的难题。

在很长的时间里，马云说阿里巴巴不是互联网公司，而是服务公司。为了解决现在商业活动中的问题，公司定位与很多互联网公司所理解的东西是不一样的。阿里巴巴会做取舍，除电子商务服务外，基本上这么多年什么都不做，因为有了这样的取舍，后面才能发展得越来越顺畅。

还有阿里巴巴的愿景，即一个公司要实现未来可以期望到的场景和画面是什么。阿里巴巴的愿景在其发展历史上有三次重要的变化。

在阿里巴巴成立不久的2000年年底确定了公司的第一个愿景目标——活102年。很多人会说：为什么要活102年，而不是103年，也不是99年？因为阿里巴巴开始创业的时间是1999年，1999年是20世纪的最后一年，那么102年之后将跨入22世纪，马云说要成为一个能够跨越三个世纪的公司，最少要活102年。这是公司的第一个愿景，代表着阿里巴巴想做一家百年老店，要做一家基业长青的公司，要做一家随着时代科技发展而不停发展的公司。有了这样的愿景，做战略的时候就会思考不仅要活得更好，还要活得更久，这就要长远看待公司的发展。

阿里巴巴的第二个愿景也非常有意思：要成为一家幸福指数最高的企业，目标是让员工有最高的幸福指数。由此我们可以看到，在阿里巴巴初创时的创业者们最大的期望是在一起做事情，至于做什么事情，这些都可以在过程中调整。因为大方向是让做生意更简单，今天是互联网就做互联网，明天是区块链就做区块链，后天是人工智能就做人工智能，阿里巴巴只是一家商业服务公司。

阿里巴巴希望这一批创业的人能一直在一起，成为一家幸福指数最高的企业。有了这样的选择，那么公司的战略目标就不只是赚多少钱，而是大家在一起并且幸福生活着。所以，阿里巴巴特别重视员工的福利、成长和价值。在阿里巴巴有句话这么说：客户第一，员工第二，股东第三。其中，客户第一指的是要实现公司的价值，让天下没有难做的生意。员工第二，是要公司为员工的幸福而努力。

阿里巴巴的第三个愿景是要成为中国最大的数据分享平台（因为互联网是以数据信息为核心的），要用数据和互联网来服务中国所有的企业。这是当年的愿景，这个愿景在2008年做了一次重大修改——从一个点变成了三个点。这三个点是阿里巴巴现在反复提到的三个愿景。

第一，要服务1000万家中小企业，其中重点服务的是中小企业而不是大企业。

第二，要提供1亿个就业岗位。阿里巴巴期望通过对新业务的开创，为中国、为世界解决1亿人的就业问题。这两年，阿里巴巴的社会责任报告都会提到这个愿景，相信再过几年阿里巴巴能实现解决1亿人就业。这一点确实非常宝贵。

第三，要成为20亿个消费者的消费、生活平台。2015年又把这个愿景做了一点点修改：生意在阿里巴巴，工作在阿里巴巴，生活在阿里巴巴。另外，2019年把人数变成了全世界20亿，因为10亿基本快做到了，现在目标是20亿，希望为全世界更多的人服务。

六脉神剑解决了公司发展中的一件很重要的事情，就是在制定公司战略。在思考发展方向的时候，要从三个维度来考量。

第一，思考要做什么事情。

第二，要带着自己的员工，让员工的成长成为战略的一部分，否则永远做不了太大。

第三，要万变不离其宗，《易经》中讲"不变即变"，不变的是公司的战略方向，所有的动作都以此为中心，变的是公司的目标，然后才有公司任务的起步。

第2节 企业战略规划四部曲

阿里巴巴有自己的参谋部。参谋部是为公司制定战略发展方向的，参谋部的负责人是曾鸣教授——中国知名的战略学专家。马云先去听他讲课，之后邀请他成为阿里巴巴的顾问，让他帮助阿里巴巴策划整个公司的战略发展策略，到后来曾鸣教授加入了阿里巴巴，成为阿里巴巴的首席参谋长。战略在阿里巴巴是有明确定义的。曾鸣教授说战略不过是四部曲和三要素。

战略四部曲就是终局、布局、定位和策略。终局就是这件事情最终是什么样子的、未来是什么样子的；布局就是什么可以做、什么不要做、先做什么再做什么；定位就是你是谁、你的对手是谁、你在客户的心目中是谁；策略就是如何去做这件事情。

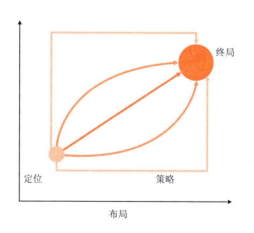

诸葛亮的隆中战略四部曲

刘备有两个兄弟——张飞和关羽，三兄弟异常勇猛，但是打来打去竟然没有容身之地，直到他们遇到了诸葛亮。

诸葛亮在隆中给刘备所讲的就是战略四部曲。

第一，终局。诸葛亮跟刘备说天下大势"分久必合，合久必分"。诸葛亮讲了一个终局是天下要分，以此三分天下。曹操不相信这件事情，发动赤壁之战，结果失败了，终成三国鼎立的局面。

第二，布局，就是先做什么再做什么。诸葛亮明确地跟刘备讲："曹操现在是不能打的，因为人家挟天子以令诸侯，打不过。东吴是不能打的，因为东吴兵精粮广。不过，刘表可以打，刘璋可以打，韩遂可以打。"诸葛亮虽然没有出隆中，却能告诉刘备三分天下的布局是什么。

第三，定位。刘备三顾茅庐，但诸葛亮还是不愿意出山，这个时候刘备掩面而泣，说："先生不出山，天下苍生怎么办？"诸葛亮就不得已出山了。这叫定位。

第四，策略。草船借箭、舌战群儒、借东风都是策略，这些策略虽然名扬天下，千古流传，但依然只是战略的细枝末节。

阿里巴巴的战略四部曲

阿里巴巴的高层管理者也是如此思考的，如何去把自己的第二曲线、第三曲线甚至第四曲线做出来？

首先是终局。早期，阿里巴巴思考的就是互联网将改变世界的方方面面这一终局。根据终局思考，哪些东西要做？最早的 B2C，或者 C2C、B2B 等方式。一步一步持续发展的过程是怎样的？发展是有规律的，掌握了这个规律，所有的进展都是对的，如果没有掌握规律，我们做的所有事情最终都会有问题，都会失败。所以，我们要了解发展的规律，从未来去看世界，终局观是从未来借的。

第二是布局。阿里巴巴发展过程中的布局，从最早阿里巴巴 B2B 平台、1688 中国供应商、诚信通，到后来有了淘宝，淘宝又拆分出一个板块叫聚划算，后来又拆分出一个板块叫天猫。2012 年之后，阿里巴巴开始在整个产业做布局，投资了高德、微博、优酷等，以此来布局成一个让人们在生活的方方面面都能接触到的互联网公司。这就是阿里巴巴的布局。

第三是定位。阿里巴巴是一家以电子商务服务为核心的公司。这一两年阿里巴巴开始向健康、娱乐等方面进军，从定位这个角度来看，这些方面对公司依然非常有价值。

第四是策略——"双 11"。这是阿里巴巴战略性的策略。每年的"双 11"是策略，平时跟京东和唯品会的竞争也是策略，这一系列的策略中都有很多员工贡献、思考的点睛部分。策略，就是具体的打法与战略。

在阿里巴巴内部，每四到五年就有一个模块成长起来。这其中有一个关键的思路，是上一个业务的波段曲线还没有到达顶点、正在蓬勃发展的时候，公司就已经在培养下一个业务的波段曲线了。用同样的方式不断规划，公司就有一波、两波、三波的不断增长，比如 1999 年做 B2B，2003 年开发淘宝，2004 年衍生出第三条曲线支付宝，2008 年在淘宝如日中天的时候做了天猫商城。这些计划都是阿里巴巴人用"终局、布局、定位、策略"的方法做的战略思考。对于一个企业来说，这一点非常重要。一个企业战略的形成、发展和成熟是发展命脉。有不少企业没有跨过从 PC 互联网到移动互联网转型这道坎儿，就是因为在早期看这些重要项目的时候，对未来的思考出现了问题。

第 3 节 终局——预见未来，以终为始

有人说当年是马云说服了孙正义，有人说是孙正义说服了马云，到底谁说服了谁呢？马云说，赢在细节，输在格局。赢在细节，指的是如果我们自己在很多地方没有做好细节，肯定做不了事情。但问题是如果在细节上把控得太多，就会没有战略和终局观，会最终输在格局上——虽做事情做成功了还是输了，这就叫终局观。

那么，如何基于未来思考确定今天的业务方向呢？马云在1996年看到了互联网，在1997开始从事互联网方面的工作，他越发了解互联网将如何改变社会经济及商业模式，他越想越清楚，这是马云当年成立阿里巴巴的初心和想法。之所以有这样重要的判断，是因为他看到了互联网的未来。

孙正义的战略眼光

不仅仅是马云在 1996 年看到了未来，还有另外一个人——孙正义也看到了。1993 年，孙正义还是日本一个小商贸店的老板，他有七个员工。有一天，他通过杂志了解到互联网，当他仔细研究了互联网之后，欣喜若狂。第二天早上上班，他站在公司的小木箱上，对七个员工说："各位，以后我要成为世界首富！"

更加神奇的是孙正义 1993 年在他的小笔记本上写下了他看到的一些东西，写下了未来二十年因为有互联网的存在，世界将变成什么样子。他洋洋洒洒地写了近十页自己对未来的判断，然后他就倾其所有的能力带着他自己对未来的想法去找需要投资的人。他前后投资了全世界几乎所有的优秀互联网公司，如雅虎、阿里巴巴等。2012 年，当孙正义把他投资过的公司老板聚集到日本东京，拿出 1993 年他所写的关于未来二十年世界的样子的笔记，他们发现孙正义对未来的判断几乎都实现了。

孙正义基于未来去思考互联网这件事情，他知道随着互联网的发展，终局一定

会成为这个样子。一个真正伟大的人，是能够看到世界发展趋势的，而这些东西才是最具价值的。作为一个企业的管理者，作为一个企业的真正发展者，一定要看到"从未来出发，从现在开始"这条战略制定路径的真正价值所在。

以此为基础，我们就能大概了解到当年马云和孙正义那五分钟聊的是什么了。我们相信他们聊的不是菜好不好吃，也不是他们多有钱，马云给孙正义描述了他脑子里面的未来世界：电子商务发展起来之后世界商业模式包括中国在内的所有做生意的方式是什么样的。我相信孙正义听懂了马云说的东西，而孙正义也跟马云讲了他对于未来互联网的判断和互联网将改变世界的方方面面。就好像两个武林高手一样，一招下去就知道对方几斤几两，所以说五分钟的时间足够让双方都知道对方就是举世高手。

独孤求败遇到了东方不败。这两个人马上就知道对方是自己这一辈子要找的人，于是在很短的时间里他们达成了最终的投资。马云对人讲"孙正义五分钟说服了我，要给我2000万美元"，孙正义说"马云五分钟说服了我，向我要了2000万美元"。无论如何，这两个人最终达成了一致，成就了全世界最成功的一次战略风险投资。

我们现在要正确判断未来5~10年的终局会是怎么样的，就需要先分别在生产力、生产关系和生产资源三个领域了解关系到未来商业生态的三个关键技术。

在生产力方面，现在人们越来越多地认为生产力的基础是人工智能，人工智能的基础是大数据。据科学家预测，到2028年，一台计算机芯片的晶体管数量将跟人类大脑脑细胞的数量一样多。所以，2028年可能是人类历史上的一个关键节点，人工智能将会做更多的事情，现在做的事情如果未来可以被人工智能取代，那么这件事情大概就没有意义了。人工智能的存在会使生产力爆炸性地增长。

在生产关系方面，未来生产关系的一个基础是区块链，区块链的技术可以用一种去中心化的模式来重构所有人与人的价值关系。有了这样一个思路和模型，在未来发展过程中我们要特别考量一件事情，那就是区块链技术将给经济乃至每个人的生活带来何种冲击。很多专家认为：区块链是真正的互联网2.0，它将彻底改变所有的关系，所有互联网做过的事情都将在区块链时代重新做一次。

在生产资源方面，生产资源是人们对于能源的新思考。未来大家会看到越来越多的新能源兴起，比如新型太阳能、海底的可燃冰、核能，乃至理论上的地磁场能量的开发等，这些都将在未来有所呈现。

所以说我们要特别了解这三项技术：人工智能、区块链、新能源。不要怕这些技术现在规模小，它们的效率和对未来的影响都是无穷大的，它们将给我们的世界带来天翻地覆的变化。无论是做互联网创业还是传统企业转型，我们只有了解并借助这些新的技术、新的方式、新的资源，乃至新的关系去重构我们现在所在行业的生态模型和机制，才能再创一个新的行业的起点。我们所讲的终局观就是这样一个意思。

我们要基于未来思考，从未来出发，从现在开始。从未来出发思考问题，了解终局，了解未来，知道未来会向何处发展。从现在这个地方起步，我们看需要做什么、能做什么、需要什么，只有从现在开始一步一步行动，脚踏实地，才能最终把这件事情做成。

第 4 节　布局——合纵连横，轻重缓急

战略布局越完美、越立体、越没有缺陷就越好吗？阿里巴巴的战略布局是怎么做的？马云曾经说不太喜欢职业经理人，也不太喜欢从MBA出来的人，还经常说MBA出来的人是创不了业的。这都是为什么？

布局，就是如何选择哪些不要做、哪些必须做。《易经》是中国历史上非常重要的一部经典，被称为万经之首。无论是儒家还是道家，都跟《易经》有着千丝万缕的关系。

在《易经》中，一个"易"的思想的核心意义有三个要素。

第一个是不易，就是一定有什么东西是亘古不变、始终如一的。

第二个是变化，就是一定有什么东西是一直在变、一定会变、已经在变的。

第三个是变易，就是面对这些不变和变化，我们应该如何随机应变。

在理解阿里巴巴的布局时，我们要先了解什么东西不变，然后了解什么东西在变，这样才能将整个公司的战略布局一一梳理清楚。

阿里巴巴的布局

1996 年，马云在美国看到有人在做互联网，他在互联网上搜索"beer"（啤酒），发现没有任何中国啤酒的信息。他想，未来所有的信息都将搬到线上去。回到中国之后，他就开始做相关的工作。第一份工作叫中国黄页，中国黄页的业务是把企业的信息放到互联网上，让国外的客户搜索的时候可以看得到这些信息。美国最早的互联网发展是依靠政府推动的——克林顿提倡信息高速公路的发展。北京有很多公司也在这样做，马云也觉得这件事情应该从北京开始才能发展，于是他来到北京，

拜访了各大部委。1997 年，马云去找某部委推销中国黄页，跟他们讲要把信息搬到互联网上，结果大家都听不懂，觉得马云是个骗子。

第一波互联网的发展是以门户网站为核心的，把传统报纸期刊的信息搬到互联网上。今天的今日头条也是这样的思路，当时搜狐、新浪等都做起来了，但中国黄页的信息以商业信息为基础，做得并不太好。因为在北京的时候发现做这些赚不到钱而且发展前途非常有限，所以马云想帮助中小企业去做商业。不过，北京虽然有互联网人才，却没有中小企业扎根的土壤，于是他就回到中国民营经济最发达的浙江，把公司开在了杭州。阿里巴巴的第一个商业模式就是 B2B。

阿里巴巴当时在金华、义乌等地设置了各种各样的销售点、沟通点和运营点。用互联网技术能够用技术化的方式将所有企业端产品的服务放到网上，这样，如果有人想做批发，就可以通过互联网找到非常便宜的全国各地的商品。

当有了这个基础之后，阿里巴巴又开始做中国供应商，专门为国外的客户提供国内的产品。在有了最早的诚信通和中国供应商之后，阿里巴巴的 B2B 业务开始蓬勃发展。因为 B2B 业务相对简单，就是想办法让用户将自己的产品信息搬到阿里巴巴平台上，等有人要批发的时候通过平台直接沟通就好了。这个业务是最早形成的，这是最早的 B2B 模型。

到了 2003 年，马云发现第二波的经济开始兴起，叫作 C2C。当年有很多平台在做，C2C 就是消费者与消费者之间的交易，不再是批发业务。阿里巴巴开始秘密地在湖畔花园全力开发淘宝。C2C 的商业模式是任何一个人都可以通过互联网将自己的产品放上去卖给另外一个人的，因为这种机制是以个人为核心发展起来的，所以 C2C 的市场远远大过 B2B。

当 C2C 的市场做起来之后，马云又发现了一个问题，就是消费者之间，"万一我给了你钱，你不给我货怎么办"？或者"万一我给了你货，你不给我钱怎么办"？为了解决大家彼此的信任问题，又研发出了第三个平台型的公司，叫支付宝，为双方信任提供担保。支付宝最早的广告语是"你敢付我敢赔"，万一钱丢了或者货丢了，支付宝赔，再后来慢慢变成了"因为信任，所以简单"。支付宝的发展极大地促进了淘宝的发展。

随着支付宝和淘宝的发展，做 C2C 的人越来越多，货也越来越多。很多有经济头力的人希望能直接挑选品牌商品，于是 B2C 市场慢慢成长起来。2007 年，淘宝分拆出一个平台（现在称为天猫，当年叫淘宝商城），只允许认证的品牌商入驻，带着品牌商的好货进入互联网市场。由于有品牌商进入，因为它卖好的、有品质保障的货，加上 7 天无理由退货政策，越来越多的人开始把线下买卖搬到线上来，让天猫得以迅速发展。

随着阿里巴巴的迅速发展，曾鸣教授和王坚博士核算了一下：随着业务的增长，可能每年赚的钱都不够租服务器的。因为之前服务器都是租用的，所以必须建立自己的服务器系统。于是在 2009 年，曾鸣教授和王坚博士跟马云商量后，力排众议启动了阿里云，也就是阿里巴巴的大数据和服务器应用。

如今十多年时间过去了，阿里云在耗资近百亿元之后，终于成为中国云服务中的第一名。今天阿里云的服务量，比第二名到第十名九家加起来还多。通过这个过程，我们就能理解阿里云遥遥领先的战略规划都来源于阿里巴巴对商业演进的布局思考。这一切对阿里巴巴的发展来说都至关重要，也让我们了解了在发展过程中哪些事情该做、哪些事情不要做，要一直专注于电子商务服务领域的成长发展。

战略布局越完美越好吗？留下战略的缺憾，这样才会具备战略的效率。

比如京东有资产模式，也有类似淘宝的平台模式，还有物流模式，看起来非常完整，但是实际上这种完整的体系的代价是降低了战略发展的速度的。马云在做天猫商城的时候说："我们永远只做 B2B 模型的平台，我们服务商家，由商家去服务消费者，我们自己不要碰货。"在很长的一段时间里，阿里巴巴的战略中是禁止碰货的，因为必须保证平台的公正性，以此为基础得以快速发展。阿里巴巴给竞争对手留下了半边天，留一块土壤给中国的互联网企业，平台模型是阿里巴巴发展的核心和重要的战略抉择。

为什么马云不相信 MBA 出来的人？因为马云发现：很多 MBA 出来的人会追求完美，为了在管理中发挥自己的管理能力而牺牲公司的经营能力。这一点非常可怕，后来在做布局的时候，马云提出了如下方法。

第一，抢占根据地，即必须有一个地方是自己企业的根据地，无论如何都不能放弃，无论如何都要发展起来。

第二，寻找爆破点，即找一个点发起进攻，将这个爆破点打开，形成一个商业局面。

第三，沿着爆破点迅速攻克，并寻找决战地，即使反复失败，最后在决战地也要打败竞争对手。"双 11"就是一个寻找爆破点纵深打击，然后寻找决战地的例子。

第 5 节 定位——战略高地，一语道破

战略四部曲的第三部叫作定位，即要如何满足客户的心智模型，占领战略的制高点。特劳特当年写了一本书叫《定位》，这本书的历史背景是，当所有行业的所有品类都生产过剩的时候，消费者在消费时就有很多种选择。那么，产品如何能正好符合客户的心智需求，有目的、有方法地占领市场呢？这就是《定位》的思想核心，用特劳特的话说就是建立用户的心智模型。

互联网上的竞争比线下更激烈。你去线下买衣服，附近卖衣服的可能就有20家，但是如果在互联网上买一个产品，你会发现淘宝里面有成千上万的卖家在卖。比价格的话，9块9包邮在淘宝里面比比皆是；比知名度的话，全世界知名的品牌在天猫里面也应有尽有。

当用户心里已经有一个搜索关键词时，如何去占领客户的心智？让客户从内心知道自己的第一选择是你的品牌呢？阿里巴巴早期的定位就是一家互联网公司，是做电子商务服务的。很多人心目中有一个非常有趣的逻辑，电子商务几乎等于阿里巴巴，因为阿里巴巴是行业里面早期的行业领袖者之一。阿里巴巴一直以来认为自己是帮助企业解决生意难做的问题的，是一家电子商务服务公司，除了电子商务不碰其他的东西。所以，定位是告诉用户你是做什么的、你是谁、你不做什么。阿里巴巴早期的B2B业务是一个企业对企业的平台，新浪、搜狐不是电子商务公司，而是媒体公司。后来做淘宝的时候，虽然都是电子商务，但是一方是B2B，而另一方是C2C。

我们从阿里巴巴定位的两个要素中来看一看自己做定位时该如何做。

第一个要素，起一个好名字很重要。

以淘宝为例，起一个好名字就成功了一半。好名字有什么特点？就是不需要你解释，所有消费者一听到这个名字就知道是干什么的。淘宝就是寻找宝贝的意思，淘宝的名字一出来，大家很快都记住了，且很容易传播。"淘你喜欢"是淘宝最早的广告语，很讨巧也很容易记。再如拼多多的名字也是如此——拼得越多越便宜。一个好的名字，朗朗上口而且很容易让人记住。

很多优秀的公司都有一个容易记的名字。天猫最早的名字是淘宝商城，是想告诉所有的消费者这是商城，不是卖地摊货的，但是消费者始终分不清楚淘宝商城和淘宝之间到底有什么区别。所以决定重新给它起一个名字，当时大家反复商量很久，也在淘宝里面征集了各种各样的名字。据说马云在上厕所的时候想到了"天猫"，这个名字刚出来时候大家都觉得很怪，但是听一次就记住了。当这个名字公布出来的时候，全社会都在讨论这个名字好奇怪。好的品牌一定要有故事，一定要有争议，这样才有传播性。天猫的名字很快传播开来。至于为什么叫天猫，马云后来补充说："首先，猫有九条命，我们输了再来一次，还能扛下去；其次，猫非常挑剔，全世界有很多奢侈品的品牌用猫为形象代表，显示出很注重品质的感觉。"天猫的气质和淘宝商城非常一致。

不久之后，天猫的Logo也出来了，不是Kitty猫的样子，也不是招财猫的样子，而是一个很丑的Logo，但辨识度很高。忽然间，所有人都在讨论这只天猫长得好丑、好奇怪，慢慢所有人都知道天猫Logo的来源是人民币上的"跪拜猫"（当然跪拜猫是网友的想象，那其实是饕餮纹的变形）。做定位的时候，除了自己知道自己要做什么，品牌定位之后在宣传中要能够使品牌在社会上广泛传播。

第二个要素，每个产品、每个品牌、每个平台都要有自己的口号（slogan）。

比如淘宝是"淘你喜欢"；比如支付宝最早是"你敢付我敢赔"，后面改成了"因为信任，所以简单"，很快，淘宝和支付宝赢得了大家的信任，而且品牌传播得很好。

每个产品、每个项目、每个团队只能做一件事情，一个人不可能什么事情都行，最好是做一件事情且重复地做。只有先完成定位了，市场营销、客服、产品等才能开始。当年中国凉茶饮料王老吉的定位是什么？"怕上火喝王老吉"，十多年来这个广告语从来没有变过，定位很清晰。脑白金的广告语让大家都听烂了，但是它的定位很准确。"今年过节不收礼，收礼只收脑白金"，只要准备给父母送礼，脑白金一定会出现在脑海中，因为这个广告反复地锤炼直至成为客户的心智。

定位有四个步骤。

第一步是切割市场，像刀一样切一个精准的市场，且这个市场中的业务、产品和客户都非常精准。这是一个细分的市场，在中国，任何一个细分的市场都很大。

第二步是起个好名字，让人想起名字就想起这个市场，想起这个市场马上想起你的名字。任何一个行业的老大都有一个特点，当提起这个行业，首先它的名字就会跳出来，这就是定位的重要性。一定要让人有需求时第一个想起的名字就是你的品牌。

第三步是建立用户心智。这靠两个方法：首先是声音，洗脑的广告足够多，耳朵反复听到的东西很难忘记，有需求的时候那个声音马上就会从脑子里跳出来；其次是颜色，当我们想起这个颜色，比如淘宝的橙色，就马上知道这是淘宝，这是视觉锤炼的结果，也是建立用户心智最关键的方法。

第四步是形成竞争壁垒。只要你的客户心智一形成，你就要保护这样的心智跟你所在的这个行业的匹配度，而且将你所有的竞争对手挡在你的客户心智的门外。行业的第二名、第三名往往占据的是更细的细分市场的客户定位，而你要形成所切割的市场的第一心智，从而形成竞争壁垒。竞争壁垒的核心不是产品的功能，也不是商品的价格，而是在用户的心目中你是不是第一个被想起来的。

第 6 节　策略——万事俱备，只欠东风

业务很多，千头万绪，到底先做什么，再做什么呢？侧重点到底是什么？如果在这么多的业务中只能做一件事情，那么到底选哪一件？为什么选这一件？这些都是在做业务的过程中需要思考和处理的事情。

爆破点非常重要。什么是爆破点？当要炸掉一座山的时候，把炸药放在一个地方一炸，整座山就会垮掉，而不是在山坡上拼命地放炸药。爆破点看起来是一个很小的点，但是一旦爆破，整个体系就会发生连锁效应。这就是爆破点，用最小的成本获取最大的效益。

当诸葛亮跟随刘备之后，他找的第一个爆破点是哪里？荆州。为了打好关系到荆州归属的赤壁之战，他用了很多策略，比如舌战群儒、联合东吴、草船借箭、三气周瑜，这一系列都是策略。策略的核心是建立在终局、布局、定位基础上的，如果没有前三者，策略就不能解决战略的问题。所以，一定要了解战略四部曲是不可分割的。

天猫的业务爆破点如何找

"双 11"就是非常核心的业务爆破点。该怎么做"双 11"？其核心是三个重要的思考。

第一，需要找到一个时间点或者一场活动，让所有消费者能够进入电商的狂欢中去，让消费者心动——消费者心动了之后一切都会动。平时简单的销售还不足以让消费者的购买习惯从线下转到线上，只有有了这样的大活动，消费者才会被撬动起来。

第二，让更多的商家参与进来。2009 年，非常多的传统品牌、线下品牌和国际

品牌还没有做电商，觉得电商不重要，甚至反对电商，所以，很重要的一件事情是让足够多的商家参与到电商中来。

第三，所有的生态伙伴，包括阿里巴巴的员工，要一起在一个时间点把商业模式集中开发出来，这其实就是明年新业务、新方向的重要试验点。

以此三点为基础就可以理解"双11"是怎么操作的了。首先，看数据。数据是找策略的核心方法。根据当时淘宝、淘宝商城的数据，统计出非常明确的数据，再根据数据分析出只有11月是可以的。

其次，再来看淘宝的营销活动规律。所有的营销节点、营销活动及热卖的单品都比线下提前一个月。为什么提前一个月？原因很简单，淘宝是一个全国性的生意，广州的11月可能大家还穿着单衣，但是东北已经下雪了，等到了第二年5月，东北还穿着毛衣，南方已经开始穿短袖了，所以电商平台往往季节性促销活动会提前。更重要的是电商平台的策略、流量分配规则，是以上一个月的销量为基础来做品牌的，所以必须提前一个月引爆销量，这样下一个月才有免费的流量进来。在线下最热门的是12月，那么线上最热门的应该是11月，一查数据发现果然如此。

所以最后决定爆破点就选在11月。但是11月没有节日，只找到一个节日叫作光棍节，后来逍遥子说就选这个日子，比较好记。等把日子定下来之后，再去寻找所有爆破点的关键——火药，即营销策略。

任何一个成功的公司都必须有自己关键爆破点的策略。那么，如何去找到这个爆破点并把它引爆呢？有以下三个原则。

原则一，爆破点必须基于公司的核心战略定位。爆破点是以终局、布局、定位为基础的，没有前面三要素的通彻考量是找不到关键节点的。公司制定爆破点必须基于战略发展的脉络，了解脉络发展中的关键过程及每个点的价值。

原则二，策略核心的来源是竞争战略，基于价值，是公司与客户之间所形成的关键价值连接点。但是能满足客户的第一价值点的公司往往不止一家，所以必须在策略上能对竞争对手造成精准的打击，这是爆破点重要的关键节点。比如在赤壁之战中，若敌人把船连起来，那么火攻克敌是最有效的。策略的制定要依据关键事件的关键节点。只有对竞争对手了如指掌，才能找出关键的策略。

原则三，后发制人。起步最早的人不一定会成功，但是我们一定要了解，在业务的爆破点设置上，当对方很强大的时候，策略不是硬碰硬，而是自己蓄积力量，对竞争对手造成致命的打击。

2019年，"双11"一天创造2684亿元销售额，这是好多电商平台一年甚至多年都做不到的业绩。从这一点我们也了解到这样的机制之所以那么厉害，是因为天猫平台将前后近一个月的销售业绩在这一天引爆了。这种后发制人确实非常强大。很多公司都想突破"双11"的压制，但是由于"双11"占领了定位的制高点，占领了策略的核心爆破点，以至于"双11"推动天猫成为行业老大的抓手所在。

最后再给大家总结一下怎么做好战略。

第一是终局，知道最终这件事情会怎么样，知道未来是什么样子的。

第二是布局，从未来看现在，知道什么该做什么不该做，就像下围棋对整个棋局了如指掌一样。

第三是定位，你是谁、跟竞争对手相比有什么特点，以及在客户的心智模型中，只要客户有需求你马上会跳出来的原因是什么。

第四是策略，如何做事情，如何找到爆破点，并且根据这个爆破点占领市场。

所谓的战略，首先要有不变的东西，以不变应万变，这样才能让企业既有明确的方向、清晰的导航地图，又有很好的工具，最后只需要一个优秀的驾驶员能把车从起点开到终点。这就是曾鸣教授所讲的战略四部曲。

第 5 章

/

企业战略实施三原则

第 1 节　了解企业战略实施三原则

企业战略实施三原则是大舍大得、大赌大赢和大拙大巧。曾鸣教授所讲的战略的四部曲和实施三原则是阿里巴巴很多业务的起点和关键点，每位创业者和管理者一定要了解战略实施的这些方法和策略，尤其是原则。因为有了前面对战略的那些思考之后，在执行的过程中如果没有原则，就会乱来，这就造成虽然方向挺好的，但是做着做着还是会错，这时战略实施三原则的价值就体现出来了。

下面先给大家解读一下战略实施三原则的含义。

第一个叫"大舍大得"。这是说有舍才有得。那么，舍什么又得什么呢？前面讲的战略四部曲，分别叫终局、布局、定位和策略。我们首先看"得"的是什么，得的是与终局相关的在布局的过程中已经定下来的明确的定位。定位是客户的心智模型，也是公司给到客户的核心价值。这就是"得"，一旦这个"得"定下来，其他的就会舍弃。阿里巴巴有非常明确的定位——做电子商务服务，与此不相关的业务都舍掉。这既是战略的原则，也是经营的策略，更是做人的智慧。大舍方能大得。

第二个叫"大赌大赢"。什么叫大赌？就是当社会发生变化、环境发生变化时，要快速地转型。时机成熟的时候，由于资源有限，在这个时间点，公司必须押上自己的全部赌注来赢取未来。赌的不是现在，赌的是必然的趋势、必然的未来。只有用资源、人力、钱财等赌未来，最终才能让快速的转型安然渡过危机。阿里巴巴从最早的B2B过渡到淘宝就是一个大赌，后来做支付宝是一个更大的赌，之后做阿里云的时候依然如此。阿里云在近十年的时间投入了几百亿元，但是阿里巴巴也因为阿里云的存在而解决了巨大的成本问题，并且开拓了未来发展的巨大空间。

第三个叫"大拙大巧"。越重要的战略，早先看起来就越笨拙和不合理，让人觉得会是一个误区，乃至是一个错误。《道德经》讲：上士闻道，勤而行之；中士闻道，若存若亡；下士闻道，大笑之；不笑不足以为道。

对方向的坚持是要掌握战略发展的轻重缓急。缓急指节奏，该快的时候快，当行业顺风顺水的时候一定要快，但是它出问题的时候就要慢。轻重缓急要很清楚，要根据环境的变化、根据对手的变化、根据团队的变化调整节奏。但是无论前面有多少困难阻碍我们，我们也要像大江东去不复回那样，沿着自己的路不停地往前走，这点非常非常重要。

秦孝公的大舍大得

在商鞅变法之前，由于秦国的弱小和落后，六国准备分食秦国。这个时候的秦孝公刚刚当政，在危急的情况下，秦孝公写了《求贤令》。《求贤令》体现了大舍大得，它里面讲了一个很重要的点，就是愿意把国土分给那些帮助秦国做治理的人才。如果你愿意来请战，我就愿意跟你分享秦国的土地，这是中国历史上第一个合伙人的方案。商鞅变法之后，秦孝公得的商於之地是三分之一的秦国国土。所以说大舍方可大得，大赌才能大赢。

对于秦孝公要用商鞅变法，旧贵族都是反对的，而最终秦孝公信任商鞅，商鞅也顶住各种压力甚至赌上自己的身家性命来变法，得以把秦国从弱小的国家变成了强大的国家。不管是商鞅还是秦孝公，都很注重变法背后的节奏，该快的快，该慢的慢，这就是轻重缓急。

诸葛亮的大舍大得

当年的赤壁之战也是如此。诸葛亮在两国关系并不是那么好的情况下，只身去东吴游说，舌战群儒，这何尝不是大舍大得！而且火烧赤壁这一仗也赌得非常大。在这个过程中，周瑜和诸葛亮确实将自己的战略实施得非常好。尤其注意轻重缓急，比如该借东风的借东风，东风不来，绝不打仗，能抓准时机。

阿里巴巴的大舍大得

阿里巴巴做战略的时候特别考量战略实施三原则。这里给大家讲一个简单的案例，后面还会给大家更详细地分析每个战略背后，阿里巴巴是怎么走过来的。

关于大舍大得，不得不提的是当年阿里巴巴 B2B 的退市，这对阿里巴巴来说是一个重要的关键点。阿里巴巴最早上市的是 B2B 业务平台，在中国香港上市的时候是 13.5 港币 / 股，一度涨到 50 港币 / 股，后来在金融危机的时候，贬值到 3~4 港币 / 股，在 2012 年，以 13.5 港币 / 股的价格将这个公司退市。

有人不理解为什么把一家上市公司退市，这其实是有战略原因的。阿里巴巴期望能将 B2B 变成淘宝背后的供应链资源，因为供应链非常非常重要。如果将淘宝和 B2B 的平台打通，B2B 的商业模式将发生巨大的变化，不仅关系到 B2B 的盈利，而且关系到整个集团的生态平衡。但是若把 B2B 融到淘宝的体系里，在上市公司的股东会上很难通过，所以只好选择将 B2B 退市。这是大舍。大得是阿里巴巴集团在美国整体上市时近 4000 亿美元的市值，而这是当年大舍 B2B 这个上市公司换来的。

轻重缓急涉及更多的阿里巴巴业务。比如阿里巴巴把淘宝先一分为三，后来一分为七。淘宝、天猫、聚划算等业务一个个独立来做。为什么在那个时间拆分而不是之前也不是之后？这就是考虑天时地利人和之后的轻重缓急。

为什么很多公司的战略方向是对的，在实施的过程中却越来越走样，最后导致战略实施彻底失败？失败的原因有哪些？

通过阿里巴巴的案例，也借鉴一下中国和国外企业的发展，我认为战略实施的过程中有几个方面会引起失败。

第一是对于未来的判断出现失误。微软公司到现在依然很难从PC互联网转移到移动互联网。在PC互联网时代，微软占了全世界的操作界面绝大部分的份额，而当手机这样一个产品出来，最早的手机操作系统苹果和安卓开始成长的时候，微软很不重视手机端操作系统，也没有真正地去做手机操作系统的研究，等到手机操作系统快速发展起来的时候才开始转型已经来不及了。

根据定位的理论，在一个行业里只有第一名和第二名可以生存，第三名及之后几名都没有生存的余地。当年微软虽然快速地开发出自己的手机操作系统，但是其希望建立自己的整个体系，而这已被苹果和谷歌所引领，即使微软奋起直追，花了巨额投资，最终依然失败。这是微软对于未来趋势错误判断的结果。

第二是虽然看得到未来，但是无法割舍现在的利益。要一个人拿着刀割自己的肉太难了，但是很多时候创新就是旧的生态对立面的模式。柯达公司就是这样子，作为胶卷照相时代的王者，虽然自己已经研发出数码相机，也知道一旦数码相机出来，之前的商业模式及整个生产体系、盈利模式都会发生巨大的变化，甚至自己可能"死掉"，但是依然舍不得胶卷相机业务，只在数码相机领域做研究，且没有倾尽全力去做数码相机。后来，越来越多的公司做数码相机，而柯达这家曾经全世界有名的公司却沦落到破产的边缘。一个公司在战略决策中大赌大赢是需要有勇气和魄力的。

最后再来说说大拙大巧。

在做事情的过程中，有些时候我们属于冒进，自己不了解资源的分配是否合理。当年史玉柱在巨人集团发展很快的时候，急切地上了公司承受不了的项目，结果陷入公司破产的境地。还好后来他又把公司救活了，但是从另外一个角度来说，他在战略上对公司业务的轻重缓急上出现了问题。

这一系列失败的案例都是对战略实施原则的把握失误而导致的，但是透过战略实施三原则，其实导致战略失败的真正的原因是人。企业的决策机制及创始合伙人对这件事情的判断才是失败的关键所在，人的力量才是战略实施原则中最关键的。

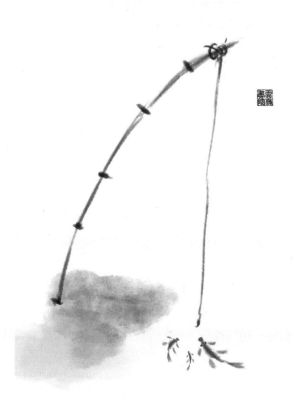

第 2 节　大舍大得——将军赶路，不追小兔

我们经常会遇到这种情况：不知面对的是机会，还是陷阱。我们到底应该怎么去抓？

这就涉及战略实施三原则的第一个原则：大舍大得，如何分辨机会和陷阱。在阿里巴巴的发展过程中有非常多的关键战略决策，每个战略决策都经历了取舍。战略决策的核心就是取舍，不一样的选择造就了每家公司不同的发展方向。如果战略只有一件事情可以做的话，那么你能不能想到这件事情是什么，想过之后还做不做这件事？这才是所有战略决策的关键点。

阿里巴巴的大舍大得

2011 年的"双 11"出了一个问题，就是全国物流爆仓了。当年"双 11"卖到了55 亿元左右的时候，发现当时所有的快递公司都没有做好准备，连天猫自己也不知道会有这么多。结果源源不断的快递从企业拉到了快递公司，快递公司的大门被一车一车的货品给堵住了，而很多快递公司并没有做好自己的物流规划，先进来的货物被后面源源不断的货物给堵上了，导致先到库的快递之后两周甚至一个月的时间都没有发出去。

这时阿里巴巴发现了电子商务行业的问题：物流成为中国电子商务发展的瓶颈。而且更重要的是，糟糕的物流体验让消费者没有体会到"双 11"带给大家的快乐和价值。

阿里巴巴和京东同时都在思考要不要做物流这件事情，因为物流是电子商务最后的一个环节，也是离客户最近的一个环节。经过讨论，京东觉得应该自己做物流。而阿里巴巴也在讨论这个问题：我们要不要做物流？当时阿里巴巴的很多高管的选

择也是应该自己做物流。但是在最后关键的战略选择上，两个公司做出了完全不同的战略抉择。

先来看京东，京东经过公司高管的讨论，最终刘强东拍板，开始做物流和仓储。他们希望在一二线城市实现一天把货送到，在核心和重点城市实现当天甚至两个小时把货送到。京东为了实施做物流的战略，启动了一个非常完整的物流计划——亚洲一号计划，在全国的主要城市建立了自己的仓储中心、配送中心和智能物流中心等。

京东选择做物流遇到的问题不仅是管理带来的挑战，还有资金链。大家知道做物流是非常花钱的，需要买地、买设备……做很多很多事情，且收回投资成本的周期非常长。从2011年一直到2014年年底，京东上市之前的这四年，据说京东反复出现资金链断裂这样的重要危机（因为京东现金流抗风险准备并不充分）。所以京东能挺过来，能上市，能成为中国电商的前三名，确实很了不起。京东挺过了所有的难关，完成了亚洲一号计划。

同样面对物流这件事情，我们再看看阿里巴巴是怎么抉择的。当年阿里巴巴在整个公司里面讨论要不要自己做物流这件事情时，非常多的高管都说要做物流，因为物流是电子商务的一个环节，是电子商务天然的延伸，这并不是阿里巴巴不该做的事情，这是该得的市场，而不是该舍的市场。

当时马云讲了两件事情，第一件事情就是如果合作伙伴做得不好，是将别人打死，把生意抢过来，还是去帮助合作伙伴？马云说："我们要相信合作伙伴，快递公司是我们的合作伙伴，他们做得不好，我们首先要相信他们能自己解决自己的问题，但是不是只相信就完了，我们还应该去帮助我们的合作伙伴，帮助他们解决他们自己的问题。"

大家分析了很多快递公司的现状，发现有两点是每个快递公司没有办法独立做成的，分别是全国的物流大仓和干线的运输。在这两点上很多快递公司没有能力单独去跟政府做沟通。于是阿里巴巴发布了菜鸟计划，投资2000亿元建立中国大型的仓储物流中心和干线的运输，与各地政府合作，把公路、铁路全部打通。

马云讲的第二件事情体现了一个重要的观点：要相信合作伙伴，要给生态时间成长，我们是做生态的人，需要整个生态的能力都成长，我们要有耐心等待。

春天播种，夏天抽枝散叶，秋天结果实，冬天枯萎、死亡，春天再发芽……这就是生态。所以说一定要有耐心等待生态的发展，阿里巴巴选择了等待。2018 年，阿里巴巴"双 11"的成交额是 2135 亿元，对比当年的 50 亿元已经增长了 40 多倍。仅仅过去了六年，中国的物流在如今 2000 多亿元的时候依然没有爆仓。给生态以信任，给生态伙伴以时间，最终大家都能够真正地成长起来。

京东取了物流，阿里巴巴舍了物流，这成就了更大的物流市场。如今，京东在一线城市还是不错的，因为它的物流速度很快；在农村，在三四线城市，京东即使依赖其他的快递公司，在一些地方的单子依然不容易派送。

和传统管理讲得不一样，马云讲战略的关键是要留下空白，不要追求完美，追求完美的人最终什么都得不到，因为这个世界本来就是不完美的。京东的商业模式比阿里巴巴更加完整，更加全面，既可以做阿里巴巴的平台模式，也可以做阿里巴巴不做的自采模式，还可以做物流的仓储模式，甚至做金融模式等。但是马云说，阿里巴巴只做一个模式——平台模式。不是说其他的模式不好、没有市场，而是平台模式是行业里最大的模式，阿里巴巴让出其他的市场、其他的模式给竞争对手去做，但是平台模式要做到最好。在想要全面发展的时候，其实是在给自己更多的包袱和压力。

我们需要先舍后得，即先把利益给合作伙伴，再得后面的利益，于是大家都愿意跟我们合作。马云认为阿里巴巴的模式要成就客户。什么叫成就客户？假设客户手上有5元钱，你要把它抢过来，客户会跟你拼命，但是假设你有方法帮客户用5元钱赚50元钱，然后你说"我帮你赚了50元钱，你能不能分我5元钱"，他们都会愿意的。我们先帮助别人成长，从中我们再找到自己的价值，这就是先舍后得的道理。

还有**得少舍多**，即自己少拿一点，给别人多一点。这是一位大商人说的。他说，在跟别人做生意的时候，明明有机会、有能力、有资格拿到51%的份额、51%的利润，但是他就是把多的给对方，能得51%也只拿49%。天下哪有这样的傻瓜？于是大家都愿意跟"傻瓜"合作，没有人愿意跟"聪明人"合作。所以说那些得少的人反而最终能获得更加长久的利益。

在舍与得的背后其实是智慧，是心境，是对更长远发展的考量，也是对于自身能力和资源的考量。通过舍与得我们就能理解哪个机会是陷阱、哪个机会是机遇。陷阱和机遇是基于我们对于未来的判断的。对终局有价值的才是机遇；而陷阱往往是短期有利益，但是从长期来看会影响战略定力，影响我们的心智定位，影响客户对我们的认知。

第3节　大赌大赢——决战时刻，逆风翻盘

人生就像一场赌博，那些成大事的人都有赌性，就是当别人不敢的时候，他们敢去赌一把。当年项羽背水一战的时候，他为什么选择烧掉战船？因为背水一战时士气可以让将士以一当十。

曹操的大赌大赢

当年曹操与袁绍打仗，袁绍兵精粮足，曹操实力比他弱很多，军队人数只有他的三分之一左右，就在曹操的粮草快用完的时候，迎来了一个人——许攸。许攸跟曹操说了一个秘密，就是袁绍所有的粮草都在一个叫乌巢的地方存着，乌巢的守将淳于琼是一个好酒之徒，如果有机会烧掉袁绍的粮草，那么袁绍的军队就会马上溃败。后来曹操在众人的反对下毅然坚持亲自带兵火烧乌巢，一举拿下了官渡之战，以此奠定了得天下的基础。由此可见，曹操当年要不是赌这么一把——火烧乌巢，又怎么会有之后魏国的天下争霸？人生就是如此，每到关键时刻总有那么几个关键的选择和赌一把的问题。

阿里巴巴的"ALL IN计划"

阿里巴巴到2012年左右的发展一直比较迅速，直到2012年年底2013年年初的时候有一个平台开始成长起来，就是微信。最早阿里巴巴没有把它当成竞争对手，你做你的社交，我做我的电子商务，看起来是完全不搭界的，两家公司业务上也没有太多的冲突。

直到互联网大会上两个"马老师"走到一块。马化腾向马云介绍了即将发布的微信4.0版本，详细地讲述了4.0版本的体系，也讲到了未来的支付体系。而且马化腾给马云看了一篇报道，是国外一家媒体对中国2013年互联网行业的数据报告。报

告称，到了 2013 年，PC 互联网的流量都远远低于移动互联网的流量，除了电子商务，电子商务的流量依然是 PC 互联网占 95%。报告中还提到"中国有一家公司叫阿里巴巴，拖累了中国移动互联网的发展"。马云回来之后，连夜把所有的高管都叫过来，说必须快速解决公司从 PC 互联网端到移动互联网端转型的问题，因为移动互联网替代 PC 互联网的速度会非常快。

后来阿里巴巴实施了 ALL IN 计划，要求 2013 年整个阿里巴巴从 PC 互联网转型到移动互联网。"ALL IN"一词来自德州扑克，就是在打德州扑克的时候把所有的筹码全部推过去。阿里巴巴将整个公司所有的资源、所有的人、所有的钱、所有的关注点都投向移动互联网的领域，不再花精力去提升 PC 互联网的相关业务。

这是一个非常大的变革，之所以做如此大的变革，核心的原因就是对终局的思考。阿里巴巴有一个很明确的终局，未来的电子商务市场一定在移动互联网端，如果在移动互联网端不能占据市场，那么有可能在 PC 互联网端所占据的市场也将被瓜分掉。有多少全球知名的公司都没有成功地从 PC 互联网跨到移动互联网的这个关口？联想没有跨过去，微软没有跨过去，IBM 没有跨过去，手机巨头诺基亚也没有跨过去。

提起阿里巴巴的 ALL IN 计划，我到现在都觉得那是一件疯狂的事情。因为 ALL IN 计划当年实施得非常非常快，公司给所有员工发了一封邮件，说公司要转型到移动互联网，如果新的移动互联网部门需要一个员工转岗，这个人请第二天就到新的部门上岗，如果不上岗就直接开除。

阿里巴巴在这一次大赌大赢的时候速度非常快，当时天猫市场部的负责人晚上 11 点还在跟自己的团队讲"618"跟京东的竞争策略，到了第二天早上一看邮件，他被调往了移动互联网部门，当天就要去上班。于是早上一上班，他就跟自己的团队告别说："不好意思，我要去新的部门上班了。"他的伙伴问他："领导，你去了以后我们怎么办？"他说："你们想怎么办就怎么办，我要去新的部门上班了，如果我收到邮件却不去新的部门上班，我就要被公司开除了。"可想而知 ALL IN 计划的推进速度会有多快。

当年，阿里巴巴有两个移动互联网核心业务部门，一个是移动互联网的社交产品"来往"，另一个是移动互联网的商品产品"手机淘宝"。来往和手机淘宝当时都只是一个 20 个人的小部门，由 1 个经理带，但是一夜之间这两个部门分别从 20 人成长为近 300 人的团队，从以前只有 1 个经理的部门，一夜之间变成了有 10 个总监的部门。

这 10 个总监一起来到了新的业务部门，他们也不知道要做什么，就商量说不如去问陆兆禧（当时的总裁还不是逍遥子而是陆兆禧）。他们敲开陆兆禧办公室的门就问要他们做什么。结果陆兆禧说："各位，如果我知道要做什么，要你们来干什么？你们是公司里面最优秀的一批人，你们应该告诉公司我们要做什么，现在方向已经非常明确，马总非常明确地指出我们要整体地从 PC 互联网转型到移动互联网，我们必须转过去！"

结果这 10 个总监每天在办公室里面开会、讨论，有很多的方向、很多的策略，想来想去，试来试去，做来做去，总是不成功。半年之后，公司 271 评选，有 5 个人就转岗了，说实在受不了，一直没有结果，后来有 3 个人甚至从公司离职，而留下来的两个人终于做成了手机淘宝，于是有了今天的阿里巴巴移动互联网。

在 2018 年的"双 11"中，移动互联网的销量占到了 95% 以上。阿里巴巴的这场大赌大赢的战争绝对是革命性的。公司面对必然的终局，选择让所有资源、人才一夜间都过去，绝不拖泥带水，这是阿里巴巴能够从 PC 互联网快速转型到移动互联网，并不停地成长的一个重要原因。很多公司在面临这种转型的时候往往都舍不得舍弃过往成功的商业模式。

在阿里巴巴发展过程中还有另外一件事情同样是这么挺过来的，那就是阿里云。在 2007 年的时候，王坚博士提出来要去做云计算和大数据。王坚博士不是学科学的，他不写软件，也不懂硬件，他是学心理学的，他能成为阿里巴巴的首席 CTO、首席技术架构师主要因为他对未来的判断。他计算了一下，如果按照淘宝服务器的现有速度增长，迟早有一天挣的钱连租服务器的成本都不够。

因为赚的钱还不够租服务器的，所以未来一定要搭建自己的服务器。曾鸣教授也参与进来，他举了一个发电的例子：在有些地方最早每家每户有发电机，到最后是发电厂集中发电，采取长距离电力输送的方式，最终解决了电力使用效率不高的问题。他认为未来的计算也是如此，每人一台计算机的计算效率是不够的，因为计算量会越来越大，应该用更大的中央计算系统。于是，大数据和云计算在那个时候就被提出来了，阿里巴巴成为中国最早进入该领域的公司之一。在这么多年里，阿里巴巴犯了很多错，比如做自己的淘宝手机、云 OS、阿里软件等很多很多失败的项目，花了近百亿元，阿里巴巴差点因为阿里云花钱太多而破产，但最终不停试错的阿里云找到了自己的模式，并发展起来了。

有人跟我讲，支付宝未来上市之后会比阿里巴巴集团还要厉害，它可能是阿里巴巴市值的三倍；后来又有人跟我说，阿里云未来更厉害，阿里云的市值应该会是支付宝的三倍，而且阿里云的发展会更加长久。阿里巴巴每个产品都有自己的生命周期。人们看到了阿里云的未来终局，为此赌了大量的资源，甚至不惜将阿里巴巴的命运贴上去，这就是阿里巴巴做事的方式。

所以，在大舍大得这个战略原则上，阿里巴巴的思路是下面这样子的：

首先，基于趋势。你对未来的判断是不是确认的？无论是支付宝、天猫、阿里云，还是公司整体转型到移动互联网，这些绝对是顺应趋势的，只要确认了这种趋势，阿里巴巴就将所有的资源都赌上去，赌的是未来，而不是在安乐窝里面去做事情。阿里巴巴有一句土话是"在天晴的时候修屋顶"，不要等遇到狂风暴雨再修，因为那个时候已经来不及了。

其次，基于人才的考量。你看到了未来，但是在企业能引领未来的方式一定是一种新的方式，你得有一个训练有素的专业团队找到这种新的方式，这样才能把资源运上去。所以对于互联网公司来说，核心的资源是人才，将最优秀的人才和资源全部押到未来有价值的地方去，只有这样才可能越来越好。

最后，基于风险。在做任何大赌大赢的时候不是说真的要像赌徒一样没有任何预判就把赌注压上去，而是要基于风险，即在做这件事情的时候，可控的风险是什么。像阿里巴巴在做移动互联网转型时不仅做了来往、做了手机淘宝，还有一些其他的业务也都在向移动互联网转型。后来来往的项目失败了，但是手机淘宝成功了，还有一些其他的项目也成功转型。以后有机会给大家讲这些案例的时候，我会更加深刻地去分析阿里巴巴哪些项目是失败的，以及失败的原因是什么。来往是一个在战略上是对的，但是终究没有搞清楚的产品。希望大家通过这些阿里巴巴失败的案例能看到大赌大赢背后的风险。阿里巴巴在成长过程中经历过非常多的挫折，每个挫折都有它的意义和价值。

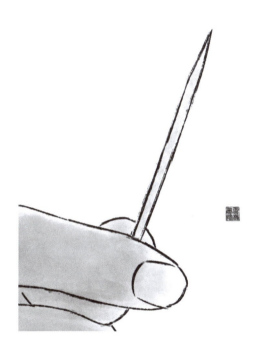

第 4 节　大拙大巧——轻重缓急，大巧不工

战略实施三原则的第三个原则是大拙大巧，讲执行战略如何注意轻重缓急，以及如何让战略落地的节奏同市场环境和团队协同发展。

在公司实施战略的过程中为什么老板是如此善变？对于这个问题，我有一天在读《易经》的时候突然想到了答案：人们常说"老板是天，员工是地"你们什么时候看见过天上的太阳是一动不动的？太阳一定是早上从东边升起来，晚上从西边落下去的。而且天空中一会儿阴云密布，一会儿阳光普照，一会儿又打雷闪电，天就是一直变的。这是因为天跟气候环境是相关的，是受环境影响的，环境有任何变化，天马上就会跟着变。

同样，老板也是与社会环境相关的，他的每个选择都受天时、地利、人和等的影响，所以老板是通过善变来适应市场环境的变化的。但是，一定有什么东西是不变的。对天气来讲，就是自然规律不可以变：春天不要下雪；夏天不要太冷；秋天该成熟的时候不要播种。对老板来说，公司的终局战略是不能变的，能变的是实现战略的过程中时间节点和里程碑式关键事件的选择。老板的变是有规律的，而且老板应该把这个规律告诉所有的员工，让大家有所了解，并在变化之后把每个选择带来的路径变化的原因告诉大家。所以，老板可以变，但是不要没有原则地乱变。

那么，管理有没有对错？管理到底是严一点好还是松一点好？我在做培训的时候做过一个实验，我让团队把他们认为好的管理者的五个特点写下来，把他们认为不好的管理者的五个特点也写下来。写完之后，我把其中大家讲得最多的优点和缺点分别列出来，之后跟大家说：你们有没有发现你们对管理者优点的定义和对管理者缺点的定义是一样的？你们期望优秀的管理者给你们非常明确的目标，但是你们最不喜欢的管理者又不给你们空间——只会指挥你们，不给你们发挥的机会。这两

点难道不是一样的吗？管理者有明确的目标，不就是需要你们按照管理者给你们的安排去做事情吗？

当年诸葛亮到四川这个地方之后，蜀国的法律变得非常的严格。有人就问诸葛亮为什么到了四川法律变得这么严格，当年在荆州不是这样子的，在别的地方的时候也不是这样子的。诸葛亮解释说，蜀地之人性情闲散，刘璋本来就是一个懦弱的君主，如果想把蜀国治理好，就一定要用重典。于是诸葛亮用非常严厉的方式去治理蜀国，从而让后来的蜀国有了很强的战斗力。

管理的背后是决策，决策不是一成不变的，是随思考和环境的变化而变化的。同样，在阿里巴巴发展的过程中也是如此。下面我给大家讲讲当年淘宝创业的经历。2003年，因为非典，有三个多月的时间阿里巴巴的员工是在家办公的。但也就是在这三个月的时间里，阿里巴巴有七个人秘密地集中到了一个地方——湖畔花园。这几个人都给自己的家人写信说自己要去做一件秘密的事情，近期不会回家。在把家里的事情都安排好之后，这几个人到了湖畔花园，秘密地开发淘宝。

与此同时，几大竞争对手也正在做着和淘宝一样的业务——电子商务的C2C平台，但到现在有的公司都没做起来。

为什么竞争对手投入一两百人，花了三五十亿元都没有做起来的业务，淘宝只用了七八个人，花了三个月的时间、三十六美元就做起来了呢？

在做淘宝业务前期规划的时候，大家最早是拿了一个同竞争对手差不多的开发方案给马云的，计划花十亿元，用九个月的时间，召集一百多人做成这件事情。马云就问开发团队：我们到底要做的是什么？这件事情要解决的核心问题是什么？项目负责人说要做一个网站，里面能够发图文信息，能够让所有人自己直接把货放上去。马云又问有类似的系统吗？一个技术人员说美国好像有一个具备类似功能的网站。马云就拍板说好，并说就借鉴这个网站。当时那个网站的报价是36美元，于是马云掏出信用卡把那个网站买了回来。之后，淘宝开发团队就以这个网站为基础进行修改和升级，三个月后淘宝网调试完成，可以上线了。在网站开通的第一时间，马云就拿了一把宝剑说要在平台上把这把宝剑卖掉，团队中的一个人顺手把宝剑买了下来。淘宝的第一个订单就这么完成了。

事情就是那么简单，核心的问题就那么一点事情。马云说，打架的时候你不用管别人手上拿的是什么，从地上捡块石头砸他就行了。没那么麻烦，狭路相逢勇者胜。一个员工不敢打仗的原因不是因为他的准备不足，而是因为他内心的怯弱和不够有勇气。武林中那些真正的高手是可以空手夺白刃的，就是身上不带任何兵器跟别人对打，可以直接把别人的兵器抢过来。人们总是把太多的时间用在准备战斗这件事情上，公司的管理者也是如此，经常做一些无意义的所谓的管理策略，结果影响了公司的正常经营和发展，这是管理者切忌的事情。

下面来看如何把握轻重缓急。管理者一开始就要很清楚什么是一定不变的：原则是不变的，战略方向是不变的。这就好像一棵树一样，它的根是不会乱动的。先了解了不变再来改变，即先了解了不变的原则和方向，然后了解正在变化的环境是什么，是竞争对手变了、市场变了、渠道变了，还是平台的基础变了。如果对不变不了解，乱变只会害自己丢掉身家性命。

移动互联网替代PC互联网是必然的趋势，如何在不变的原则基础上根据环境的变化来改变动作？变化带来了新的生命力，阿里巴巴做手机淘宝的时候就是如此。不变的是什么？商业是不变的，大家还是要卖货的，还是有商家和消费者的。什么是变的？互联网的要素在变，从PC互联网变成了移动互联网。移动互联网的基因到底是什么？其背后的社交体系有很大的价值。了解到这种变化要坚持做什么？比如把社交系统加进去、把直播加进去、把网红加进去，还有很多基于地理位置的分享等也可以加进去，这是变化的价值所在。依据所了解的不变和变化，以及自己的战略决策的价值，并以此为基础，依据环境的变化而随机应变，了解不变的商业本质，笃定地走向光明的未来。

这里再次给大家总结一下，战略的四部曲是终局、布局、定位和策略，同时为了做好战略，还有实施三原则，分别为大舍大得、大赌大赢和大拙大巧。只有把握好四个战略步骤、把握好三个战略实施原则，才能真正地拥有明确的战略方向，才能让战略执行得越来越好。

第三篇。

商业模式设计原则

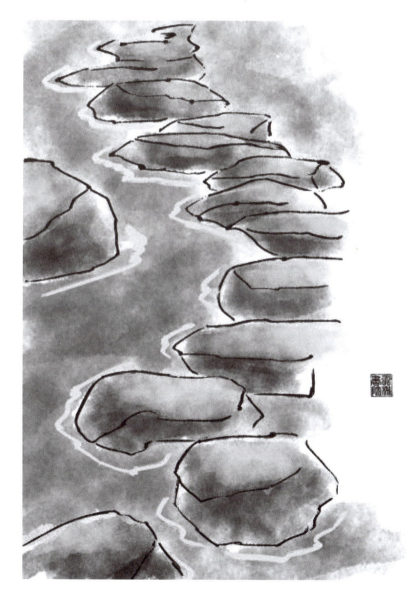

第6章

阿里巴巴商业模式演化

第 1 节　商业模式如何设计

商业模式是什么？是如何赚钱，怎么赚到钱，怎么让你的商业变成你的价值体系。在去看别人的商业模式的时候，首先要了解商业模式的类型。有的商业模式像涸泽而渔，是短视的，暂时可能会赚钱，但是会留下非常大的后患。优秀的商业模式应该是放长线钓大鱼的，而卓越的商业模式是成为像海洋一样的公司。

一个盈利型商业模式的公司，能够做到一千万元乃至一亿元市值；一家解决行业问题的公司，就是一个市值可以达到十亿元的公司；一家平台型的公司，能够为很多的企业提供增长服务，可以是一个百亿级市值的公司；而一个生态型的公司，可以达到千亿级规模的市值。阿里巴巴就属于这种生态型的公司。

在分析商业模式的时候，我们把阿里巴巴和其他几家知名公司进行类比，便能从中看到阿里巴巴商业模式中具有特色的地方。我们拿四家公司的商业模式来做比较，分别是BATM（百度、阿里巴巴、腾讯和小米）。在讲阿里巴巴之前，我们先将其他三家公司分别做一个简单介绍。

百度的商业模式

百度是以搜索引擎起家的。搜索引擎的商业模式也有很多种。搜索有两个象限，一个叫横向信息搜索，一个叫纵向垂直搜索。在横向信息搜索领域，谷歌和百度最优秀；在纵向垂直搜索中，阿里巴巴和亚马逊做得最优秀，这两家公司都有其典型的特征。百度搜索早期的盈利模型主要有两个。第一个盈利模型是百度的搜索关键词，当搜索任何一个词时，比如 T 恤、感冒药等，搜索引擎会根据规则在全网抓取相应的信息，并将所有的信息混排，无论是广告信息还是正常搜索的结果信息都会排到一起，这样（曾经）会出现类似医药行业虚假排名广告的内容，用户每点击一次广告，百度就会有相应的费用和收入。这就是 ROI 的核心所在。

谷歌的商业模式和百度有所区别，谷歌是将广告内容页面和搜索内容页面分开的，用户能很清楚地知道什么是广告、什么是正常的搜索结果，所以谷歌更加遵从于用户的体验，而且更加真实。

百度搜索的第二个盈利模型，也是类广告的模式，很多企业通过百度去做广告推广，在百度的知道、贴吧等将企业的广告展示出来。当然，现在百度也有很多其他的业务，比如爱奇艺、百度地图等，每个业务都有自己特有的商业模式。但是百度在发展的过程中，我个人认为有两个问题。第一个问题，百度缺乏生态体系。阿里巴巴有很多第三方机构帮助完善其商业体系，包括商家和服务商，腾讯也是这样的，它们形成了一个商业的生态体系，但百度在自己的商业生态上一直没有做得特别好，当然现在百度搜索开始有了一些新的变化。第二个问题，百度搜索在几个地方相对滞后，比如第三方接口太少，比如百度地图和糯米当年在战略方向上不够明确，且在团队管理上也存在一些短板。这些问题也导致百度渐渐被阿里巴巴和腾讯超越，在 BATM 中成了排名第三的公司，现在甚至被其他的互联网公司超越。

腾讯的商业模式

腾讯是以产品为核心的，它的每个产品都能成就一个庞大的商业帝国。腾讯早期的商业生态是以 QQ 为核心的。QQ 早期虽然使用量很大，但一直不赚钱，不过最后挺过来了。靠的是什么？靠的是 QQ 的服装装扮形象——通过虚拟的产品赚钱。我之前看过一些资料，其中讲到通过互联网去购买互联网的虚拟产品并用在互联网上就是纯粹的电子商务。我猛然发现腾讯才是真正的电子商务公司，阿里巴巴是通过互联网去买卖实物产品的，只算半个电子商务公司。现在，微信开始造就腾讯更加庞大的商业生态。当年微信开发团队的人分享的微信生态体系，引发了我许多思考。我们参照阿里巴巴的生态体系或者其他公司的生态体系，就能发现腾讯生态体系的独特之处。

腾讯的生态体系有三个命脉。

第一个是去中心化。以往的信息是由信息平台推送给个人的，但是现在，无论是微信、今日头条还是淘宝，都是根据用户自己的搜索习惯及人脉关系，主动地去发现那些想关注的东西的，跟自己不相关的东西就不会关注。

第二个是半条命理论。腾讯在微信的体系永远只做自己最基础的链接，而链接的价值和场景都由第三方去做，腾讯甚至愿意把整个商业后台交给第三方托管，这点确实需要很大的勇气。

第三个是注重客户体验。在开发朋友圈这个产品的时候，短短四个月一共做出57 个版本，最终从 57 个版本中迭代出了现在大家用的版本，他们知道什么才是最符合客户需求的。在微信里要点击三次才能看到朋友圈的内容，为什么要点击三次？这是因为微信把信息分为九级，一级的信息是以接收者为核心，单独给某一个人发的，叫百分之白的信息。如果将信息发到群里面，群里面有 30 个人，那么对每个群成员而言就是 1/30 的信息，这是二级信息；如果发的是朋友圈，那么对 5000 个好友而言，它就是 1/5000 的信息，这是三级信息。所有的信息都是分级的。这是微信基于信息的思考，值得所有做互联网的人借鉴。

小米的商业模式

小米的生态体系在这两年开始慢慢成长起来了，以小米手机为核心，当小米手机销售很好的时候，小米的生态体系也会发展得很好。小米的投资部门目前大约投资了 120 多家以智能硬件和家庭生活为核心的做极致单品的公司。它们都在小米平台获得了重要的发展，每家都在迅速成长。小米的生态体系在以极致单品的方式对供应链做深度的改革，这是小米生态未来越来越厉害的地方。

下面介绍一下阿里巴巴的商业模式。

阿里巴巴的商业模式

阿里巴巴的生态体系有两个核心。

第一，阿里巴巴围绕电子商务做生态体系的建设和产业链的布局，生态体系具有产业的深度和产业的广度，电子商务这个领域跟各行各业结合得非常紧，所以说阿里巴巴的生态体系会越来越深刻，这是基于战略做的延伸。

第二，阿里巴巴生态体系重视互补性，比如为了把线下做好收购了银泰、盒马鲜生，随着内容越来越重要，又收购了优酷，跟万达电影合作等。这种互补性的生态体系，会成为未来电商和各行各业之间的桥梁。

阿里巴巴早期的商业模式是赋能，有很多的业务都是很有价值的，但是没有商业变现的机会，比如早期的高德、早期的新浪微博等都如此。但是这样有利有弊，以当时的新浪微博为例，新浪微博在发展得很好的时候，由于对接上淘宝的商业化，很快实现了盈利并且上市，上市之后新浪微博的市值超过了新浪。但这种商业化影响了客户的体验，导致新浪微博开始走下坡路。所以商业化本身就是一个悖论，赚钱的同时要尽可能不影响用户的体验，这非常难但也非常重要。

阿里巴巴经常强调一句话：生态型的公司是自己长出来的而不是想出来的。就是说，不是一开始就造了一个生态体系，而是先有一块根据地，然后慢慢生根发芽，开始长出一棵一棵树，变成了森林，慢慢地，有外来的物种在森林里面存活，这片大森林慢慢形成了自己的食物链循环。生态型的公司是长出来的，就像前面讲战略一样，战略不是想出来的而是打出来的，所以说千万不要只是简单地去想战略，而要在有大的战略构思的情况下精耕细作，实现公司的成长。

阿里巴巴的生态体系在这两年发展得比较健康，和腾讯并驾齐驱，腾讯在产品创新上做得越来越好，阿里巴巴在商业深度上做得越来越深。基于移动互联网，基于云计算，基于现在这个互相链接的网络社会，每个人都可以依靠这些工具创造自己的商业生态，这就是这个时代非常有意思的地方。生态型的公司不只有阿里巴巴和腾讯，任何一家公司都可以做成生态型的公司，只要符合两个要点：第一个是链接更多的跨品类、跨行业、跨领域的资源；第二个是将自己的核心在某个定位上挖透，把所有人连接起来。这两点就是建立生态型公司的核心所在。

第2节　平台型公司商业模式设计

讲到商业模式，必须先找到定位，定位是指一个人在某个领域具有自己独特的商业价值。电子商务有3个维度，每个维度有3种类型，根据3×3×3的结构形成27个定位，这样就可以把中国的电子商务一共分成了27个模式。也就是说，在电子商务行业里面可以有27家公司，它们可以在不同的定位上做得很深且拥有自己的独特商业价值。

第一个维度是商品维度，包括品牌、品类和商品。

第二个维度是生命周期，比如商业预购期、热卖期和尾货期。

第三个维度是品牌属性，包括互联网品牌、国内品牌和国际品牌。

将这3×3×3的模型组合起来就成了27个模式，这代表着27个模式中的每个模式都可能产生一个价值10亿美元以上的公司。

根据这个思路来看淘宝的商业模式。

阿里巴巴的延伸式商业模式

淘宝有很多的生态体系，就像中国广袤的土地一样，有发达的地方也有不发达的地方，有商场也有菜市场。目前淘宝的注册商家达七八百万家，真正活跃的也超过百万家，形成了一个非常庞大的体系。天猫相当于上海市，上海市治理很规范，金融很发达，品牌聚集，建筑也很漂亮，一切都很好，城市的生活就是天猫所代表的生活。而京东其实不像一座城市，它更像一座城市里面的地标性的综合体。用这种方法就容易理解不同电商公司的商业模式了。

淘宝靠什么赚钱？首先我们要理解阿里巴巴商业模式中的取舍是什么。淘宝是一个免费的市场，开店是免费的，开店的很多工具和产品也是免费的，而淘宝最早的对手 eBay，开店是要收费的，每上架一个产品也是要收费的，所以在免费的淘宝推出来之后，eBay 马上就没有人用了。

随着淘宝的发展，演化出了两个重要的收入模型。

第一个收入模型是钻石展位和直通车，其实都是广告模型。先来讲钻展。当你打开淘宝的时候，会看到广告的页面，一个广告展现一次多少钱、每点击一次多少钱，广告的方式就是钻石展位。就像在电视台做广告一样，早年在淘宝上买钻石展位的公司都获得了非常好的流量，而今天看起来当时的广告价格真是太低了。再来说直通车。直通车就类似于百度搜索引擎，当我们在淘宝搜索一个物品的时候，所有品牌的产品就都会跳出来，这些商品的排名顺序有对应的价格。早期在 PC 端的时候淘宝采用了谷歌的方式，现在在移动客户端采用的是百度的方式。这是淘宝经历过的第一个商业模式。

第二个收入模型是阿里妈妈。淘宝有一个逻辑叫全网营销。当年在中国有非常多的 PC 网站，比如 19 楼、各种各样的 BBS 的网站等，这些网站自身的盈利水平有限，但是它们可以把淘宝的链接挂到自己的网站上推送给消费者，只要消费者在 PC 端通过这些网站的链接点击过来购买了淘宝的产品，相应的网站就可以获得分成。阿里妈妈一直以来都是淘宝的一个关键体系。

阿里妈妈名字的由来也很有意思。当年马云说，公司叫阿里巴巴，一定会有人搞一个公司叫阿里妈妈，干脆我们自己把这个名称给注册了。阿里妈妈一直都发展得非常不错。

在淘宝发展的过程中，演化出很多商业模型，其中最成功的商业模型应该就是天猫。天猫的商业模型主要分为以下三个。

第一个是商家进入天猫平台要交服务费和保证金。

天猫一年大约需要 6 万元的服务费，保证金大约是 10 万元。在 2010 年，为了区分淘宝和天猫，阿里巴巴把天猫的服务费从最早的 6000 元变成了 6 万元，保证金从 1 万元提到 10 万元，结果引起了很多淘宝商家的不满。后来事态越来越严重，甚至出现了"十月围城"事件，近千个淘宝商家在淘宝办公大楼抗议。从商业上讲，涨价是对的，因为天猫必须跟淘宝有巨大的区别，而提升商家品质就是必然选择，同时社会的效应也必须考虑。

第二个是交易提成。

早期，不同品类基础的费用是5%，也就是说在天猫每成交一笔，平台大约要收5%的服务费，这是天猫核心的收入来源。淘宝开店不要钱，也不抽成，到天猫不仅开店需要那么多钱，而且每成交一笔还要收5%的服务费。那么，商家为什么去天猫？原因很简单，因为天猫有流量，搜索任何一个产品，天猫的产品都会优先跳出来排在前面。另外，天猫的品质保障和消费者服务都比淘宝要强很多。

第三个是随着天猫的发展，出现了更多的盈利方式。

在2009年做"双11"的时候，广告位是送的。2018年，做了"双11"，首页的"海景房"——"双11"最上面的十个坑位，每个坑位一天的价格近乎天价，天猫的平台活动成了重要的收入来源。但是收入来源往往也会限制一个企业的发展，当年聚划算就是在出现了腐败事件之后修改了商业模式，结果从此一蹶不振，所以商业模式不是最赚钱、最方便的就是最好的，而是要适应这个行业的发展。

支付宝最早是一个帮助淘宝做交易的平台，是不盈利的，一直以来都是淘宝的一个陪衬。后来，在提现时有交易费用，还发展出了更多的新业务，比如根据中小淘宝商家店铺的信用数据，为淘宝商家提供相应的信贷，再往后，出现了余额宝等各种"宝宝"，支付宝现在成为阿里巴巴旗下各商业生态的交易平台，在金融这个领域创造了很多新的商业模式。

商业模式也不是一成不变的，它会随着企业的发展、行业的发展和社会环境的发展而变化、成长。比如这两年的直播，以内容、达人开始形成新的流量资源，让淘宝直播带来了大量的消费机会，在这两年呈现出其发展的价值；还有抖音、快手等，以内容和人际关系为核心的新的商业模式正在兴起。每个企业、每个平台都在依据社会和技术的发展创造出自己新的商业模式，不同的商业模式需要不同的思路、不同的方法来满足不同的客户的需求。

第 7 章

/

传统企业的互联网转型

第 1 节　互联网商业模式的设计

2013年，在互联网浪潮之下，传统企业尤其是零售业几乎面临灭顶之灾。在这个时候，阿里巴巴出资收购银泰的部分股份，开始尝试线下商业的转型。我所在的O2O事业部也曾经帮助很多企业做转型，但是80%的案例都是失败的。大家对O2O的理解是线上和线下的打通，但其实并不是这个意思。O2O的前提是线上很好，线下也很好，然后把两者打通以后更好；如果线下发展得不好，或者线上发展得不好，打通之后会"死"得更快。所以我们要了解传统企业在互联网转型过程中三个非常顽固的问题，若这三个问题不解决掉，所有的互联网转型都将注定失败。

第一个问题是对互联网的认知。

很多传统企业认为互联网只是一个新的销售渠道，比如你在线下有3000家店，然后在互联网上的各个平台再开一家店，这样你就有自己的线上销售渠道了。如果这么理解传统企业的互联网转型，基本上最后都是失败的。原因很简单，如果你只是把互联网当成渠道之一，那么互联网很可能就是"下水道"，因为你一旦这样布局，你很快就会发现在价格、体系、服务等方面线上渠道跟你的线下渠道是冲突的。电商品牌之所以能将那些强大的传统品牌打败，就是因为传统品牌的定价策略和分销策略都是用传统的线下渠道的方式去做的，而这些策略在线上实施时很难取得效果。

第二个问题是传统企业的管理模式。

很多传统企业在做互联网转型的时候，虽然建立了一个新的电商部门来做这些事情，但是这个部门继续用原来做线下的传统渠道的人来运营——这些人已被现有的企业制度所限制，而互联网商业的反馈速度、反应速度及成长速度都远远超过了传统商业模式，所以采用这种管理方式的传统企业依然无法适应互联网的迅速发展。互联网商业做决策可能就是五分钟的事情。在阿里巴巴做销售活动的时候，邀请商家来参加，不是提前三个月就给排班，而是一个小时前与商家沟通要不要参与、价格是多少、不行的话就找下一家。市场留给管理者的时间太短了，没有谁能有时间想那么多，传统的管理模式根本就无法适应互联网商业模式的快速反应。

第三个问题是传统企业在转型的过程中没有建立一个必须转型的信念。

有很多传统企业在做互联网转型时的心态是"试试看"，因为传统的渠道现在还不错。结果很多问题没搞懂，一试就错，一错就亏钱，一亏钱便马上把"腿"收回来不做转型了，又回到了自己的舒适区。再过一两年，等到被那些互联网公司发展起来干掉的时候才悔之晚矣。

我们再来思考一个关于传统企业转型的问题，尤其是很多PC互联网公司转型为移动互联网公司的问题。移动互联网和传统互联网两者之间有一道鸿沟，手机屏幕的大小和手机的应用场景跟PC互联网时代是完全不一样的，那些传统的PC软件公司到现在发展依然乏力，那些传统的PC互联网媒体在移动互联网的新业务中也发展乏力，因为这些公司并没有认识到这个世界正在被移动互联网以碎片化、小型化、快速化和全员化的方式所改变。

除此以外，传统企业在互联网转型的时候没有了解互联网公司跟传统企业在思考业务时的思维模式的前提条件是不一样的。

传统企业做互联网转型的思路往往是"我有什么，所以我做什么"，比如我有一个服装工厂，所以我要在淘宝上开一个店把服装卖出去。

但是互联网公司是反过来，互联网公司是"什么都没有，但是做什么有什么"。

这是完全不同的两种方式。互联网公司虽然什么都没有，但是现在就是想做这件事情，只要这件事情有未来、团队有能力，就能够通过募资找到启动资本。就像当年刘强东去找徐新、马云去找孙正义，全世界有钱的人有那么多，只要你能说服有钱人让他看到发展前景。

那些什么都没有的互联网公司，要先有个想法，然后去找钱，最后找人实现自己的想法。当年马云也是如此，他没有团队，去找各种各样的人加入他的团队，开始是他的学生和同事，后来是他的朋友，再后来是关明生等。所以，不怕没有人，去找人就好。互联网公司什么都没有，所以要什么就去找什么，去找什么就会有什么，最终互联网公司"无中生有"，将业务做了起来，这就是很多人看不懂互联网公司的地方。

这点值得所有传统企业在转型互联网的时候思考。要以未来为核心，以终局为起点，反过来看现在需要做什么事情，而不是以自己现在的一亩三分地作为思考的基础。

传统企业过渡到互联网企业的三种模型

传统企业转型的时候到底应该怎么去做？这里推荐三种模型，供传统企业在过渡到互联网企业的时候借鉴和思考。

第一种是技术的商业化。

传统企业沉淀了很多的科学技术、应用技术、互联网的技术，等等。目前这些技术可能不赚钱，大部分原因是没有找到一个精准的市场去将这些技术的价值发挥出来。现在浙大、北大和清华等有很多科学技术产品正在以互联网为基础快速发展，它们非常需要资本和运营的支持。

第二种是商业的技术化。

这种商业模式是最成熟的，且已经被验证过，但是目前它还是一个传统的商业模式，没有被互联网公司所取代，也没有被互联网重新制造、设计和思考过，只是把线下的模式用互联网的模式再造了一遍。商业的技术化就是未来的发展所在，比如对于产业互联网的研究，其实就是一种对商业技术化的思考。要相信接下来的十多年将是商业技术化的时代。

第三种是商业的金融化。

以前的商业模式是成熟的，技术模式也是成熟的，但是若没有金融作为支撑，很难实现商业的变现，而早期的成本却无法取代，所以，以互联网金融为基础，让商业金融化是未来发展的基础和挑战。用互联网的方式让金融无穷复制，在商业背后接上互联网金融的很多方法，最终实现整个体系的发展。

第 2 节　从 PC 互联网到移动互联网

马化腾说过，现在的手机不只是一个工具，它已经是人体的延伸了。而我认为手机不仅是人体的延伸，甚至可以当成人的第二个大脑，因为未来信息的来源、信息的传递都需要用到手机。手机成为人与世界交流不可缺少的部分，它使人变成一个智能的人、一个联网的人。

2012年，当时还有另外一个比微信还要强大的App，就是米聊。米聊也是建立人与人之间交流的平台，和微信的功能差不多，可以互相发图文信息。两个软件在2012年几乎同时发布新版本，米聊推出一个非常有意思的功能叫涂鸦，就是在给别人发消息的时候不仅可以发文字、图片，还可以用手画一幅画直接发给对方。涂鸦是一个非常神奇的功能，开发团队觉得这个功能一定会很受欢迎。在米聊发布了涂鸦功能三天之后，腾讯更新了微信。微信没有发布和涂鸦一样功能的产品，而是发布了另外一个重量级的、划时代的功能——语音，就是用微信直接发语音消息给对方。在微信的这个版本更新了三天之后，忽然间发生了天翻地覆的变化，很多用户不再用米聊而是开始纷纷下载微信，都开始拿着手机发语音消息。微信一下子火遍了整个中国大地，下载量猛增，流量猛增。

这场战争竟然三天就结束了。无论产品多么强大，多么厉害，一个细小的功能更新就可以决定一个商业帝国的成败，这就是移动互联网的战争。这样的风险是传统企业无法想象的，无论曾经花了多少钱、有多少用户、品牌有多少价值，可能自己的产品在一夜之间就会被另外一个产品取代，这是互联网带给时代的警示。

2013年，阿里巴巴推行了ALL IN移动互联网的计划，这个计划中最终成功的是手机淘宝，失败的是来往。

来往主要失败在三个方面。

第一，阿里巴巴很长时间对社交产品做得都不太好，包括收购的新浪微博也做得不太好。有人说，从基因的角度来看，阿里巴巴在做个人化的社交方面不太擅长，腾讯比较擅长。在移动互联网领域，这是一个赢家通吃的时代，而阿里巴巴对于商业的理解非常深刻，所以商业社交产品钉钉就做得非常成功。

第二，阿里巴巴与腾讯对产品研发的理解有巨大的差距。腾讯在产品的品质、体验、研发的功能方面做得非常细。腾讯的方法论，无论是客户体验信息的分级机制，还是去中心化等理念都是非常强大的。腾讯是从信息未来发展的角度去思考问题的。

张小龙就是一个哲学家，微信这个产品之所以有灵魂，是因为每个细节背后都有张小龙的烙印。每次打开微信都能看到上面有一个小人看着地球，这个画面是张小龙非常喜欢的，它让人感觉到每个人在这个世界上都是一个孤独的人，都希望在地球上找到一群和自己一模一样的人。这个画面从微信发布到今天为止从来没有变过。

另外，微信里面有个功能叫摇一摇，摇的时候会出现咔嚓的声音，这是来福枪上膛的声音；中间会出现一朵玫瑰花，这是因为张小龙喜欢一个叫"枪炮和玫瑰"的乐队。

微信里面的很多细节，都有着张小龙对社交的理解。张小龙有自己的哲学体系，微信是一个有哲学灵魂的产品。而来往软件，当年融合了很多人的想法和建议，做了很多妥协，最后出来一个看似漂亮的产品，但是没有灵魂。一个身体里面无法同时驻守三五个不同的灵魂，就像当年郭靖学武功，虽然把"江南七怪"的武功都学会了，但是没有用。

第三，推广策略。阿里巴巴是一个擅长全员动员的公司，为了推广来往，公司要求每个员工去加一百个好友，且当年的年终奖要跟来往的好友量挂钩——如果来往的好友没有超过一百个，就拿不到公司的特别红包。但是这种方式对产品发展的价值非常有限。微信几乎没有花一分钱的广告费，而且不做任何推广，因为他们认为产品自己会说话，只要产品是有价值的，那么大家就会用它。

基于阿里巴巴对产品的理解，无论当年负责来往项目的是谁，都会以失败告终。这件事也产生了很多影响，陆兆禧这位来往的主负责人在三年之后辞任CEO，我相信与来往的失败是有一定关系的。

虽然来往项目失败了，但大量做社交产品的人才开始进入阿里巴巴的各个事业部，将社交思想带到公司的不同领域，因此，社交产品这场战争虽然在结果上是失败的，但是对公司来说是有价值的。而正是来往的失败造就了另外一个商业社交产品——钉钉的成功。当年ALL IN移动互联网的时候，做来往的这个20人的团队一下子扩充到300人，而做来往的原团队提出要去做另外一个产品钉钉。他们在没有任何资源的情况下，默默地开发钉钉企业端的应用。

钉钉同微信是完全不同的逻辑。微信以信息接收者为产品信息的核心，可以有很多的开关控制发送信息的人；但是钉钉的逻辑完全反过来了，以信息发送者为信息核心、以发送者的利益作为基础。于是，钉钉成为企业管理中非常有价值的产品。

移动互联网的核心包含以下几点。

第一个（So）是社交成为商业的基础。 这两年越来越多的社交及互动成为商业的卖点，网红就是很典型的例子。

第二个（Lo）是地理位置成为信息的要素。 不管是饿了么，还是盒马鲜生，以及越来越多的周边商业服务都正在纷纷兴起。当年阿里巴巴就是因此收购高德的。

第三个（Mo）是手机成为人身的延伸。 每个手机传感器都是一个非常关键的商业出发点。

第四个（Cloud）是大数据成为核心的资产。所有的人工智能都是以大数据为基础的，大数据是计算应用的核心，比如淘宝推荐的产品越来越准确，就是通过大数据筛选出来的。

第五个（Global）是全球化成为竞争的基础。全球化的分工，全球化的供应链，全球化的人才发展，都是竞争发展每个环节的要害。

最后两个（Online，Offline）是线上和线下，要建立一个线上线下打通的新零售体系。同款同价，会员平等的体系是未来发展的核心，建成一个全球化的开放体系，这是移动互联网未来发展的核心。

以上七点也是移动互联网跟PC互联网之间存在巨大差距的主要原因。要结合以上几点把商业模型做成移动互联网端的种种应用场景，场景的升级才是未来商业的发展之道。

第3节　手机淘宝的转型之路

淘宝是在2003年成立的，正值"非典"危机时期。随着支付宝的发展，到2007年，淘宝如日中天，变成了中国C2C市场的一支核心力量。2008年之后，开始有了淘宝商城、聚划算等。

2012年，因为智能手机和手机操作系统的兴起，移动互联网业务和相关的产品越来越多。苹果公司造就了一个拥有非常多App的新市场，任何一个产品都值得也必须在移动互联网、在手机端体现自己的新价值，所有的传统企业都在思考如何转型到移动互联网这个领域。2013年，阿里巴巴ALL IN移动互联网，公司开始迅速向移动互联网转型。2014年，来往失败了，手机淘宝成功了。

手机淘宝的成功转型面临两个挑战。

第一个挑战是做淘宝移动互联网转型需要做整个组织和人事的调整。

调动大量的人员到新的部门，开始时十个总监级的管理者，到最后在这个部门生存下来的也不过两三个人，其他人根本无法适应移动互联网的新需求。阿里巴巴把现在的团队调回去未必能百分之百打胜仗，但是为了战略目标必须赌上所有的资源，因为相信这些优秀的人才中一定会有人能把它最终做出来。

第二个挑战是最初的手机淘宝其实是失败的。

现在看微淘，早期它是一个看似成功的产品，它有类似微博和微信的体系，可以用图文重构内容平台，让商家和消费者通过微淘分享各种各样的内容和产品来进行互动。当年有一家公司叫丽人丽妆，非常善于做微淘，在微淘上盖楼可以盖一万多层（就是不停地回帖玩游戏），非常成功。但是这个产品并没有为淘宝带来销售额的提升，也没有引导消费者产生更多的成交量，所以这个产品在淘宝热了一年之后，团队慢慢地被拆分，如今已变成了一个不重要的部门。

面对挑战，淘宝从来没有中止过移动互联网之路，移动互联网的七大核心推动了淘宝从PC互联网端转移到移动互联网端。社交成为商业的基础，地理位置又成为信息的要素，手机的每个传感器都成为商业的命脉，大数据和云计算成为核心，开放化体系可以打通线上到线下的环节，这就是移动互联网和PC互联网之间的巨大差别。

淘宝转型背后的几个思考如下。

第一，社交成为商业的基础。

淘宝最早没有社交体系，除了用旺旺咨询和询价，没有太强的互动体系。2013年开始做O2O，到了2015年开始提出网红经济，从微博引流到2016年直播平台的兴起，因为能拿到流量的往往是有粉丝运营能力的网红，于是网红成为最重要的商业入口和流量入口，直播在淘宝一下子蓬勃发展起来。社交能力开始成为淘宝流量增长的关键，这是社交成就商业的第一个典型案例。

第二，当社交成为商业的基础之后，地理位置开始成为商业的要素。

早期的手机淘宝是没有地理位置的，后来在做大众点评的时候，为了打开手机的定位去跟苹果公司沟通了好多次，这样用户打开大众点评才能告诉他离他最近的电影院、最近的美食在哪里。这就是以位置为基础，去扫描地理位置周边商业信息的非常典型的方法，所以地理位置又成为信息的核心要素之一。基于地理位置的最重要的商业应用就是滴滴，因为滴滴打车就是把打车者从这个位置移动到那个位置，它以地理位置为基础，重构了一个新的出行市场。

第三，手机成为商业的核心要素之一。

小米将智能手机平民化，用了一个极致的性价比让智能手机走进千家万户，直到现在，小米依然是中国有名的手机制造厂商之一。淘宝2010年也出过自己的淘宝手机，但并没有理解智能手机的消费习惯，花了几十亿元的资金去做这件事情，最后失败了。但是失败并不代表这个方向不对，也不代表这个战略不对，而是当年做智能手机的团队思考的维度和验证的方向有问题。小米的成功证明了手机是一个重要的终端渠道。

是不是每个移动互联网产品只有一个功能？不是。在每个产品里面，所有的信息要素在同一个场景里都会得到体现。

以摇一摇举例来讲。

只有当你有社交需求的时候才会去摇一摇，然后需要时间同步，就是对方此时此刻正在跟你一起摇，而且跟你一样想找一个人聊天。

摇一摇不仅有社交因素，还会提供地理位置，告诉你对方离你有多远。

陀螺仪传感器在其中起到关键的作用。

另外，它有数据作为核心，是个开放体系，还能打通线上、线下。现在摇一摇有一个关键功能是识别音乐。当然它还会跟电视互动起来，就像当年春节联欢晚会上微信摇一摇，所有移动互联网的因素和场景都得到了完整的实现。这就是未来商业中很极致的地方，需要同时把所有的商业目的融合到一个动作里面，这也是最困难、最重要的对移动互联网的思考。

第四，大数据的价值在每个淘宝的页面都有体现。

今天淘宝的很多页面，尤其是内容页面，很多的推荐文案根本不是人写的，而是机器人通过学习行业的特征写的。淘宝的"为你推荐"越来越精准，就是根据用户的浏览、购买习惯，将产品精确地推荐给用户的。"猜你喜欢"已经占到流量的80%了，它全靠人工智能去做，就是开放体系。

第五，全球供应。

全球化是一个必然的趋势与发展，同时又是一个市场、资源、人才流动的根本，阿里巴巴自诞生的第一天开始就是为了中国产品走全球市场的。而现在华为的困境，依然是全球化分工的至高控制点。

第六，线上服务。

在阿里巴巴的背后有成千上万的服务商，有的是做软件的，有的是做数据的，有的是做物流的，提供各种各样的产品。有成千上万的服务公司，为阿里巴巴提供各种各样的线上服务。

第七，线下打通。

淘宝变成了生态体系，成为整个产业链发展的基础，并最终将线上与线下彻底打通。同款同价、会员打通、支付打通，这些都是这个领域里面最关键的事情。

淘宝从PC互联网转型到移动互联网要思考的就是这些核心的要素，在过往的几年时间，淘宝艰难地走过每个阶段，逐渐实施移动互联网领域的转变。其所在的行业都将面临这样的情况，都必须基于移动互联网的技术重新思考，重新变革。

第 4 节　淘宝的盈利模式与创新

在中国有那么多的电商公司都失败了，当年和阿里巴巴同样做电商的公司有上千家，最后阿里巴巴成功了。淘宝从开始建立到真正赚钱，花了七年时间。拼多多在短短几年的时间发展得这么快，其商业模式值得我们探讨。

首先讲拼多多的案例。刚开始很多人认为拼多多的产品质量有问题，看起来全是山寨货，没人会买这种货。这些人确实不了解中国，也不了解拼多多。有人问：这到底是消费升级还是消费降级？因为天猫在提消费升级，国际化品牌纷纷在天猫建立自己的线上营销体系。拼多多则认为，哪有什么消费升级，现在大家要的是消费降级，有便宜货能用就好啦，不要那些虚荣的奢侈品。但是逍遥子说真正有价值的叫作消费分级，不同的人有不同的需求。

拼多多的成长史

拼多多最早是一个拼水果的 App 小程序，第一个百万元级的业务是靠薯片做出来的。当年一个公司有一批薯片即将过期，必须把这些薯片快速卖掉，拼多多抓住了这个机会——一元钱拼薯片，用这一元钱的薯片快速积累了上百万个用户。拼多多找到市场的空隙，快速地成长起来了，就这样，一个看起来极其简单的平台，建立了自己的商业定位——大众都觉得在拼多多买东西真的很便宜。

拼多多的成功，就商业模式来讲，有四个原因。

第一个是社交。

在拼多多的体系中，每个单子都需要有另外一个人一起来拼，于是很多人建了拼多多的群，大家一起来拼产品，这样拼多多一下子就快速发展起来了，其他平台的价格和拼多多的价格差距很大。后来，微信给拼多多开放接口，让它发展得越来越好。

第二个是供应链。

这是拼多多的命脉。很多人不知道拼多多对供应链的改造和对供应链挖掘的深度，比如订货做一把双向雨伞，在很多供应链公司里采购价大约是 37 元，但是同样的产品在拼多多只要 25 元还包邮，同样颜色、同样形状、同样大小的已经卖了 20 万把了。这是因为拼多多给予了这家供应链公司极多的流量、用户和资源，但要求它把同样一件产品做到极致，把价格压到最低。这就是天下无敌的商业模式，用订单的模式反向极致化地促进产业链规模化生产，然后带来极致化的商业价值及成本的降低。这种方式是未来商业发展的必然所在，从前端发展开始过渡到后端发展。

2015 年，一个国内知名的经济学家在将中国经济发展的数据跟日本进行对比后，发现 2015 年中国经济状况相当于 1987 年左右日本经济的状况，而之后三年也与日本 1989—1992 年的数据有同样的趋势。日本在 1992 年之后陷入了经济的衰退环节，中国也许不会像日本那样进入那么严重的长达二三十年的经济衰退，但是在经济增速下行的曲线上，中国一定会迎来消费观念的巨大变化，这种变化在所有人身上都会得以体现。以服装为例，后来的日本不再有各种各样的大牌，只有两种，一种是优衣库、无印良品这样质量很好但没有太多的标牌，另一种就是随着日本人的二次元文化兴起，很多人开始穿着各种各样的特色 IP 文化的产品，没有第三种。这样，日本的国民消费模型产生了巨大的变化。

中国也即将迎来消费观念巨变的时代，经济增速的下降一定会带来消费产业的巨大变化。拼多多在供应链的深度上越挖越深，这家公司未来是一家非常了不起的公司。平台以流量的支持和消费者的支持继续加深产业链的深度，而将流水做大到极致。拼多多这种全流程的玩法是值得所有企业关注的。

第三个是拼多多的团队。

无论是创始人黄峥还是其他的核心人物，他们不仅做过电商，还做过游戏、金融，他们很了解人的需求。拼多多引进了很多游戏的玩法，就像打怪一样一关一关地过。拼多多的文案一直都非常细腻，懂得每个人的心理，抓住了大家爱便宜也好炫耀等心理，这是它懂得人性的体现。

第四个就是拼多多在全网的宣传。

这几年，很多综艺节目都有它的广告植入，在中国尤其是农村看电视的人还非常多，所以电视是拼多多品牌发展的核心，因为它的核心消费人群在农村。值得一提的是，拼多多在三线城市的装机量和方便程度远超淘宝，这也是拼多多与淘宝的不同之处。

下面来看淘宝和天猫盈利模式的组成和发展。

淘宝的核心产业点：直通车和钻石展位，阿里妈妈。但在移动互联网时代，手机端直通车效果远远不如PC端，首先手机屏幕太小，其次消费者的时间越来越多地被内容所占用，内容才是未来发展的一个核心。钻石展位依然有其价值，但是阿里巴巴做了非常清晰的人群定位和精准分析，广告的投放不再是淘系，而是针对地区、针对用户的行为和习惯做精准的投放，让每个人打开之后所看到的内容完全不一样。

阿里妈妈最早从各PC平台引流，后来也计划转移到从各App端引流。阿里巴巴有一个计划叫"百川计划"，期望打通各App的商业入口，因为它认为未来所有App都是电商的入口。这个计划看似非常成功，而且用户切换起来非常方便，可惜这个团队花了一年多的时间也没有完成项目，最后团队解散。一方面是因为技术开发的问题，另一方面是因为淘宝并不想养成消费者在各种App购物的商业习惯，希望大家继续把手机淘宝作为消费的核心。但我们所看到的未来是所有App都将是商业入口，当下阿里巴巴也正在重新运作这一项目，以"百川计划"替代阿里妈妈是一个必然的选择。

天猫现在更核心的是平台价值，就是天猫的品牌运营和天猫App端的运作。淘宝和天猫相比已经非常落后了。天猫在商家服务端做得越来越细致，尤其是这一两年，在世界级品牌入驻和服务上做了大量的工作。之前天猫依靠服务费加提成和营销广告的模式来盈利，而最近天猫有一个新的业务在成长，就是帮助企业做自己的品牌投放和全网的广告，以及用IP为抓手同电影电视剧产业进行整合等。企业服务成为未来天猫成长的核心商业模式。

第 5 节　战略要素：与谁合作，和谁竞争

一个企业要有长远的发展，一定要合理解决自己同合作伙伴的关系，解决自己的管理问题，解决商业模式中对合作伙伴的培养和发展的问题。按马云的话说，这就是"要对合作伙伴有信心"这个问题。有很多公司是阿里巴巴或者是腾讯的生态合作伙伴，大家在做自己的企业的时候一定要了解这两个公司对合作伙伴的态度，要知道商业场景的实现是靠平台不同的合作伙伴共同开发出来的，所以平台怎么认知这个问题对合作伙伴来说就特别的重要了。

腾讯与合作伙伴的关系

腾讯在发展过程中之所以遇到了大量互联网公司的抵制，是因为腾讯模仿其他公司的产品，比如当年腾讯推出了 QQ 游戏，利用 QQ 的流量优势，加上免费模式，迅速占据了市场。

当时很多人骂腾讯，说它是互联网行业的"癌症"，这引起了马化腾的关注。马化腾 2012 年组织了很多专家到腾讯做了一次腾讯的解剖会。在会上，大家对于腾讯的战略做了深度的思考与批判。马化腾是一个很了不起的人，他能够接受外部专家对他提出的建议和意见。于是在 2012 年之后，腾讯的发展出现了不同的思考和维度，开始用投资的方式和可持续发展的方式来重新思考自己的体系，尤其在这之后微信的发展让腾讯再次焕发活力。这下子腾讯系的生态得以完整地建设起来，而这些都得益于当年的竞争和思考。

阿里巴巴与合作伙伴的关系

阿里巴巴选择直面问题，不去抢合作伙伴的生意，不去做物流的生意，让"四通一达"在整个快递领域快速发展。2011 年的"四通一达"确实能力有限，但是全

国几十万名快递人员的管理者一直坚持着。当时马云不去抢他们的生意，阿里巴巴不做他们的竞争对手，这是阿里巴巴很聪明的地方——选择去帮助合作伙伴，而不是去抢合作伙伴的生意和批评他们。

那么，要用什么方式帮助他们呢？用数据解决整个行业的效率问题。阿里巴巴做了两件事情：一是全国的物流仓储干线的建设，这个点的建设其实不是阿里巴巴自己做的，而是各地政府将自己建设的物流仓储交给阿里巴巴管理的；二是阿里巴巴打通所有快递公司的数据，这些数据都成了阿里巴巴未来发展的核心。自2012年之后，你开始知道你的包裹从哪里发出来，由哪个快递员配送，运到哪里了，什么时候会到你家等，全部会有非常详细的信息。这在之前是无法预知的，而在现在的中国，由于菜鸟接通了所有快递公司的每个节点的站点的信息，因此物流的全流程数据都是可以跟踪的。

当年菜鸟的规划真的是非常有价值的，也是非常成功的一个逻辑的升级。阿里巴巴去帮助物流行业做数据化升级，以及帮助他们做大型的仓储干线升级，从整体上提升了行业的核心的效率。不去抢合作伙伴的生意而去成就合作伙伴，一直是阿里巴巴关键的战略思考。

也有人说，阿里巴巴的合作伙伴真的不太好做。阿里巴巴的合作伙伴曾经这样说："我们做的产品后来被阿里巴巴模仿了。"比如说有人曾经做数据平台的产品，后来发现阿里巴巴自己做数据产品了，因为接通阿里巴巴内部很通畅，外部的人接不到，所以很多数据公司最终在阿里巴巴的数据业务上并没有赚到太多的钱。也有合作伙伴做软件，后来阿里巴巴自己投资了一个软件公司，把整个领域的生意都抢走了。

在生态合作伙伴方面，阿里巴巴在这一两年中确实有一个问题。在淘宝里面做电商运营是一件很专业的事情，需要专业的人才和方法，很多国际品牌不会做，于是交给了淘宝所投资的一些运营公司。这也引起了行业的诟病，原因很简单，第一是运营的效果，第二是可能的利益的输送。

腾讯在以微信为核心的体系里，只做连接，不做任何的场景。他们曾经考虑过做老年版和儿童版的微信，但最终都没有做，因为他们当时觉得真正好的产品有一套就足够（当然，现在有老年版和儿童版微信了）。而在体系上，以微信公众号为例，他们把所有的场景、所有的后台都给了第三方。他们期望的是第三方具有非常强的专业策划能力，而微信只做人与人的连接。

我们要了解，阿里巴巴合作伙伴的发展其实有赖于整个平台的发展，比如网红的发展。早年的网红平台是不收费的，由网红和机构去分全部利润。但是后来，淘宝的直播机构开始有平台扣点，这对行业而言是掠夺式的。

为什么说机会就在那几年？因为那几年平台还能够收敛自己的野心，但是随着平台越来越庞大，商业化诉求会越来越迫切，很多曾经给过的机会就会关掉。作为一个平台型的公司，其核心就是做连接，只要外部的客户可以做的事情，就应该用生态的方式支持外部的客户来做。当觉得自己什么都能做的时候，这样的平台公司就变成了一个产业公司，就放弃了平台的价值，这一点是值得所有做平台的人，以及与平台合作的伙伴去深思的。

在与阿里巴巴合作的时候要了解到，阿里巴巴可以帮助合作伙伴解决产业链中的很多的问题。马云经常讲，他相信最聪明、最勤奋的人不在阿里巴巴，而应该在客户那里，他们应该是客户、是创业者，所以应该从他们那里收获能量，帮助他们成长。

第 6 节　战略是打出来的

战略是打出来的，逍遥子经常在内部讲这句话。战略，不是想出来的，是基于人们对未来的判断，带着团队一步一步打出来的。生态不是想出来的，生态是一步一步长出来的。

在公司发展的过程中，有很多生态的要素对淘宝进行制约，尤其每年的"双11"。比如，2009年第一个"双11"的时候，最大的问题是没有商家愿意一起做"双11"；2010年最大的问题是十亿元的销售额将合作银行系统的通兑系统挤瘫痪了；2011年的核心问题是所有的物流公司爆仓；2012年的问题是天猫的系统宕机；2013年的问题就是超卖。每年的"双11"都会出现很严重的问题，外面人看起来我们都很牛，但是我们觉得好辛苦，因为要做的好多事情都做不了。

阿里巴巴生态型公司延伸

早在 2011 年前后阿里巴巴就在思考关于娱乐方面的事情，2012 年阿里巴巴正式确定要进军健康行业和娱乐行业。马云当年认为再过十到二十年中国人会遇到两个问题。

第一个问题是人们对身体健康越来越重视，所以一定要在健康行业去布局。

第二个问题是当丰富的物质已经满足了人们的物质生活之后，人们就会开始关注精神生活，就会花时间去进行娱乐活动，影业和娱乐行业就是在未来很多年都会兴盛的非常关键的行业。

下面就以阿里巴巴影业为例回顾当年阿里巴巴是如何一步一步推进这件事情的。

阿里巴巴影业从2012年开始布局娱乐产业。当年阿里巴巴在电影界找到一个非常优秀的合作伙伴——光线传媒。光线传媒团队的伙伴都是业内领袖级的人物，他们专注于视频的制作和电影的质量，做了大量优秀的电影，比如《大鱼海棠》等。阿里巴巴参与了很多光线传媒的电影，包括在衍生品领域。当年的《三生三世十里桃花》也好，《大鱼海棠》也好，很多项目在行业里都有一定的影响。阿里巴巴生态体系的延伸是以未来作为考量基础的，先找到优秀的合作伙伴，然后逐步把产业链的各个环节摸清楚，逐个用互联网的方式去取代和促进自身成长，这是阿里巴巴做生态型公司的基础方法。

到今天为止，这个方法还有两个问题需要未来要做生态型公司的和正在做生态型公司的思考。

首先，生态型公司由于只能做对接，不能影响对方所在行业核心的动力，所以其实那种场景和影响力依然是有限的。每个产业发展的核心命脉就是那么一点，如果做错了，就一切都错了。那些制片、导演和演员才是整个行业的核心所在，阿里巴巴并没有掌握这个核心，只是在做项目投资的最前端的事情。所以前两年发展不太顺利，每年亏好多好多的钱。

其次，外行管内行的问题。在阿里巴巴影业中，大部分人是从阿里巴巴内部成长起来的，对影业不了解。其实不了解不怕，最怕的是不了解还骄傲自大。在阿里巴巴的发展过程中，2012年之后遇到了企业文化稀释的问题，这一点也对阿里巴巴影业的发展和成长有影响。当自己认为自己的公司是大公司的时候，就失去了当年的敬畏心，但做生态型公司一定要有敬畏心，如此方能持久。阿里巴巴影业这两年发展得越来越好，投资的电影也越来越好，但是要深刻地改变整个产业还需要很长的时间。

与此同时，行业里的其他几家公司在生态的成长上提供了更新的思路和更加典型的创造力，比较典型的是大家都很熟悉的公司——抖音。用抖音作为案例给大家分析一下生态型公司是怎么长出来的。今天的抖音已经成为短视频领域的霸主，其他平台基本都起不来了。其实短视频曾经在好几年前就流行过，后来才流行的直播，再往后短视频再度流行，之后，两者才开始进行整合。那么，抖音成功的点在哪里？我们认为抖音的兴起有三个核心的要素。

第一，免费流量。

短视频成为中国乃至于全世界未来发展的一个关键的媒体渠道。它是微博的升级，之所以这么说是因为流量免费。最早由于手机流量不足，大家每个月就那么多流量，于是最早的微博是文字后加几张图片的形式，而且还要压缩得很厉害；慢慢地，手机流量越来越多，大家开始偶尔用手机看电视剧；再往后，流量越来越便宜，大家可以用无穷的流量，只有时间的问题，于是视频就成为主流的模式和主流的场景。在这个场景中，短视频依然基于硬件的发展和现在流量的无限化，这是第一个基础。

第二，客户心智。

抖音是新的、年轻的、时尚的。抖音对15秒的短视频和1分钟的短视频做了严格的限制，用音乐和各种神曲来应对现在娱乐内容制造的复杂化。它将内容制造变得越来越简单，于是产生了海量的内容。在这个内容背后是大量有特色的网红。除此之外，一些KOL的节目吸引了大量的关注，比如当年的《海草》《沙漠骆驼》等神曲就曾影响过许多人的生活圈子。

第三，碎片化。

大家一定要理解，类似这样的平台，看似没有营养，只是碎片化的娱乐，但之所以会成为主流的模型，是因为现在的人越来越容易接受碎片化的知识和短平快的创作内容。看长篇大论的人越来越少了，真正去系统地获取知识的人也越来越少了，利用空余时间采用零碎的娱乐方式的人会越来越多。所以，一分钟的电影、一分钟的管理等内容流行起来了，大家正在接受一种快餐式的文化和快餐式的娱乐，快餐式的明星和快餐式的生活态度。整个世界正在往这个方向走，这是一种无法抵挡的趋势。这种趋势现在还好坏未知，但是它就是未来的趋势，这一切我们都无法阻挡。

抖音让我们看到了新的商业逻辑正在兴起，抖音网红带货的能力非常强，"双11"当天有网红一天带货近千万元。基于短视频平台的兴起，网红开始成为行业里关键的流量来源，一旦整个行业接受了这种方式，行业里就会经常发生流量和品牌的变化，而且给生态链和供应链带来巨大的变化，这一切都是商业价值变革所带来的系统的演进。

所以，我再次强调生态体系不是想出来的，生态体系是长出来的。生态体系通过现有的体系一步一步成长，找对了第一步，后面就会进入一个正向循环。短视频已经被抖音占领，这个市场确实是一个千亿级市场。

第8章

商业模式的取舍智慧

第1节　冰与火之歌：阿里巴巴与腾讯

阿里巴巴和腾讯是中国两个最大的生态型互联网公司，二者的竞争、合作，以及二者的未来与所有企业的发展都息息相关，因为这两个公司几乎涉及生活中所有的东西。其他企业该如何与阿里巴巴合作，如何与腾讯合作？如果你在做互联网公司，那么你的业务阿里巴巴有可能来做吗？或者腾讯会来做吗？

阿里巴巴和腾讯早期都不是生态型公司，都在为自己的生存而忙碌，这两个公司当年是如何在困境中生存下来的，值得所有人学习，因为这两个如此庞大的公司早年都很不容易。

大家都知道，腾讯是靠QQ这个产品成长起来的。在2001年遇到问题的时候，腾讯曾经想把这个产品卖给搜狐，要价100万元人民币。但是据说当年张朝阳看到QQ之后，就去问自己的开发人员这个产品做出来需要多久，开发人员说要不了多久就能做出来了，没有必要花100万元。

QQ真正赚钱的商业模式是QQ皮肤的销售，这是一件很神奇的事情。当时我看到身边的人给自己的QQ买衣服、给同学的QQ送花，没想到虚拟的世界、虚拟的形象和虚拟的装饰竟然有这么多的人买。这是腾讯赚的第一桶金，后来就有了游戏，有了很多新的产业的发展，腾讯成为全世界最赚钱的公司之一。

阿里巴巴也是如此。阿里巴巴在1999年是不怎么赚钱的，到了2000年还是不怎么赚钱，在拿到投资后阿里巴巴是以免费的方式做B2B的。当年在杭州最赚钱的业务是帮别人牵网线，之后，阿里巴巴终于有了一个大的业务——一个价值30万元的订单，当时整个公司都在欢呼雀跃。但是对方要求有5万元的回扣。做还是不做？如果做，就必须给对方5万元；如果不做，一大笔钱就没了。大家都陷入了沉默。这个时候，马云站出来决定不做。

马云反复跟大家强调："我们是为了什么创业，是为了赚钱还是为了心中的梦想？我们的梦想是让天下没有难做的生意，我们有自己的价值观——其中有一条就叫诚信，绝不去行贿。"这个业务员就说，如果不给回扣，这个业务不但拿不下来，类似的业务也都拿不下来，因为整个行业都是这样的，都是要给回扣的。于是马云说将这样的业务砍掉，不去做这件事情。后来阿里巴巴就没有去做这项业务了，这让阿里巴巴陷入完全不知道怎么赚钱的状态。

之后，阿里巴巴开始建立自己的直销团队，去销售诚信通的账号、1688的账号及后来中国供应商的账号。这是阿里巴巴最早的以销售为核心的商业模式。这个商业模式也不是想出来的，是被逼出来的，所有看似合理的模式都不赚钱，找了一个不可能赚钱的模式却赚了钱。可以说，每个活下来的公司当年都经历过生死存亡的危机。

这两家公司的两个创始人，一个是马云，一个是马化腾，两个人的性格或者两家公司的性格其实不太一样。按照中国的五行学说金木水火土，马云的性格更像火，马化腾的性格更像水。腾讯会支持很多产业的兴起，而阿里巴巴会促进很多产业的发展。对于马化腾这种润物细无声的水，大家不会觉得他对自己有破坏性，因为更多的是补充和支持；而马云火的力量会带有一定的破坏性，但是他给行业带来的成长和变革是更加极致的未来。

下面详细讲一下阿里巴巴和腾讯商业模式的优劣点。

腾讯的商业模式有三个优点。

第一个优点是腾讯拥有中国最庞大的消费人群。

这是腾讯的一个巨大的优势。无论是在QQ时代还是在微信时代，或者在未来的某个时代，也无论是什么产业，这个优势都能引导其迅速落地。但是腾讯在一些需要巨量资源的地方反而做得不太好，比如电子商务，比如短视频。最近的腾讯和抖音之战，按道理腾讯应该是有极大的优势的，但是似乎抖音在消费者心智模型上做得比腾讯好很多，这值得所有人思考。

第二个优点是腾讯的产品做得非常好。

腾讯的每个业务都能坚持下来，并走很久，不像阿里巴巴那样要求一个项目三个月必须拿到业绩，腾讯可以给自己的产品很多的时间。腾讯有一个产品叫QQ同步助手，在QQ上将通讯录存起来，然后在换手机的时候可以方便地把通讯录导入新的手机。这样的一个产品在腾讯有一个二十多人的团队，这个团队最近五年只做这一件事情——保持不停地升级革新。如今，QQ同步助手的功能越来越极致，越来越方便。所以腾讯看似很慢，但是只要找到一个功能点，就会不停地更新升级，从而让这个产品变成举世无双的。腾讯对产品的极致打磨，值得大家佩服。腾讯的每个产品到最后都会成为这个领域中的佼佼者，就是因为它有一支稳健的团队长期研发和不停革新。

第三个优点是腾讯无论是在文学方面还是在游戏方面，或者在其他方面，都很重视商业模式在该领域的创新。

腾讯有很多产品同步发展，有很多体系并行推进，因为内部有非常好的竞争机制，可以开发出层出不穷的好产品来。无论是社交里的微信还是游戏里的《王者荣耀》，都是这样不停地优化升级的。腾讯这种自我革命、自我更新、自我繁衍和自我迭代的能力与成长方式是中国其他互联网公司极难学习的。

这三个优点反映出腾讯强大的商业模式和管理模式的价值。

阿里巴巴的商业模式有三个优点。

第一个优点是阿里巴巴的定位和战略非常清晰。

阿里巴巴对于未来三五年，甚至未来十年要做的事情都有非常清晰的判断和战略上的安排，早就规划好了第二曲线、第三曲线，而且有源源不断的事情要做。阿里巴巴在电子商务领域一直不停地建高楼，也一直不停地往下挖，而在这个领域的坚持让它的输出和对未来的影响是无法估量的。不管行业如何变化，做生意是永远的话题。阿里巴巴的战略方向非常明确和清晰，好像永远都知道下一步要做什么，这是因为它早就做好了规划和预判，只要在条件具备时一步一步做出来就好了。

第二个优点是阿里巴巴有源源不断的管理人才出现。

阿里巴巴的管理，尤其是三板斧课程的开发，为阿里巴巴培养了一代又一代优秀的领军人物。阿里巴巴的高层管理者和中层管理者每年都会接受三板斧的培训。这让大家能够与时俱进，能够了解和掌握一个管理者需要掌握的最前沿的知识。因为有这样的培训，阿里巴巴一代又一代的管理者都能够成长起来。他们无论是在阿里巴巴还是自己创业，都能够成为那群成功的人，就是因为他们得到过完整的前沿培训和经历过非常严谨的组织梯度历练。任何一个人的离开都不会影响阿里巴巴的发展。

第三个优点是阿里巴巴在商业和垂直产业领域利用平台机制培养了大量的互联网革新者。

无论是从阿里巴巴离职的人，还是在阿里巴巴的人，都可通过投资的方式或合作的方式跟产业结合。阿里巴巴在利用自己的平台生态逐渐改变每个产业的面貌，无论是电影行业还是房地产行业，又或者是汽车行业。一代一代的阿里巴巴人在不同的产业深耕细作，让阿里巴巴未来的商业模式的发展有无限可能。

这两个公司在发展中也都有各自的问题。下面简单地讲一讲。

腾讯模式的问题是总要去寻找下一个关键点在哪里。

马化腾有非常强的危机感，他说腾讯离破产只有半年的时间，现在不更新这个产品，半年之后别人的产品就有可能将这个产品颠覆掉。当年跟米聊的战争验证了互联网的战争三天之内见分晓，最近和抖音的战争也让腾讯非常紧张。腾讯永远要去找下一个关键点，因为如果找不到，就可能被颠覆。

阿里巴巴模式的问题就是阿里巴巴的持续性。

阿里巴巴有很多产品面临的压力很大，因为任何一个项目都只给三个月的时间，但是有很多项目三个月是做不完的，因为行业的发展也许还没有成熟到满足项目的落地。例如，口碑起来被干掉，再起来再被干掉，到最后花了几十亿元去买饿了么。如果项目的运营不够持续，在产品的设计和运营上就相对粗糙。这是阿里巴巴做互联网的一个问题，也是未来发展中必须解决的一个问题。

比较了冰火两重天的阿里巴巴和腾讯，类比你自己的公司，想想到底要学谁。两家公司都有值得借鉴和学习的地方，如果你的公司在运营方面比较重要，只有通过很多部门协同才能解决问题，请你学习阿里巴巴的管理，因为它的管理能解决以人为核心、以事为基础的人和事的统一结合的问题；如果你的公司以产品研发为核心来开发互联网的产品，且以用户为核心，那么学习腾讯的精雕细刻会更有价值。阿里巴巴有价值观，腾讯有方法论，两者都应该成为公司管理的基础。

第2节　火星撞地球：阿里巴巴与京东

伟大的对手会成就伟大的自己。有一个优秀的对手，对自己的发展也是有好处的。京东就是阿里巴巴在电子商务领域的对手或者发展伙伴。在促进中国电子商务发展的过程中，刘强东做了什么事情值得阿里巴巴及所有管理者学习和了解？阿里巴巴的商业模式和京东的商业模式到底有什么区别？

讲到这两个问题，就必须谈一谈京东的发展历史。

京东的发展史

京东从1999年到2003年都在做B2C的平台。京东最早在中关村卖光盘，然后以3C数码销售为业务核心。京东早期发展的是线下销售，在中关村很流行，但是当时各省的电器价格存在很大的差距，不同渠道的价格也存在很大的差距，京东在这个背景下开始做电子商务，慢慢成为B2C电子商务重要的一极。

京东当年能发展起来的原因有很多，但是仔细分析可以总结出京东成长的四个关键要素。

第一个要素是垂直的市场。

尤其是在3C数码的垂直市场，京东的价值很突出，比如确定的流量、确定的时间、确定的价格，以及比线下要便宜很多的价格等。每个垂直市场上都有电子商务发展的机会。

第二个要素是商业模式。

京东的商业模式相对淘宝而言更加传统，简单点说就是"你把货给我，我来帮你卖"。消费者把钱给平台，然后平台拿着这些钱做资金的流转，最后把钱兑付掉，这是线下渠道销售的典型模式。淘宝的商业模式是不控制商家的钱的，只要消费者收到货后确认支付，商家马上就可以拿到钱，平台只是做自商家发货起到买家确认收货这段时间支付信用的担保。

第三个要素则是刘强东的个人魅力。

刘强东是一个对执行力要求极高的人。曾经有一个京东的管理者来到阿里巴巴，三个月之后就离职了。我就问他为什么要离职，在阿里巴巴不是发展得挺好吗？他说受不了阿里巴巴。我问为什么。他解释："第一，阿里巴巴执行力太弱了，我在京东管着3000人，一声令下，所有人马上行动，会把结果给我。我到了阿里巴巴之后，我管着300人，对团队下命令，他们竟然不听我的，还说'领导，我有我的想法，你要不要听听我的想法'。我当时说你们先把我说的事情完成。这些人竟然说'领导，你不听我的想法，我就完不成你的任务'！"

阿里巴巴员工的自主能力其实特别强，阿里巴巴有很多的项目是自下而上来发展的。而京东更像一个军队，执行力特别强，这是京东很厉害的地方。

另外，他说受不了HR——一个"85后"的女孩子，天天把他关到办公室里面批评他，跟他说"你要爱，你要成就员工"。HR是谁？她就是政委。京东是没有政委的，但阿里巴巴有政委，政委要负责组织的发展和体系的发展。（后面跟大家专门强调阿里巴巴的政委是怎么做的，以及政委到底要会什么、要学什么、要成就什么。）阿里巴巴的政委非常有特色，非常有价值。他从京东过来受不了阿里巴巴政委的这套体系，所以他觉得阿里巴巴的运营速度、执行力是不如京东的。

再看刘强东，他是一个执行力极强的人，在管理上非常用心、事无巨细。我的一个朋友告诉我，刘强东在管理京东的时候，在近十年的时间里，每天早上8点半都要开全国的管理者大会，一天不落。对此，我真的是很佩服他，不论这个会重要与否，他能坚持十年不断，这就是一个非常厉害的管理者。

第四个要素是京东在战略关键点的坚持。

一个案例是京东在发展初期抵挡住所有3C数码品牌的压力，坚持以低价的方式去做，并最终让所有的品牌商屈服。另外一个案例是在京东物流的体系里，当大家都反对或者大家觉得有巨大风险的时候，刘强东顶住所有的压力坚持下来，并最终成就了今天的京东，这是非常非常了不起的。

接下来我们再看看京东和阿里巴巴在商业模式上的区别。

其实京东的商业模式比阿里巴巴的商业模式更完整。我们的直觉是在电子商务B2C领域天猫是老大，天猫的销量大约是京东的三倍，按道理是老大的商业模式应该更完整才对，因为市场规模这么庞大，有这么多钱，应该把商业模式中所有的环节都做好才对。但实际上京东的商业模式更完整。

阿里巴巴的商业模式很容易讲清楚，就是平台，只做POP平台。POP平台是什么？就是阿里巴巴做了一个店铺的工具，然后商家在工具里面开各种各样的店铺，消费者在阿里巴巴平台上买货，阿里巴巴只是一个平台，不去控制货。阿里巴巴是不碰货的，这是2011年马云给阿里巴巴提的一条铁律，在之后很长时间这是阿里巴巴的一条底线。天猫只做这种链接，只是一个平台模式。

第一，京东最有效和最厉害的模式是自采模式。

这是京东一直以来的核心。京东在很长一段时间里的销售额流水是大过天猫的。天猫商家的流水是不计入天猫的销售额流水的，天猫平台的收入是商家销售额的5%，但是京东平台上所有的销售额都计入京东的收入。所以在以销售额为衡量标准的世界500强里面，京东是比阿里巴巴更早进入榜单的。为什么这个自采模型在京东能够做这么大？因为自采模式能够控制后端的供应链和前端的消费者价格。

第二，京东可以做和天猫一样的POP平台，也就是平台的模式。

目前也有非常多的企业在京东平台开店，他们有自己的客户，而且销量不错。服装也好，3C数码也好，尤其是食品，都还不错。

第三，京东有自己的物流体系。

你可以不在我这里卖货，但是你可以用我的物流体系。京东就跟其他物流仓储公司一样，可以给客户在一二线城市提供更好的物流服务。

第四，京东还有票据业务。

京东可以做大型公司的全国批发市场的票据业务和相关的管理业务等。

京东还有很多其他的业务，比如金融模式，但这四个商业模式是它的核心所在。相较于京东这么多的商业模式，阿里巴巴只有一个平台模式，其他的事情让给合作伙伴去做。不要把整个生态链条上所有的事情都做完。一个公司做整个生态链条上的所有的事情，第一可能有一些模块自己不够专业，第二可能最终被自己的管理所累。天猫只要做好平台这一件事情，就至少可以占据50%的市场，剩下的50%的市场是各个垂直品类的，由生态伙伴和竞争者去做就好了。

于是在很长的一段时间里，在电子商务B2C市场，天猫都占据着50%～60%的市场份额。没有高过60%也没有低于50%，一直在这个范围盘桓，这就是只做这一件事情的结果。天猫只有3000名员工，京东需要有15万名员工，但这3000人的天猫做的销售额是京东的三倍，这就是天猫只做平台一件事情的优势。一旦有竞争对手也采用平台的商业模式，天猫一定会用最好的服务、最优的体验、最严酷的竞争手段让对方做不起来。

京东的商业模式如此完整也可能是迫不得已，但是天猫的商业模式如此简单、极致，就是马云的境界和智慧所决定的了。

第3节　拒绝完美：天猫商业模式的未来

一个人的优点可能也是他的缺点。对天猫而言也是如此，可能这种商业模式真的很好，但是最大的问题也许就是商业模式太好了。这让阿里巴巴依然面临很多挑战。

个人认为天猫的商业模式中有以下五个问题是需要解决的。

第一个问题是商家赚钱的压力越来越大。

据说有一天，马云看到财报说了一句怎么赚了这么多钱。天猫赚的钱多了，表明商家赚的钱就少了，这样是有问题的。因为天猫是一个平台，应该是帮助别人赚50元钱，自己拿其中的5元钱，这是马云最早的思路。

大家在天猫平台上去卖东西，对于卖得好的店铺，平台就会给更多的资源让其卖得更好，而那些产品不好、服务跟不上、运营能力差等原因导致卖得不好的店铺，就得不到更多的流量支持。这种机制就让卖得好的店铺越来越好，因为流量越来越多，卖得不好的店铺因为很难得到更多的流量而越来越差。天猫发现了这个问题带来的弊端，为了解决这个问题想尽各种方法。

平台本身、平台的运营团队有自己的利益诉求，从而让平台聚拢了越来越大的国际品牌。曾经红火一时的淘品牌这两年在天猫都没有了生存的余地，就是这个原因导致的流量和客户都没有了。而这也导致需要流量的商家在天猫赚了钱之后，又会把钱投入直通车、钻展等广告领域。也就是说，商家在平台赚的钱又投给天猫做广告以获取流量。于是没赚钱的店铺死掉了，赚了钱的店铺又把钱给了天猫，如此循环往复，让天猫赚的钱越来越多，商家赚的钱反而越来越少。这不一定是天猫的本意，我只能说这是天猫的商业模式设计得太好了，但是这个优秀的商业模式变成了掠夺型的商业模式。这值得大家思考。

第二个问题是经济学中的零和游戏。

什么意思呢？天猫赚的钱并不是天猫的定价，而是由商家的自由竞争造成的。游戏是这样子的，以直通车为例，比如大家在淘宝去搜索"帽子"，你会发现出现几万个卖帽子的商家。有几个商家为了自己的展示率，开价说点击一下两元钱，从而让消费者能在前面看得到他的产品，这是直通车方式的广告；第二个商家说看到你就看不到我了，于是第二个商家为了让自己的商品排列靠前就出三元钱一次点击，而第三个商家就说出四元钱……

由于商家之间的竞争，排在前面的商家出的价格越来越高，这就变成了一个零和游戏。由于竞争，一角、两角、三角、五角会变成一元、两元、三元、五元，乃至更高的价格。"双11"时，在家纺类目，一次点击可以卖到几十元。这些商家之间的自由竞争带来了平台收入的翻倍。这一两年随着竞争的日趋激烈，大品牌的流量需求越来越大，在平台的广告投入也越来越多，小的品牌确实很难生存。这对于商家而言就是一场零和游戏，是囚徒困境，而对于平台而言却可以乐得其所。

第三个问题是生态伙伴不够强大。

腾讯系有很多生态伙伴上市，阿里巴巴系也有部分的生态伙伴上市。但是从整体而言，阿里巴巴的生态伙伴这一两年处于被压制状态，因为生态平台喜欢做自己的产品，而微信基本不会做太多这样的产品。

第四个问题是流量的分配规则。

2008年到2012年是淘品牌的年份，2012年之后基本上就没有其发展的路径了，2012年到2015年是传统品牌的年份，2015年到现在是国际品牌的年份。随着平台的发展，那些曾经小而美的品牌在淘宝已经发展不起来了，这一两年一直如此。一个生态平台的环境发展有一个重要的指标就是新品牌的成长，而新品牌是否能通过平台成长是平台生态质量的体现。如果平台只是帮传统的品牌去卖货，那么这样的平台只是一个简单的渠道而不能成为生态型的平台。

生态平衡是平台发展和平台生态发展过程中必须平衡和协调的一个问题。

第五个问题是淘宝的创新问题。

自2012年开始，淘宝的内部创新也开始出现问题，在2015年之后，这个问题变得更加严重了。在2012年之后，公司实际上在用投资来驱动淘宝内部业务和投资业务的杂交，促进核心业务的成长。在2015年之后又出现了内部创新跟不上移动互联网的快速发展这个新问题，现在在淘宝内部的业务创新其实相较于外部是迟缓的。

有很多阿里巴巴的人从公司离职自己创业，在其所在的领域做得很优秀。逍遥子曾问过我一个问题，那么多阿里巴巴的人为什么要到梦想小镇创业而不愿意留在阿里巴巴？阿里巴巴内部的创业环境为什么留不住这些优秀的人才？这也是阿里巴巴的管理者需要思考的问题。阿里巴巴并不是一个完美的公司，但是阿里巴巴好的地方就是当阿里巴巴找到问题之后，就会积极地去找相应的解决方法。

作为一个从阿里巴巴出来创业的员工，当然期望阿里巴巴能够发展得越来越好。有问题不怕，怕的是掩盖问题，需要的是知难而行，把问题一个一个解决掉，让行业的生态越来越好。

第4节　星际穿越：中小企业商业模式升级

商业模式的核心是如何赚取属于自己的利润，如何生存，如何发展。当企业基于移动互联网对自己的商业模式进行再造时，有两个方面是必须思考清楚的。

第一个是客户数据化。

当把业务搬到移动互联网上之后，该如何去获取客户，如何让用户通过手机、电视，甚至电动汽车等的终端更加简单地参与进来？以往的生意是一套资源的模型，而移动互联网的生意是一套信息的模型。在手机等各种移动互联网终端，要么通过类似微信、抖音等入口获取信息，要么通过淘宝、滴滴等入口解决需求，现在所有的工作都面临着同各种平台合作的问题。

第二个是平台数据化。

在谈阿里巴巴电子商务的时候，有一个比电子商务更加重要的事情是企业的商务电子化，就是如何把企业需要做的事情设计成一个广泛的社会化的分工体系，就是将企业所需要的商业模式进行移动互联网化。商务的电子化，也就是用各种互联网工具来改进的管理，比如如何用钉钉来管理公司的行政和人力资源工作；比如如何用微信公众号做营销，去社群做用户的运营等。很多以前做不到的事情，现在可以做得越来越深。

在了解了这两个核心要点之后，在策划自己的商业模式的时候还有几件事情需要创业者们认真思考。

第一，一定要思考清楚自己的定位。

正所谓定位定天下，只有有定位，才能把要做的事情定下来。不管是做加多宝凉茶，还是做阿芙精油，都有一个明确的定位。很多人说自己有一个好产品，价格不错，功能不错，外观也不错。不好意思！价格更低，功能更好，长得更好看的货中国到处都是，关键是如何让客户知道这个产品，需要花多少钱才能做到建立起客户对这个产品的定位。只要消费者有了需求，就能首先想起这个产品，这才是商业模式的核心。定位的理论在互联网时代更加极致地表达了出来。

"会呼吸的内裤"

卖内裤是一个很传统的生意，在淘宝里面卖内裤的商家有 1 万家左右了。有这么一家专门做内裤的公司，定位是"会呼吸的内裤"。他们的广告片从来就没有变过，是一个男模特把内裤穿在头上，然后鼻子弄起来。这很有意思，过目不忘。首先，"会呼吸的内裤"代表着在产品的研发和设计上很用心——它很透气，这能够让所有人了解该产品的品质；其次，视觉的冲击力非常强，把内裤套到外面就是超人，套在头上那肯定也是很厉害的，而且让大家过目不忘；最后，它的定价策略和营销策略都打着"会呼吸的内裤"，所有的体系都很一致。

所以，定位一出来产品就出来了，产品出来了内容也就出来了，内容一出来，则后面的运营和营销策略就全部出来了。定位清楚之后，一切就会很简单。企业在设计自己的移动互联网商业模式的时候，一定要先搞清楚自己的定位，一定不要模糊，不要把自己变成做什么都行，这个很关键。

第二，互联网有非常强的规模效益，而这个规模效益背后是整体的链接，就是人与人的链接，这是商业的基础。

这两年微商的兴起，包括社群电商的兴起都是如此，因为口碑效应成为未来营销的关键，社交成为商业的基础。微信里面所有的信息都是通过某个人推荐给你的，这种社交模型完胜人工智能的推荐模型。因为社交是人最强的信任度的表现，互联网特别强调这种规模效应下的链接的方式和链接带来的动力和前景。

第三，一定要了解消费者的认知变化。

在互联网领域，消费者认知的变化是很快的，消费者今天选择你的产品，明天可能就选择新的品牌、新的人群了。消费者的忠诚度是很难把控的。如何让他们真正关心你呢？消费者的体验就显得非常重要。这里讲一个阿芙的例子，当年阿芙做了一个几米漫画的合作，营销活动叫最美治愈系，用几米的漫画作为他们精油的包装，他们的产品设计、商品页面设计都是用几米的内容来做的，最后通过几米的微博引导。借助于大家都熟知的影视作品、IP作品来推广自己的品牌，达成销售，这是一种未来的模式。

新的消费认知和消费习惯，需要在移动互联网设计新的产品、新的用户、新的内容和新的渠道的全面布局。移动互联网是一个弯道超车的重要机会，也是所有人的一个新的时代。

第四篇

组织发展与组织能力

第 9 章

/

组织发展的百年大计

第 1 节　组织迭代的管理奇迹

马云在一次会议上讲过："阿里巴巴跟腾讯和百度比，都有所不足，但如果说有一个地方是阿里巴巴一定比这些公司强的，那一定就是组织。"组织一直以来都是阿里巴巴的强项。

阿里巴巴的管理出现过两次奇迹，前面多次提到过，就是2007年阿里巴巴B2B在中国香港上市，2008年公司高管全部退居二线；2014年阿里巴巴集团在纽约上市，之后基本上所有的高管团队退居二线，由逍遥子领导的一批"70后"乃至"80后"，成为阿里巴巴管理的中坚力量。我们可以看到一个很有意思的情况，阿里巴巴是有一群管理者，而不是有一个管理者，而且管理者的离开，并不影响阿里巴巴的发展。

马云在很多场合说一些公司有管理，但是没有组织。到底什么是组织？组织就是一整套适用于企业战略决策及执行的系统。这一整套系统不依赖于个人，甚至不依赖于管理者群体，它始终推动着企业有序地发展。

想要理解阿里巴巴的管理，就一定要了解阿里巴巴的组织结构设计及组织发展脉络。只有组织才能使公司永续地发展。当然，这也跟阿里巴巴的使命、愿景和价值观有关，因为阿里巴巴的愿景中有一条是：要做一家能够活102年的公司。能够活102年的公司当然要有永续经营的策略，除赚钱外的核心是组织要能够不停地新陈代谢，进行有序的迭代。

到目前为止，阿里巴巴的管理走过以下四个阶段。

第一个阶段是从1999年创业开始到2000年年底。这两年以马云为核心，管理讲的是江湖义气。当时几乎没有什么成体系的管理，公司也就几十个人，很多事情都可以用一句话解决，大家吃住都在一起，连晚上睡觉的地方都是马云在湖畔花园的房子，夜晚上个厕所可能一不小心就会踩到人。当年这一批早期创业者以极大的热情来做这家公司，这群人成为彼此信任、相互依靠的兄弟姐妹，这一群人成为后来阿里巴巴的十八罗汉，伴随公司发展一步一步成长起来。

第二个阶段有一个很重要的人——关明生。这位通用电气中国区的前总裁在刚加入阿里巴巴时，工资也不过两三千元，但是他给阿里巴巴带来的巨大财富不可估量。他带来了世界500强通用电气的管理方法，比如PM序列，即将所有的员工分为P序列和M序列，P是专家序列，M是管理序列，P从1到14一共有14个级别，M从1到10一共有10个级别，每个级别都有详细的描述。

关明生还给公司带来了文化。当年关明生问阿里巴巴的文化是什么。大家七嘴八舌讲了很多，于是他和大家一起总结出"九阳神功"，然后进一步凝练成了"六脉神剑"。还有一系列关于对价值观的考核、KPI的考核等，所有阿里巴巴管理中的科学体系一开始都是由关明生带来的。在阿里巴巴只有一两百人的时候，公司里不仅有马云天马行空的江湖义气式的管理思想，还有关明生带来的通用电气的最科学、最知名、最系统的一套科学管理思想，这是阿里巴巴成长发展的一个核心脉络，它一开始就有中西合璧的特点。

马云曾讲过阿里巴巴和8848的区别："王峻涛的口才很好，他的想法是对的，我跟他的唯一区别是他讲完就完了，他的团队没法落地，而我讲完之后我有十八罗汉去帮忙落地，有关明生去帮忙落地"。

第三个阶段是属于蔡崇信，或者陆兆禧的阶段。不管管理的核心是蔡崇信还是陆兆禧，在这个阶段，阿里巴巴走上了一条康庄大道。从2008年到2014年，公司快速增长，十八罗汉在各个领域快速成长，并成了各领域重要的领导者。当年马云觉得他们只能做连长、排长，但是他们都成了军长、司令，这就体现了阿里巴巴培养人的能力。

第四个阶段是逍遥子管理阿里巴巴的阶段。逍遥子是一个年轻且具有战略思想，对细节把控非常严格的人。我们在内部开玩笑说，如果马云是ET外星人，那么逍遥子就是AI机器人，他的大脑记着很多的数据，他对战略非常了解。阿里巴巴早期的组织结构设计，是公司的业务由不同的几个事业部管理，总裁管理着总监。但是在第四个阶段，逍遥子的管理颠覆了很多东西，其管理思路不再以部门制为核心。

逍遥子在担任天猫总裁的时候，每两周开一次总裁会。在总裁会上有30多位副总裁和总监向逍遥子汇报这两周的工作，每个人大约有15分钟时间，以PPT汇报的方式详细地解读自己的工作和下个汇报周期的计划。逍遥子给所有人的工作做点评，安排好所有人的工作任务，一周后对项目进行复盘，两周后又是做汇报的时间，周而复始。逍遥子以他自己为管理者核心，他对公司的所有产品、市场等诸多方面的业务都非常了解，对各模块、各项目的负责人也非常了解。他靠这种方法将很多人才培养起来。

2015年年底，逍遥子在成为集团的CEO之后，采用了完全不同的管理模型。八个"80后"组成班委，以项目的方式开始管理公司所有事业部的业务。他们的级别也许不高，都是总监或者是资深经理，但是他们被授权可以直接管理全公司的这些项目。逍遥子只管理这八个班委，所有的项目负责人直接向八个班委汇报，所有的员工都在各个项目组里面。

逍遥子离公司的基层员工只有三层关系的距离，一个两三万人的公司采用如此扁平的管理将所有的信息都汇总到逍遥子这里。当一个公司大到一定程度，每个业务都有自己不同的节奏时，协同整个公司的业务资源和人才就成了最关键的事情。

逍遥子通过这种方式促使阿里巴巴的业务有条不紊地推进，同时培养了大批专业的优秀人才。

第 2 节　如何组建企业组织部

马云说现在阿里巴巴的管理是一种能够适应从10人到10万人的管理模型。阿里巴巴的组织部一直是一个很重要、很神秘的部门。为什么组织部那么重要？因为组织部涉及整个公司的核心战略决策，一旦公司的组织部出现问题，阿里巴巴就麻烦大了。

在三国时期，刘备、曹操、孙坚是三方诸侯，但是当这三个非常厉害的人合到一起被袁绍管理的时候，却干不过董卓。他们都有经天纬地之才，每个人都有自己的得力干将，为什么合到一起却干不过董卓？

首要原因就在袁绍身上，他作为统帅好谋无断，自己喜欢谋划但是没有决断力，不信任他的谋士。管理就是这样的，"兵熊熊一个，将熊熊一窝，将帅无能累死三军"。

其次是人心不齐。大联军打仗真难！孙坚被称为"江东猛虎"，战无不胜，当他作为先锋官跟董卓在虎牢关作战时，其他的诸侯却作壁上观。曹操作为这次联盟的发起人和召集人，在团队里面竟然没有指挥权，也无法把他的建议与思路讲给袁绍。所以，一个团队就算有优秀的人才，有优秀的机制，但是如果决策机关出了问题，那么这个团队也是打不赢任何战争的。

阿里巴巴建组织部的目标是要解决三个问题。

第一，讨论公司的核心战略。

组织部的所有人共同探讨公司的发展战略，但注意不是共同拍板，许多人共同做的决策永远是有问题的，真理往往掌握在少数人手上，但是一个人单独做决策，是独裁，更容易出问题，所以需要组织部共同讨论，然后公司的决策关键人做决定。

第二，组织部把公司的优秀人才聚集起来，为公司未来的发展储备了好的备用人才。

人才是成功的关键，组织部就负责整个集团的人才组织工作，公司不管是管理者轮岗，还是新的项目带队，都有足够的有全局视野的人才储备。

第三，能够对公司资源的调配有话语权。

因为组织部了解公司的战略，了解战略背后每个核心的要害，以及是谁在做这件事情，所以组织部对公司资源的调配就有一定的决定权。

对于阿里巴巴这样以运营为核心的公司，只有将每个人都组织起来才能完成业务，对团队成员彼此之间的协同性和信任度的要求往往超过了专业度。阿里巴巴特别强调平凡人做非凡事，就是因为彼此的信任是最有价值的。

那么，组织部是如何设立的？如何起到重要的作用？要负责哪几件关键的事情？

第一，负责关键战略性目标的落地和实施。

在公司确定战略之后，如何使其在公司里面得以贯彻实施？组织部发挥着相当重要的作用。因为组织部的人不是站在自己一个部门或者一个岗位的角度去看自己的业务的，他们一定要为整个公司的战略目标负责，公司的整体战略目标才是发展核心。

当年阿里巴巴ALL IN移动互联网的时候，就是发动了整个组织部的力量，所有组织部的人都开始往移动互联网部门调配。同样的情况，在公司要组建新的部门支付宝的时候，或者在分拆淘宝的时候，大量的人才从组织部里面调出来，从B2B调到支付宝、淘宝，很快地充实新项目的队伍。组织部一定要为整个公司的战略目标服务。

在组织部，作为成员，他们有自己的权力，比如可以提出自己的提案，公司的很多重要的战略决策往往是由组织部成员以提案的方式来发起的。组织部的每个成员都有机会做提案，因为他们的业务一直在行业的风口上，而且能从公司大的战略决策上了解业务的发展，能在某个领域比公司的决策层更加具有先见之明。正所谓让听得见炮火的人做决策。组织部的很多人都是在一线"带兵打仗"的，所以他们的提案形成之后就提交给整个组织部讨论，在讨论清楚之后，最终由决策关键人决定是否通过这个提案。提案一旦通过，就会讨论如何在公司里实施。这是组织部成员应该行使的权力和应该承担的责任。

第二，一定要把跨公司的资源和能力引入每个部门。

阿里巴巴这家以运营为核心的公司有一个特点：公司的每项业务都跟其他的业务有千丝万缕的关系，可能某个人在他的岗位遇到的问题正好另外一个人已经遇到了，因为客户是同一批客户。一个集团里不同平台的流量分配机制不同但都非常重要，大家可以一起看这个问题，也许"他山之石可以攻玉"。对每个人在战争中的位置进行分工，了解如何背靠背地去支持别人，从而形成一个非常好的协同的机制，这是组织部发挥的一个非常重要的作用。

第三，组织部成为人才梯度化成长的核心。

阿里巴巴一直有人才复盘和业务复盘，比如阿里巴巴每个年度都会去做人才复盘。复盘这个词来源于围棋。当下完一盘围棋之后，把所有棋子重新摆好，讲一讲每个过程，如为什么这么下、还有没有别的方法、为什么没有用别的方法、有没有最好的方法，这就叫复盘。而做复盘的好处就是能够看到当时的缺憾是什么、好处是什么，以及可能性是什么。以人才复盘的方式可以让组织部的成员逐渐成长起来。

组织部的一个硬性规定是，每个组织部成员的岗位都要有两个接班人，因为组织部的人可能会随时调岗，万一被调岗，这两个接班人马上就可以无缝参与项目和团队的管理。如果某个人准备进入组织部，那么组织部就必须首先对这个人的接班人进行审核，如果他没有接班人，或者接班人不合格，他肯定进不了组织部。即使他是总监级别、副总裁级别也进不了组织部，因为组织的核心就是组织发展不依赖某个人，这一点非常重要。有了接班人计划之后，阿里巴巴任何一个甚至一群管理者离开自己的部门都没有问题，因为随时有人可以替代他的工作，这就保障了公司的健康、有序发展。

组织部的人员构成是怎样的？阿里巴巴有两个不同的序列，一个叫作P序列，也就是专家序列，从P1到P14，另外一个叫作M序列，也就是管理序列，从M1到M10，从主管一直到董事长。在一般情况下，能够进组织部的人基本上都是M4以上的，也就是只有到资深经理及以上才有资格进入阿里巴巴的组织部，但是并不是M4以上的人都能进来，因为还要做一系列的考核。考核的重点有三个方面。第一，这个人是否是公司稀缺的人，而且在公司战略规划中是否会有自己建设性的思考而不只是一个战略执行者；第二，这个人的接班人计划是否已经做好了，当他离开原来的岗位的时候，他的接班人是否随时可以替代他的工作；第三，这个人的价值观是否适合公司，未来是否可以跟公司一起持续、长期地成长。

这三个方面对于要进组织部的人来说，都是必须被考核的。组织部对公司的发展起着越来越重要的作用。组织部已经成了公司的定海神针，组织部的这群人已经成了公司稳定发展的基础。

第 10 章

科学管理之路：岗位序列模型

第 1 节　管理序列与专家序列双轨道

有两条腿才能走路，在阿里巴巴有一个重要制度叫作双轨制。什么是双轨制？

阿里巴巴的双轨制

阿里巴巴的组织结构设计是，全公司所有人都在两个序列之一里。要么属于 P 序列（专家序列），要么属于 M 序列（管理序列），这两套机制就好像人的两条腿一样。P 序列从 P1 到 P14，是从实习生一直到院士级别的员工，管理序列也是这样的，从主管一直到董事长都在 M 序列里面。在阿里巴巴 P 序列和 M 序列是并行的，有些时候你是 M 序列的，要带人做管理，但也许因为调岗会调整成 P 序列的（专家不用带人），但是一个人不会同时属 P 序列和 M 序列，只能属于其中的一个。在阿里巴巴，差不多 M1 约等于 P7，这两个级别的股份、奖金等各个方面待遇都差不多。

人才双轨制

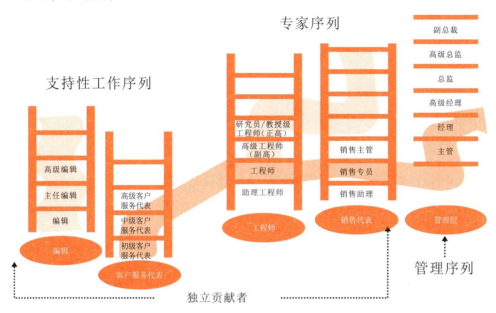

双轨制来源于通用电气。当年关明生来到阿里巴巴之后，就带来了通用电气的这套管理方法。这套管理方法到底有什么价值？到底有什么作用？有多么重要？举另外一个公司的案例，你就会更加理解PM序列双轨制的重要性。阿里巴巴是在2000年年底开始应用这套机制的，而在中国落实这套管理方法最好的公司除阿里巴巴外，还有另外一家公司——华为。

华为的双轨制

华为在 2003 年左右开始做公司的 PM 序列改革，咨询团队是 IBM。华为为这个咨询付费 10 亿元人民币，IBM 公司用三年的时间做了华为 100 多个岗位的 PM 序列，每个岗位的 P 序列和 M 序列需要做到 28 个大序列，近 100 个小序列。每个级别对应的工作内容写得很清楚，每两个相邻级别的区别也写得很清楚，包括这个级别要做什么事情、这个级别要学什么东西、这个级别的考试内容是什么、这个级别的奖金薪酬制度是什么等。所以这是一个非常复杂的工程！

华为刚开始试行PM序列时，华为员工感觉工作效率降低了，因为很复杂、很麻烦，以前已经很顺畅的东西都要按部就班地重新做。当时也有华为高管反对这件事情，他们认为岗位序列在华为不可行。最后 IBM 告诉任正非："80% 以上的世界 500 强公司都有一套岗位序列，这套机制就好像铁轨一样，没有铁轨火车怎么跑？两条铁轨上面有很多一横一横的枕木，这就是公司的法治。一旦有了这套机制，员工就能够详细地知道自己要做什么，不用管理者激励，因为自己会激励自己，能够很清楚地知道自己要做什么事情才能晋升到下一个级别！"

任正非沉默了很久，后来拍板说，即使华为死，也要把这套岗位序列给加上去，让所有华为的员工走向以法治为核心的管理道路，而不是沿用以人治为核心的道路。

PM序列几乎跟公司所有的业务都相关，可归纳为以下三个主要方面。

第一，企业的人才招聘。

阿里巴巴在做招人计划的时候，首先要制定一个招聘模板，招聘的部门会告诉人力资源部要招一个什么样的人、什么岗位、P几序列的。只要讲出这些，人力资源部马上就知道要招什么样的人——其能力水平、工资待遇、要求等都是明确的，用人部门清楚，招人部门也清楚。

招人不是越专业越好，而是越合适越好，比如你现在只需要招一个实习生，那就没有必要招一个专家来，专家不一定做得了实习生的事情，合适才是最重要的。阿里巴巴有一句土话："不要把波音747的发动机装到拖拉机上面。"当团队还是拖拉机模型的时候，装一个波音747的发动机就会车毁人亡。人才梯队与团队匹配、团队与业务项目匹配才是成功的关键。

第二，PM序列还与绩效考核、绩效设置有关。

无论是P序列的人还是M序列的人，都有价值观和工作业绩分别各占50%的考核。一个团队有很多不同级别的人，所以对他们的考核不是简单地看贡献值，而是根据PM序列的不同对他们制定不同的期望值。什么叫贡献值？什么叫期望值？贡献值就是某个人的工作最终创造了多少价值，是绝对值；期望值是相较某个人以前的工作业绩你期望他提升多少，是相对值。

举个例子，有两个人，一个人可以背200斤的重担，但是他这次只背了150斤，另外一个人只能背100斤的重担，结果他背了150斤。哪个人应该受到表扬？肯定是只有100斤能力的那个人。在阿里巴巴同一个项目下，不同级别员工的工资、奖金是不一样的，他们的考核标准也是不一样的，因为他们的能力是不一样的。每个人都以自己以前的成绩为基础制定出超越自己过去的绩效要求，这才是核心。这种绩效的设置和考核都是建立在PM序列基础上的，因为对相同的项目、不同级别的员工的考核最合理的方式就是按期望值进行，让所有人都能够超越自己及公司对员工的最低期望。否则很难做到公平、公正和有效。

第三，薪酬体系。

在阿里巴巴，只要一个员工告诉你他是P几或者M几，你就会知道他的工资大概范围是多少，因为在阿里巴巴这个范围是公开的，每个级别大概的工资水平，以及股份期权基本都是有规定上限和下限的。在招聘的时候或者升职加薪的时候，对应的奖金和薪酬也很清楚，所有人都知道自己在什么位置，能得到什么、能收获什么。特别重要的是，PM序列也是一套员工激励手段。

为什么说它是员工激励手段？PM序列里面写得很清楚，比如P6需要有独立完成任务的能力，给你一个详细的计划，你自己一个人就能完成；但是P7是给你一个方向你要制订计划并独立完成。如果一个人在P6做得很好，但是没有规划的能力，那么任务做得再好也升不了P7。

在阿里巴巴，有很多人招聘来的时候是P6，过了七年还是P6，因为他没有做整体战略和计划的能力。若你想升职加薪，你不用去讨好你的任何一个上司，也不用去讨好所谓的考官，你只要用你的绩效、你的工作证明自己已经达到了上一个级别能力的要求。一切都以已经制定好的PM序列作为考核基础，这一点是法治而不是人治。

在阿里巴巴的管理过程中，不仅有马云的战略和情怀，还有一套科学的、系统的、经过世界上最优秀的公司验证过的管理方法在发挥着重要的作用。学习阿里巴巴的管理，不能只看到它外在的热情和张扬，还要看到它的内敛、严谨及无情。马云就是这样管理的，像打太极拳一样，一阴一阳、一正一反。如果把马云在外部的演讲和展示的企业文化当成阿里巴巴的阳面的话，那么阿里巴巴的PM序列和绩效机制就是阿里巴巴管理中的阴面。

第 2 节 如何设计管理序列

很多公司说某人是总裁、总监或经理等，尤其是他们在外面跑业务的时候，无论他们是什么级别的，对外都讲是什么总、什么经理，实际上这只是商业礼仪的一部分，让他们在外面能够被平等对待，甚至是越级对待，但是他们在公司里面具体什么管理水平是不清晰的。而PM序列职级的好处就是不管他对外讲的头衔是什么，也不管他说自己是什么样的名头，他的管理能力在公司里面有一个明确的被认定的水平，这就是职级的作用。

一个人的职级一旦形成，每个管理者就会在集体中找到自己的位置。之所以这么说，是因为以下两个方面。

第一，管理者通过职级可以了解自己的价值。

第二，职级给了管理者清晰的目标。

如果一个主管想成为经理或总监，他到底要做什么事情？职级可以给他一个非常清晰的、可以期望达到的具体的方法和考核的指标。比如主管的要求是完成现在的工作、带领团队拿到结果，而到了资深经理级别，他就应该为整个团队制定流程和标准，而不再是简单地把事情做成而已。每个级别都有对应的要求，这样，所有的管理者就都很清楚自己缺的是什么、有的是什么、要求是什么，以及想要做得更好应该在哪些方面有所突破等。这就给了管理者一个完整的进步阶梯和明确的发展方向。

每个公司对于管理者都有不同的定义，阿里巴巴对优秀管理者的定义是通过成就别人来成就自己的人。也就是说，管理者的工作不是通过自己拿结果，而要通过别人来拿结果，即通过自己所管理的团队拿结果。这才是一个优秀管理者应该具备的能力。

阿里巴巴的管理者有一个重要的特质：他们看起来可能其貌不扬，但是他们无论走到哪里，都能做得很好。比如有一个团队，你把一个阿里巴巴的管理者调过去，团队忽然间就开始变得有战斗力了；不久之后，就算你把这个管理者从团队调离，放到另一个团队里，不仅他之前带过的团队能继续保持战斗力，而且他所到的这个新的团队也被他激活了。他不用有很强的专业技术，但是他到哪个团队哪个团队就变得有能力。阿里巴巴有大量这样优秀的管理者。

这也可以解释虽然当年十八罗汉对电商一窍不通，但是在互联网这个领域他们依然能成为优秀的管理者，就是因为他们具有激发人心的能力。

稻盛和夫在2014年来到了中国，来到了杭州的太极禅苑。马云跟他说："这是我的十八罗汉，当年我认为他们能力都很差，只能做连长和排长，我觉得未来的军长、司令一定要从外面去找，但是15年过去之后，这些人纷纷成长起来，成为各个事业部的负责人。"

阿里巴巴有很多这样的人，这些人有两个核心的特点。

第一，他们并不是事事亲力亲为，而是把很多精力放在战略目标上。就像唐僧一样，他的战斗力可能不强，但是他对于整个公司的战略目标认知得清楚，时时刻刻他都知道自己在整个战略中所处的位置。他们不只是在工作，还在为公司整体战略承担重大的责任，因为任何一个螺丝钉的毁坏，对铁轨而言、对整个体系而言都是致命的！这样的人很了解战略，很清楚战略的决策，以及部门所承担的责任和所处的位置，就像唐僧对于取经的意念非常坚定一样，他们任何时候都站在公司的角度考虑所有的问题。

第二，他们有凝聚人心的力量。一个团队整体的效率不高，拿不出结果，就是因为大家经常在内耗，没有办法成长起来。

所以，当一个优秀的管理者来到这个团队的时候，能解决三个很关键的问题。

第一个是效率问题。大家不再尔虞我诈，不再形成各种小圈子，也不再互相埋怨，而是把精力全部用到提高工作的效率上，快速地拿到结果。当大家目标一致的时候，这个团队的效率可以提高数倍。

第二个是"断"的问题。团队在做事情的过程中往往有很多多余的动作，而且很容易被不重要的目标吸引，这时候优秀的管理者要做的一件事叫"断"。"明、仁、勤、断"是明太祖朱元璋传授给太子朱标治国理政的四字要领。"断"要求管理者敢于承担责任，要在思维上领先一步，更加重要的是有心力。当大家彷徨，没有方向的时候，管理者站出来说"跟着我走"，这点非常重要。这种领导者之所以可以带领团队快速地往前走，就是因为他的存在让人心开始凝聚、力量开始出现、大家真正能找到逃避诱惑和陷阱的力量。

第三个是团队成长问题。管理者一定要有一个思路，不要太关注业务对不对，而要思考团队配不配得上业务、团队值不值钱。如果团队不值钱，就算业务再好、机会再好、资源再好，终将一无所获。一个项目能拿到多少钱取决于这个团队值多少钱，这就是管理的秘诀。管理者一定要花大量的时间在培养团队的能力上面。

M1到M10对应的要求和想法分别是什么？

M1是主管，要求就是能清晰地制定目标，能分配任务，并辅导团队成员把事情做成。这些要求的核心是他能够按照公司已有的方向去支持所有员工的成长。主管往往是单模块的，不需要很多的专业技能，但是需要专注，需要反复地演练，重复就是这个岗位最关键的地方。要时时检查专注的力量，不管是在做面试选拔的时候，还是在做指导的时候，要特别关注主管的执行力，以及他们对下属关注的能力。

对于主管而言，不需要战略性的思考，但一定要能拿结果，而拿结果的人往往有三个特点。

第一个特点是他能够做分工，也就是定目标。

第二个特点是他能追过程，能够了解整个过程中关键的里程碑及关键点在哪里，一旦有任何的偏差马上就要纠正，并能够辅导P6以下的员工成长。

第三个特点是他能够在公司业务及团队绩效之间进行相应的协同，了解自己团队在公司所处的位置、能发挥什么样的作用，而不仅仅是完成工作。

M2为经理层，经理层不仅要理解公司的决策，而且要能够分解目标。作为经理，不需要严格按照流程去做事，但要有能力、有勇气边做事情边改革流程，而且保证这些革新能够提高整体效率。一线主管要一边带领团队拿结果，一边自己招人和开除人，因为经理已经具备了组织的能力，要对技术发展及组织协同所产生的结果负责任。

这种人也有三个特点。

第一要敢作敢当。经理一定要有担当，当公司需要有人站出来的时候，经理一定要主动站出来。

第二要以结果为导向。很多时候不要只对员工好，在一起工作是为了完成任务，因此安排员工主动地执行改善流程，把结果拿回来，这点非常重要。

第三要有培养人才的能力。无论是培养新的主管还是培养有战斗力的专家，都是经理要做的很重要的事情，所以经理不仅要执行，还要形成自己的风格，能激发团队的战斗力。

M3和M4基本是资深经理和总监，公司对他们的要求越来越复杂，他们所要完成的绩效目标也越来越重要，因为他们的工作跟公司的使命和愿景开始对接。公司把M1、M2称为基层管理者，M3和M4称为中坚力量。

首先，M3、M4要对接整个组织的战略决策，并负责人才培养机制，不仅要做流程、做规范、做标准，还要有体系化的思维。

在员工的成长中，资深经理和总监不仅是指导者，还要用工具和流程制定好自己工作的策略和布局。

其次，资深经理和总监管理着跨部门的工作，能够建立独立部门制度并明确各部门之间的协同关系，这也是对他们的能力要求之一。

最后，M3、M4应该有明确的战略目标，而且可以整合外部的产业资源，所以对他们的要求不仅是把团队内部管好，还应该能够在公司的体系之外整合更多的外部资源为公司所用，为团队所用。

M5资深总监及M6、M7副总裁以上的人员是公司的高层管理者。对于高层管理者的要求有三个方面。

第一，高层管理者一定要具备组织的成长能力。也就是说，在做任何事情的时候，他考虑的不仅是事情的成与败，还要考虑制定什么样的组织流程和决策能够保障这件事情必然会实现，他要为公司的整体战略挑起大梁，而且一旦公司有要求，马上就要为公司的战略目标扑上去。

第二，高层管理者对于未来的判断有自己的提案权，以及相当的建议权和决策权。对高层管理者而言，最大的问题就是决策的对与否。任何一个决策都决定着公司的成败及很多员工的"生死"。所以，对战略的决策能力、解读能力、制定能力，以及对战略方案的运营能力都是他们非常关键的能力。

第三，对于高层管理者要特别注重揪头发、照镜子和闻味道，特别强调这个人的价值观——他是否能够身先士卒，能够真正成为公司的文化楷模。因为在阿里巴巴，一个要成为组织部成员、要成为总监以上级别的人，往往都需要一年以上做政委的经历。只要你见到这种人，内心就是有力量的，而且你愿意跟他交流。这是一种彼此的信任。而内心的力量非常重要，它能够激发所有人的斗志。

第 3 节　如何设计专家序列

没有专业就不能生存。日本有一个著名的经济学家和管理学家叫大前研一，他写过一本书在日本非常流行，叫《专业主义》。他认为日本的生存和发展都建立在每个人、每个岗位和每个公司专业主义的基础上。在公司里面，一个员工如果做前台、做客服或者做财务工作已经有三年、五年乃至十年了，他的激情从哪里来？他是否还能够坚持在一个岗位上做得越来越好？优秀员工的专业技能和特殊能力如何在公司内部传承下来？在非常多的企业里，管理者都是从专业岗位或业务岗位提拔上来的，但是专家真的适合做管理吗？管理者和专家之间到底有没有本质的区别？

2000年年底，关明生来到阿里巴巴做第一任COO，带来了这套科学的管理体系。这套管理体系建立在一个严谨的有多个级别的岗位等级模型下，让每个员工来到公司以后都有自己的级别。对于所应聘岗位对应什么样的工资，他自己很清楚，而对于下一个级别需要做到什么程度、可以拿多少钱，他也都很清楚。

阿里巴巴的每个员工都有自己的PM序列，从P1最基础的兼职员工一直到P10院士级的公司员工，每个人每天做什么、相应的能力要求和激励政策，都非常明确。这就能比较好地解决一些问题，比如一个员工在同一个岗位工作多年无法升职或者无法加薪，自己也感觉不到成长。在阿里巴巴，一个员工可能打电话打了十年还一直在这个岗位，他的工资、奖金和期权都很多，他也许不用带任何一个人员，因为他自己独立作战能力非常强，这也不是不可以的。

阿里巴巴的员工每年都有机会升职加薪，而升职加薪不一定是要做管理。在阿里巴巴不是一定要做经理、主管才可以，而是在自己的岗位上，今年从P1的电话销售人员变成了P8的销售人员，工资从一个月五千元涨到了一个月五万元也是可以的。很多人在阿里巴巴的现有体系里越做越好，比如在一个专业岗位就能够越做越好。

P序列有三个重要的方面。第一个方面是不同的P序列代表的核心需求是什么，也就是每个P序列的核心要求是什么；第二个方面是P1到P14的介绍，也就是说，从P1到P14每个级别的命名、要求、想法和未来的发展是什么；第三个方面是P序列的专家系统该如何在实际的工作中应用，以及让每个人按照专家序列成长起来。下面基于这三个方面来一一剖析阿里巴巴的P序列的体系。

首先，是关于不同的P序列级别的需求。阿里巴巴把P序列划分成三个阶段体系。第一个是P1到P6，这个阶段称为基础员工。因为P5到P6属于资深的专员，在专员以下的级别基本上都是在一个业务中能够做单模块工作的执行的，所以P1到P6是以执行为核心的，是以每个人自己做事情为核心的，要把主管规划安排的事情做完。

P7到P9是比较关键的序列级别，属于中层阶段体系，就跟前面讲管理者分为基层管理者、中层管理者和高层管理者一样。P7到P9在公司负责编制项目规划、设定项目机制、协同项目发展，不仅要执行，还要有详细的项目规划运营和资源的管控能力。P11到P14属于公司的高层阶段体系，现在阿里巴巴P10以上的员工非常少，这个级别的员工往往以研究为相应的产出，以建立行业的标准为主要工作。

公司把这14个序列级别划分成3个不同的阶段体系，每个体系都有不同的要求。大家要理解这些要求背后给每个人所带来的基础能力是不一样的。

然后，介绍一下阿里巴巴对P1到P14分别有什么样的要求，以及这些要求对应的员工的成长、工资和发展是什么。P序列的发展是一个爬楼梯的过程，也就是说，要做到P2必须有P1的水平，做到P3必须有p2的水平，要一阶一阶地爬上去。

对于每个进入公司的员工，公司在招聘时就明确地告知他应聘的是一个什么样的岗位，且聘请的级别及这个级别对应的工资要求、薪酬福利及期权体系都是已经确定好的。这样的好处是，在招聘的时候可以定好招的是一个合适的人，而不是一个超越招聘要求的人，因为有些岗位只有P5的要求结果招了一个P8的人。的确，他可以胜任这个工作，但是他可能找不到成就感，反而会离开这个公司，所以说合适才是岗位招聘的要求。

现在给大家简单地讲一讲阿里巴巴P序列各级别的价值和要求是什么。

先从P1讲起，目前阿里巴巴的人基本都是P6以上的，P6以下的人极少招聘，但是依然把这些位置留在那里，因为有可能在某些时间点或者有些业务部门用得到。P1在阿里巴巴很少，往往不能独立完成工作，是一个协助型的岗位，一般是阿里巴巴的实习生在培训的时候的级别。他们三个月可以掌握基础的技术技巧，这些技术技巧基本是以操作为主的，他们的被替代性非常强。

P2的基本要求是能够独立处理普通流程的工作，一旦有问题他们就解决不了。也就是说，你给他一个标准的流程，他可以按部就班地去把这个工作完成。如果能够做这样标准化流程的工作，就具有了一个基础的长期工作的可能性。现在阿里巴巴这块的人比较少，但在菜鸟体系里面还会有这样的员工，因为不同的体系不太一样。另外，在阿里巴巴收购的一些公司里也可能有P2级别的人。

P3就有点不一样了，需要熟练地处理标准化的工作，而且能够独立解决工作中出现的简单的问题。在很多时候，由于环境的变化，一些标准的操作流程也会出问题。环境会出问题，工具机器及系统也都可能出问题。当遇到标准化的操作流程中会出现的常见可控的、可预知问题的时候，P3对于这些问题产生的原因是清晰的，而且可以按照已知的方法去解决这样的问题。这样的员工，既能够监控现在的系统正常地往前走，又可以在发生可控的或者可预测的问题的时候独立解决问题，这样的员工已经能够胜任一项工作的长期安排。

从P1到P3是一个基础员工要求，能够把最基础的事情做好。

到P4慢慢就可以开始在独立的项目中发挥作用了。P4的要求是能够在明确的要求下根据专业知识把相对复杂的工作完成。这证明这个人经历过一定的专业培训，或者有相关的从业经验。所以，他一方面能相对灵活地做事情，另一方面在做这件事情的时候也有一些相关的知识储备，而且在学习中比较容易沟通。往往到了P4之后就意味着开始接触到一些项目的工作，而非只是机械地、重复地工作。这些项目中的工作需要他们有理论基础、在技术的沉淀和发展方面有自己的学习能力。P4对学习能力的要求会越来越高。

大家要理解，P是专家序列，是以能够用自己的知识处理好公司在这个领域遇到的问题为核心的。需要大家了解的是，这些人在工作的过程中要有师傅带，因为若没有人带，他们的成长度是不够的。P4的人一到公司就有相应的"老人"带他了。

在公司现有的培训体系里面加上相应的成长模块，让P4这样的员工可以在公司里面持续地发展，而这样的员工在发展的过程中也需要主动地成长。阿里巴巴有个要求叫"成长是自己的事情，不是别人给你的事情"。所以，每个员工尤其到了P4以后，员工的学习能力及每段时间的成长情况就成了考核的关键。

P5已经是专员级别了，能够独立负责一项工作的执行，甚至一个项目的执行。前面讲P1到P3的时候是一件事情的执行，一项工作的执行；P4已经能够参与一个项目的执行了——项目是多任务的组合，有项目的启动、结束和跟进等；到了P5，项目的执行就成为核心，而项目的结果也成为这个人未来被考核的核心，不只是把事情做完，还需要拿到结果。在达到了P5的时候，他的项目往往是一个公司里面已经在持续做的，或者有人做过标准流程的，他要按照标准的流程和方法去做，而且最终拿到结果，在过程中解决各种各样相对复杂的问题，要在这个项目中也能够主动牵头去解决，或者借助别人的能力或资源去把问题解决掉。总而言之，P5的人应该能够独立承担一个项目的执行并把项目结果拿出来。

越往后大家就越会发现，做专家的人不仅要把自己做好、把专业做好，而且要有协同的能力，因为项目的成功往往不是一个人就可以达到的，需要有上下游，需要有左右协同的伙伴共同来执行。

P6的人叫资深专员。这个级别要求在项目执行方面有一定的经验，而且其经验不仅能够促进自我成长，还能够复制给其他的人。P6这样的要求往往是这个人在行业里面有三到五年相关的工作经验，而且已经沉淀出自己的风格，可以自己找到方法，只要给他项目，他就可以很快拿到相应的结果。P6是一个重要的发展阶段，现在阿里巴巴基本上招聘的都是P6级别的人员，我当年进阿里巴巴也是从P6开始做起的。为什么说在阿里巴巴P6是关键的一个点，因为P6与P7之间有着天壤之别。

我在阿里巴巴有很多朋友，他们进来的时候是P6，过了七八年还一直升不上去，不是他们的工作做得不好，而是他们所在的P6是一个以项目执行为考核重点的级别，需要拿到结果，但是P6和P7之间有一道鸿沟——P7要求员工有独立的策划能力、规划能力和资源的协同能力。也就是说，即使你执行得再好，但如果没有一个项目是你自己启动，并通过给项目做详细的规划和计划、带团队实现这个项目的话，那么你永远是P6。换句话说，即使你的工作做得很好，每年都非常优秀，拿到3.75分以上，工资、奖金都很高，但是如果你在过往的工作中没有独自去启动过任何一个项目，没有从头到尾策划执行过任何一个项目，你就一直是P6，做不了P7。

P7的要求不仅是把事情做成，也不仅是执行得了，还要求这个人必须具有战略眼光。到了P7，他已经能够跟公司整体的战略做对接，去理解、剖析公司战略在自己的业务部门、在自己的岗位上需要达到的目标和期望的变化。只有自己主动去了解公司战略，同时主动去推动现有战略的实施和落地，才能在P7的路上越走越好。这是对P7的要求。

P7要求有整体的规划和系统执行能力，以及项目跟进的能力，这些都跟P6有天壤之别。很多公司里的专家在转到管理岗之后其实就是在这个地方做不好，因为一个优秀的专家的核心是把事情做成，更多了解的是行业的专业知识和事物本身的规律，而管理者需要去探讨的是制度、流程和组织，对人性的了解更加深刻。其实对于P7有另外一个说法，P7就是专家型的领导者，到了P7往往就开始具备未来转向管理者的潜质，不是说他一定会转向管理者，但是P7确实是一个关键的转折点。

P8不仅要求这个人能够自己做规划、做执行，还要有相应的前瞻性、系统性及财务核算能力。也就是说，不仅能够把事情做成，还要在做这件事情的过程中系统地制定流程、制定标准，主动适应行业和整个体系的发展；不仅能够针对公司的内部改革做出自己的规划，还能够对公司未来业务的发展、技术的发展提出自己的一些建议和适应性的原则。P8既要链接公司的内部也要链接公司的外部，而且行业的资源也因为他的存在而得以链接给公司，贡献给公司，这点非常重要。

到了P9，不仅要能够引导外面的资源和公司进行一对一的合作，还要能够在行业或者产业链里去整合资源，也就是说，P9对整合能力的要求会越来越高。这些整合的资源一方面促进了公司的发展，另一方面公司和项目的完成又会促进产业和行业的发展。只有这样，这个人在未来才会建立起基于行业的理解力和影响力。

P10、P11、P12的要求是，不仅要对公司内部有贡献，还要对公司的外部有贡献、对行业有贡献。在阿里巴巴，P序列有14个级别，但实际上P14是没有的，P13也是没有的，P12有一些行业领袖人物。P11在阿里巴巴的各个领域及中国的各个领域具有顶尖的能力、占据很高的位置，他们在国内、在这个行业都是知名的。比如当年的王坚和曾鸣，在不是M序列的时候，他们的位置是在P11这个级别的。P10基本上是各个领域里面屈指可数的关键人才。目前，阿里巴巴有时候请的顾问及一些非常重要岗位上会有P10的级别，但是人数也不太多，就几十个人。

在阿里巴巴现有的体系里面，从P1到P14都是有明确的要求的，升职加薪都以此为基础。有人问是不是在阿里巴巴每个人都希望自己升职加薪，看起来是这样子的，但其实不完全是。

在P6的时候你的工作做得很好，当你升到P7之后，你的工作目标、你的比较对象及你的考核体系不是跟P6的人比，而是跟P7的人比。一个P6的人本来在P6时做得很好，是最优秀的20%，但是只要他升为P7就要跟已经是P7很多年的人去比，如果他成为P7里面的最后一名，那么他不仅无法拿到奖金或者股票期权，还会被团队淘汰甚至被公司开除。所以说当一个人想提出升职的时候，他要反复地衡量他是否有能力升上去，升上去之后是否能够胜任，因为看起来工资、奖金增加了，但是同时任务的难度和目标也会提高。

最后，介绍一下P序列中的人的成长路径。每个人的成长都需要自己的管理者和政委的指导。但是比政委的人性化更加重要的是法治的建设，也就是说，每个级别都要很清楚自己的上一个级别让你实现的目标是什么，期望你具备的能力是什么。只有你已经用实际的工作证明，你已经达成了现在的级别给你的业绩的要求，同时你的能力也已经展示出来，已经匹配了上一个级别的要求，才能既有现有的绩效，又有自己的能力的增长，而当你升到上一个级别的时候才会发展得更好，才会有更多的成长机会。

第 4 节　如何跨越管理序列与专家序列

P序列和M序列就好像火车轨道的两根轨道，而每个级别就好像火车轨道中间的枕木，火车往前跑的时候既需要有轨道，又需要有像梯子一样的枕木，一步一步往上爬。P序列和M序列铺就了阿里巴巴每位员工的成长路径。没有法治的人治是没有意义的。公司一定要先建立科学的管理制度和体系，然后在这个基础上去做人治，这样才有价值。

马云很喜欢讲《西游记》，他说西游团队是个好团队，唐僧是个好管理者，但是唐僧在《西游记》中并不是最优秀的管理者。孙悟空是基层管理者，可以称为专家型的管理者，因为他有很强的专业性，不仅会打妖怪，还能看出谁是妖怪。除此之外，他还能帮师傅找吃的。孙悟空这样的优秀管理者解决问题的能力非常强。

比孙悟空好一点的管理者是唐僧。唐僧的优点是什么？他有一个明确的目标和使命，就是要到西天取经。无论遇到多少艰难险阻，遇到多少诱惑，遇到多少爱慕，他都会为了自己的理想去坚持和奋斗。如果没有唐僧，孙悟空功夫再好也不过是一个山大王而已。所以，只有有了优秀的管理者，有了使命，大家才可以成就伟大的项目。

比唐僧更好的管理者是谁？其实《西游记》中最重要的项目经理不是唐僧，唐僧只是执行团队的管理者，真正的项目经理是观音菩萨。《西游记》是这么写的，如来佛问谁愿去东土大唐传法，观音菩萨说弟子愿往。观音菩萨怎么去做的？观音菩萨首先安排了金蝉子转世到大唐，又在沿途提前帮金蝉子找到了三个"员工"，可见，这个团队是由观音菩萨组建的。当这个团队出现解决不了的问题时，观音菩萨马上出来解决问题，比如收服红孩儿、给团队定规章制度，就连紧箍咒也是观音菩萨传的。

比观音菩萨更好的管理者就是如来佛，好在哪里？第一，有弟子无数；第二，管理能力很强；第三，业务能力很强。当谁都对付不了孙悟空的时候，他只要翻一下手就可以将其制服。既有专业能力，又有管理能力，这才是卓越的管理者应该有的样子。

一个最优秀的管理者既有专业能力，又有管理团队的能力，但实际上很少能够找到"双全"的管理者。因为这样天才级的管理者很少，所以我们培养人的时候要尽量用PM序列让每个人能够展现出自己的能力。

讲到P序列和M序列的关系，有四个关键的问题。

第一，P序列的路径和M序列的路径分别适用哪些人？哪些人适合走P序列的路径？哪些人适合走M序列的路径？

第二，在阿里巴巴，P7和M1差不多是对等的关系，也就说P7级别和M1级别是差不多的，从P7跳到M1或者从M1跳到P7都是没问题的。那么，若在P序列和M序列之间转换，对员工的要求有什么变化？

第三，对于一个做专家做了很久且做得不错的人，如果想提拔他为管理者要注意一些什么事情？

第四，一个人本来是一个管理者，擅长管理，不善于自己亲自做事情，但是由于业务的发展和团队的发展需要这个人去做业务，即去做专家，独立上阵，该注意什么？

在实际的管理过程中，有些人适合P序列，有些人适合M序列。P序列的人有专业能力，能够发现问题、解决问题，有相关的专业知识，比如学过财务才能去做财务的工作、学过编程才能去做写代码的工作。P序列的人在性格上有一个特点，就是所谓的智商很高、情商很低这样一个情况。因为这类人爱钻研业务，本身对人的敏感度不够，对人的起心动念不够，而且很多时候爱用专家的方式去要求其他人。以这样的方式去做管理者是有问题的，但是让这样的人去做专家是可以的，因为一个管理者是能容下这样有能力但是有个性的人的。

M序列的人身上有哪些特点？一般认为M序列的人相对而言对人更敏感，对人和事的配合有自己的考量和安排，而且往往能够感知到管理过程中关于士气、组织的文化、价值观问题。同时，M序列的人还有一个特点，就是往往情商高，能够取得别人的信任，表述方式让人容易理解，可以跟很多人打成一片。

在阿里巴巴，一个人是可以从P7转岗到M1的，尤其是当公司想培养这个人，或者有一个项目需要这样的人来担当时。阿里巴巴有很多管理者都是从P序列里面选拔出来的，但不是说今天这个人是P7，可以马上让他成为M1，做管理，而是在他成为管理者之前，一定要给他相应的管理技能培训。阿里巴巴有尖角班，是"小荷才露尖尖角，早有蜻蜓立上头"的意思。P7的人只有参加一个基础管理者的训练班，在学习了管理的知识和管理的技巧之后，才可以正式上岗作为管理者。

在大部分的情况下，从P7到M1的工资和股份期权是不会变的，但是P序列和M序列在工资和股份期权上是有一些差别的。相较而言，P序列的人工资更高，而M序列的人的股份更多。P序列的人对短期的业绩要求更高，而M序列的人对长期的发展要求更高；P序列的人对解决业务问题的要求更高，M序列的人对解决团队问题的要求更高。在P序列和M序列之间调动的时候这些不会调整，但是一旦调动完之后就应按照对应的要求来做一些变动。

当一个人从P序列转岗到M序列的时候，即当专家变成了管理者的时候，有时是很可怕的，因为有很多的专家本来业务做得不错，结果转成一个管理者之后根本做不了事情，而且不只是他自己的能力施展不出来，别人的能力也施展不出来。

若P序列的人转岗到M序列，往往需要着重关注以下几个问题。

第一，这个人是否具有辅导员工的能力？如果他没有辅导员工的能力，他未来的发展就会有问题，团队成长也会有问题。

第二，这个人是否喜欢习惯性地自己做事情而不给大家分工，也不控制大家的过程？这样的人自己喜欢冲在前面，什么事情都自己干，把自己累得半死，结果团队还不能成长。

第三，这个人是否用对自己的要求严格地要求下面的所有人，而且对人、对事过于直接？在这样的情况下，团队成员有时会受不了这样的压力。

当企业需要让一个重要的管理者开始重新成为P序列的人的时候，如果这个管理者在这个业务中的专业能力不够，那么该如何去发挥他的能力？

下面讲一个真实的案例。有一位员工本来做人力资源服务，后来他主动请愿去做销售，虽然他对销售一窍不通，也缺乏销售技巧和客户资源，但是他用了不到半年的时间就成为省销售冠军。原因是什么？因为他对销售有自己的理解，并且他善于做培训。他经常到客户的公司去，不管客户买不买，先跟客户讲一下电子商务，跟他们所有的员工讲一下电子商务到底是什么、阿里巴巴到底是什么。于是他把阿里巴巴的文化和管理作为课程给他的服务对象讲解，无论买不买他的东西。早期有很多的公司之所以信任阿里巴巴，就是因为有这样的员工愿意用这种方法把自己的专业工作讲给合作的公司，最终形成非常好的信任关系，他合作的公司也成为他的客户。

所以说当从M序列转到P序列的时候，要先学习相关的课程，同时，一定要发挥自己的能力，通过帮助客户成长来支撑自己的成长，这是很重要的。公司要单独看待每个个体的情况，不要盲目地把P序列的人变成M序列的人，让一个专家去承担管理的任务，也不要简单地把M序列的人最后变成了P序列的人。

同时还要强调一点，就是一个既懂业务又懂管理的人才是难得的，也是宝贵的，因为这种"文武双全"的人在公司的重要攻坚战和核心项目中都将发挥非常重要的作用——这样的作用往往是一个只能做M序列或者只能做P序列的人所缺乏的。

只能做M序列的人不能做P序列的人的话在很多关键决策上会因为决策问题而妨碍一些关键性问题的确认；而只会做P序列的人不会做M序列的人只能看得到项目的发展方向，但带不了团队，团队做不了事情，而且这个人一旦有任何的管理失误，整个团队就会分崩离析。所以说，特别期望有"文武双全"的人成长起来，这也是阿里巴巴经常做P序列和M序列调岗的原因之一。

第 5 节　组织发展与员工职级发展

阿里巴巴的每个员工要么属于P序列中的某个级别，要么属于M序列中的某个级别。每个人都期望自己在公司可以升职加薪，每半年或者在更长的周期，阿里巴巴会定期安排一些通道让大家有机会升职加薪。

以我自己为例，我在阿里巴巴的时候，最早在P序列，后来进入M序列，靠的是什么？我认为是每个阶段我都有好的业绩，让业绩来表现自己的成长。我们要理解，P序列的14个级别及M序列的10个级别，给了所有员工一条成长的路径，这条路径靠的不是某个人的意愿，而是有明确的标准及严格的晋升机制。这套机制就摆在这儿，让所有人去了解、去思考，并以此为基础去完成自己的工作。

讲到PM序列的升职加薪，我们就不得不提如何去做绩效考核。

阿里巴巴的考核分成了两个象限。一个象限是KPI，KPI是明确的、数据化的。我们在定完KPI之后，都会有半年或者一年的时间来完成它，在考核周期结束的时候以实际的工作成果跟KPI一一对应来看，达成的就是合格的，超过了或者完不成都有相应的分数。

另一个象限是价值观，价值观占到考核的一半。价值观以"六脉神剑"为基础，每条六脉神剑都有1—5的打分标准，用的是案例法。

两者加起来就成了当期考核的分数，所有人的升职加薪都是以绩效打分为基础的。绩效打分出来之后就会分出"271"——20%是优秀的，70%是可以接受的，还有10%是不合格的。

综合考评一定看KPI和价值观两个象限，但是一个人就算达到了考核的要求，也不一定有升职的机会。

升职的核心是你的目标、你的能力和你完成的工作达到了上一个级别的要求。不是说满足了当前这个级别的要求，而是你要证明你已经达到了上一个级别的要求。比如你是P7序列的，只有你现有的能力和工作业绩不仅超过了P7的要求，而且已经达到了P8的要求，你才有资格或者是才有机会升为P8，这点很重要。

员工如何在P序列和M序列上升职？对此，这里重点谈三个问题。

第一个问题是P序列专家的考核标准。

第二个问题是M序列管理者的考核标准。

第三个问题是不是所有人都希望升职，要搞清楚升职有什么好处和风险、不升职又有什么样的好处和风险。

先来看前两个问题。

P序列的升职与考核。P序列的人是专家，绝大部分阿里巴巴的员工都是P序列的，因为做管理的人在公司里面肯定占少数，否则就有问题了。目前阿里巴巴的管理者从主管开始算应该占不到1/10的人。

考核P序列的人同样是通过对其KPI和价值观两个象限的考核。KPI是这个人本职工作的目标，这是他提前在绩效里面写清楚的，也就是说在每个季度或者每半年开始的时候，他需要详细地将自己的工作目标制定为当期的KPI。3.5分就是可满足期望的，自己觉得能达到、公司也认可的目标；3.75分是更高的挑战性目标，如果能做到这个目标就有机会获得更高的分数，如果这个人得到这样的机会，那么他能够升职的概率会大大增加。

但不是每个人都有机会升职，只有符合以下的两种情况才有升职的机会：要么这个人得到了主管的推荐；要么这个人因为他的年度考核属于20%最优秀的而获得自己给自己提名升职的资格（除此以外是没有资格向公司的晋升委员会提交升职申请的）。

晋升委员会一般由五个人组成。当员工完成相应的工作汇报和答辩之后，晋升委员会通过投票决定他是否可以升职。升职后对应的很多东西会调整，因为不同的级别有不同的工资标准，但是奖金是以工作考核为主的。271制度中的10%是没有奖金的，70%是奖励两个月工资的，剩下的20%奖励二到十个月工资。同样，对应的股份期权也会相应地增加，每个级别的新晋人员都有不同数量的期权奖励，但是如果一个人在P序列得以升职的话，那么他的工作目标、工作任务及工作要求也会相应地更难、更多，所谓"能者多劳"就是这个意思。

而M序列的升职与否在于管理者自己在整个体系里面是否能够成长起来，一定有自己已经做过的项目来证明这点。以我自己的考核为例，我直接从P7转成M1，那么M1的要求是什么？是能带领团队完成工作，完成已有的项目。我在M1的时候做的是天猫智囊团业务，带领所有的商家去完善淘宝的规则、提炼各种工具的问题并推动予以解决。这是以执行为核心的，即以带领团队执行一个确定的目标为核心。我在完成这个任务的时候，考核结果不错，然后就升成了M2。

M2又不一样了，需要这个人能够建立标准、制度和体系。当时我已经开始去从事战略部的工作。每年"双11"的规划及其他重要项目的推进规划，是先以项目组的方式启动项目的规划工作，然后将启动的方案提交给公司，最终讨论做还是不做的。M2除了要有执行的能力，还要有提方案的能力，要自己给出明确的任务目标和执行标准。当我把这些做好之后，考核就会显示我拥有了M3的能力。

后来当我去O2O事业部的时候，又有新的能力要求，因为O2O事业部是一个全新的事业部。我带着三个人去成立这个事业部，要组建一个七十人的大团队。我需要自己去招聘、自己去制定事业部的运营策略等各个方面事情，而且要跟整个集团的人去做协同管理。当我完成这些事情之后就顺理成章地成了M3。

到了M4要干什么呢？在到了M4的时候，所做的工作与公司的战略相关，而且能为公司的战略提供前瞻性的思考、策略和方法，可以跨集团去做一些相应的资源协同。在做完这些之后就可以升为M4。同理，M5、M6每个级别的想法和考虑也都不一样。

M序列的考核除了考核管理者的专业能力，考核更多的是管理者带团队的能力——团队的成长、组织的成长才是管理者考核的核心。M序列的人升职之后的工资不一定高，但是股权相对多，因为阿里巴巴特别期盼一个优秀的管理者能够在公司长期工作。管理者在公司里面永远是稀缺的，而且对于很多公司而言，优秀的中层管理者是更加稀缺更加重要的，因为他们起到了承上启下的作用。

再讲第三个问题。

在阿里巴巴，很多人做了十多年还是P6或P7，有些是他们自己在能力发展中可能有瓶颈，但有些是他们觉得够了，P7也挺好的。他们在公司里面从P1到P7一路成长起来，十多年的奋斗也蛮厉害的。其实在公司里面并不是每个员工都很拼命，每年都希望有升职的机会的。

阿里巴巴有不少的人愿意在一个岗位中兢兢业业地把工作做好，可能是他们自己的能力成长达不到，或是他们的时间、家庭、学识有困扰等种种原因，但是他们在自己的岗位上把工作做得越来越好，越来越精致，一直往前走。在P序列的级别可能提升不了，但是每年的绩效考核都很好，公司也鼓励这样的员工，也认可这样的员工。在271里面，价值观好、业绩好的是明星，但是还有70%的人是价值观符合要求、业绩也合格的，这种在公司里面默默做事情的人也蛮重要的。公司既鼓励每个人成为明星，也认真对待那些在工作中兢兢业业，却没有太大野心的人，因为只有这样才能共同成长，共同发展，共同迎接未来。

第 6 节　如何培养组织的接班人

商鞅变法的管理运用

商鞅变法在中国历史上占据重要的位置，郡县制，乃至省市的划分，都跟商鞅变法有关。商鞅来到秦国得到了秦孝公的赏识，虽然二人均有心在秦国推行变法，并且已经制定了国策，但是他们并没有马上就变法，而是提前做了很多准备工作，这些准备工作无一不是后来商鞅变法成功的关键。

第一，秦孝公没有马上让商鞅颁布法律治理秦国，而是授予了商鞅一个较小的官职，但是给了他一批非常关键的人。这批人年富力强，彼此信任，又是秦孝公身边的人，先用这些人建一个班底，这对于未来变法非常重要。若手上没有一个班底对变法非常支持，即使得到国君的赏识和信任，即使个人有能力推进这个机制，很多事情也是无法完成的。这是他们完成的第一个基础工作。

第二，给所有旧贵族升官加爵。秦孝公很清楚这些人一定是未来变法的阻力，因为他们是既得利益者，而既得利益者往往在变法的时候会被穷追猛打，所以秦孝公在变法之前让这些人先得到一些利益。这些利益包括给他们每个人官升一级，但只是让他们的虚名增长，比如以前管兵马的现在变成司徒，每个人都升官了，但是没有事情可干，同时分封给他们更多的土地——秦孝公为了给这些人封赏把自己的封地都拿出来了。

第三，徙木立信。商鞅一开始并没有去推行法律，而是去打动人心，让所有人先信任官府，于是策划了徙木立信。商鞅在城门上立了一根木头，谁能够把这根木头从城南搬到城北就给他十镒黄金。结果没有人搬。最后赏金提升到五十镒黄金。重赏之下必有勇夫，终于有人愿意去搬了，商鞅也真的把黄金亲自给了这个人。于是大家开始相信官府说话是算数的，商鞅说话是算数的。

在把这几件事做完之后，他们才开始逐步实施变法。

商鞅在变法之前做了大量的工作，逍遥子用的又何尝不是这样的方法，何尝不是这样的一种思路？下面介绍一下阿里巴巴的班委制管理。

第一个问题，为什么班委制会诞生？

逍遥子在2015年年底成为阿里巴巴集团的CEO，当时的阿里巴巴整个集团有3万多人，而且部门众多，这些部门由于业务不同，都有各自的管理方法，最难的是资源调配，现有部门都有各自的管理者，如果把各位管理者全部调走，对公司来说肯定是有害的。那么，如何既保持现有的管理模式不变，又不动大家的利益？换句话说，如何在不动大家的地盘的基础上，还能加强管理呢？可以在保留原来的"一横"的情况下引进"一纵"这个新维度。这个新维度就是后来的班委制。

第二个问题，班委的成员组成是怎样的？

这批班委成员共八个，都是"80后"，他们不是部门领导，也不是项目的协同人和负责人，他们横向去跟各个项目组做沟通、和各个部门做沟通，监管着公司里面近两百多个项目的进展——公司所有的员工都在这两百多个项目里面。逍遥子离基层的员工只有三层关系的距离，第一层是八个班委成员，第二层是项目经理，第三层是所有的员工。如此扁平化的机制能够把公司管控好，需要有非常明确的战略规划，让每个项目组都知道他们在整盘棋中处于什么位置，像下围棋一样。

同时这八个班委成员要很清楚，每个部门都需要资源，都需要人才，在整个公司如何调配相应的资源和人才，才能让每个业务进展得更加迅速，更加协同，更加稳健，这是一件非常难解决的事情。自班委制诞生以后，业务发展非常迅速，逍遥子也用这种方法培养了大量年轻的管理者。

第三个问题，班委成员怎么管理？

班委制现在用的是轮值制，也就是每过一个月，八个班委成员中的一个人成为轮值主席，在这个月负责所有班委事情的协调。在公司里面有非常多的项目，当需要大家共同讨论的时候，这八个人要先讨论，拿出自己的策略和意见，之后，逍遥子依据他们的意见决定是否执行，或者给出意见让班委做调整。这种决策方式让这八个人在公司里面做了非常多的协同工作，而总裁更多是思考战略方向、组织、文化等体系的发展。

每个轮值主席在当月要推行一个他认为很重要的项目在公司落地，这样既可以考量这个人的能力和眼光，又可以打通这个人的个人成长和项目发展之间的匹配问题。当然，班委成员之间也存在竞争关系，每个班委成员今天接任轮值工作，明天接手上任轮值主席未完成的工作，有的人做得好，有人做得不好，做得好坏与否都可以从班委的日常工作中体现出来，为他们的升职或者降职提供了一个重要的参考指标。

第四个问题，班委制对公司发展的价值是什么？

到目前为止，阿里巴巴一直在用班委制，班委制的价值也非常大，主要表现在两个方面。第一个方面，用班委制的方式发现优秀人才，让优秀人才敢于担当。阿里巴巴愿意把很多重要的任务交给年轻人，去培养年轻人——也许他们开始没有这样的能力，那么去帮他思考、帮他做计划，一切以他们的成长为基础，同时促进业务的发展。这是优秀管理者应该做到的事情，所以阿里巴巴才有层出不穷的一代一代优秀管理者。这是阿里巴巴的传统，管理者都在拼命地培养自己的下属和新的管理者。

第二个方面，给公司的永续发展带来关键的业务能力。前面讲到过管理者要进入组织部有一个关键的要求，即必须有自己的接班人，必须有两个以上的接班人在他离开这个岗位时马上就能接他的班，不会做得不好，甚至会做得更好。如果公司考核他的两个接班人并没有业务和管理能力，那么这个人既进不了组织部，在职级上也无法得以成长。正是因为有这样的组织结构和人才梯度，才能在把任何一个人从任何一个环节里面调出来时，公司的业务完全没有问题。

阿里巴巴的班委制是阿里巴巴组织管理中一条纵向落地的方法，也是阿里巴巴培养人的方法，还是组织持续稳健发展的重要思路。

第 7 节　集团公司的管控模型

阿里巴巴的成长历史。

我们可以简单地把阿里巴巴的成长历史分成几个阶段。第一个阶段是从1999年到2003年，这个阶段是阿里巴巴的初创期，当时阿里巴巴重点的管理模型是以销售为核心的B2B业务。

这个阶段阿里巴巴只有一个B2B业务，也就是中国批发商和中国供应链，而这个业务的核心不是你的网站建设有多么好，而是你的服务、你的商品数量，以及国外客户的兑现有多好。在这段时间，阿里巴巴的管理是以销售为核心的。

这个时候的阿里巴巴是一个被很多互联网公司看不起的公司，因为很多人说"阿里巴巴是一家互联网公司，网站却做得那么烂，简直就是一家传销公司""每天跟很多企业打电话，每天都有员工不停去拜访客户，他们是一家以销售起步的公司"。阿里巴巴真的是一家这样的公司。

当年阿里巴巴的技术真的不怎么样，但是马云看到了商业的本质：商业的本质不是互联网，互联网是为了解决商业发展的问题的。那个时候，马云作为CEO亲自负责公司的战略和外部资源的协调，而公司内部是由关明生负责的。在那段时间，关明生让阿里巴巴从初创时的"管理基本靠吼"转变成了"以通用电气的科学管理为核心的管理机制"。

2003年到2008年是阿里巴巴的第二个阶段。这个阶段的管理就开始有点不一样了。2003年，阿里巴巴从B2B分出一个团队秘密地开发了淘宝，开始在C2C市场快速、迅猛地发展，成为中国电商行业中的新秀。2004年，为了解决淘宝的支付和信用问题，又有了支付宝业务，支付宝快速发展成为业务推进的一个新的关键点。这个时候，B2B做批发，淘宝做零售，支付宝做支付，这三驾马车成了这个阶段阿里巴巴的管理重点。

这个时候，B2B邀请了优秀的职业经理人卫哲。2007年，B2B业务在中国香港上市，成为整个中国互联网的神话，阿里巴巴真的赚到了自己的第一桶金。在那个时候，马云之所以开始闻名天下，是因为马云参与了一个节目《赢在中国》。很多人通过《赢在中国》了解了马云，很多人创业也是因为马云在《赢在中国》中那让人奋发向上的演讲。

再往后就到了2008年到2013年的第三个阶段。此时的阿里巴巴进入一个非常精彩的过程，也是阿里巴巴的一个关键阶段。2008年，阿里巴巴开始把业务做拆分，称为"七剑下天山"，集团从一个公司变成了七家公司。此后，总部和分部的关系就越来越突出，政委体系的价值越来越大，公司对人才的需求急剧上升。这段时间，十八罗汉在集团各公司起到了关键性的作用。在那几年，阿里巴巴不仅面临着B2B业务已经上市，还面临着新的C2C市场，也就是电商的零售市场的迅猛快速发展。正是在那个时候，阿里巴巴出现了一大批优秀的管理者，而成长最快的就是管理着2008年成立的淘宝商城，后来成为天猫的管理者的逍遥子。天猫、淘宝、聚划算、一淘、阿里妈妈、口碑等业务快速地发展，整个集团以支持分公司成为战斗核心作为发展策略。

2013年到2020年属于阿里巴巴的第四个阶段。这个时期逐渐以逍遥子作为管理的核心，我们把它称之为科学管理。逍遥子是一个集战略性、系统性和细节性于一体的管理者。当2013年他成为集团的COO之后，他开始在集团层面推行有规划的成长体系，而且对于人才的培养也开始非常重视，所有的人才，无论是老一辈的十八罗汉，还是从世界500强转过来，或者从BAT转过来的技术人员、运营人员，都纷纷成为各事业部的核心管理者。公司在商业领域进一步深挖和夯实，与各大行业进行了深度结合，包括我当时所领导的O2O，即今天的新零售，还有娱乐板块和网红业务，等等。这段时间，公司都在以一种务实的态度有规划地成长。

在阿里巴巴的每个阶段都有关键人物、关键事情和关键业务线。除了业务线，其实在2012年之后，阿里巴巴系还有另外一条"线"在成长。这条线不属于阿里巴巴的核心业务，是由蔡崇信所领导的投资部门所投资的国内的一些基础产业，比如高德地图、微博、优酷和阿里巴巴影业。通过投资将中国未来将会与互联网结合的各行业与公司内部的部门连通起来。

目前，阿里巴巴把公司分成了五个核心的模块。

第一个模块是零售体系，也就是最早的电子商务。这个体系以大淘宝为核心，加上天猫、聚划算，以及B2B。零售体系是阿里巴巴所有业务的核心。

第二个模块是支付宝的金融体系。互联网金融从支付宝业务起来，尤其在2012年有了余额宝之后，成了公司业务中非常关键的一个环节。它虽然经历了P2P的混乱时代，但是依然走进了千家万户。支付宝体系将成为阿里巴巴未来成长的核心。

第三个模块是阿里云。阿里云在2008年时是阿里巴巴的技术核心，后来成为阿里巴巴未来发展的关键，是其发展中最具诱惑力、最具想象力的一个体系。阿里巴巴的数据非常庞大，可以贡献给更多的平台企业来支撑中国各行业的发展，乃至成为中国互联网行业的基础建设。

第四个模块是阿里巴巴的生态系部门和阿里巴巴的投资部门。阿里巴巴的生态系部门及阿里巴巴的投资部门在两个方面进行了巨大的投资。第一个是娱乐产业，跟光线合作、跟银泰合作，这些都是阿里巴巴在娱乐行业的部队。第二个是健康产业，并在这个产业中布局了很多的业务和事情。阿里巴巴娱乐和阿里巴巴健康被看作公司未来增长的两个核心环节。

第五个模块是阿里巴巴正在筹划的全球贸易经济。从阿里巴巴早期的出口业务，到阿里巴巴的进口项目，再到阿里巴巴正在做的全世界电商平台的布局，跟着"一带一路"倡议也好，跟着G20也好，跟着世贸组织也好，阿里巴巴开始成为全球经济体中的关键一部分。

在2008年之后，公司发生了巨大的变化：各业务板块的发展战略不再是先由总部完全制定，再由分部去实施，而是逐渐变成各事业部有自己的战略，且不再进行全集团的资源协调。比如在2008年之后的淘宝商城，更多的是靠淘宝商城自己的管理和运营支持下来的，当然它用到了早期淘宝的流量和资源。除此之外，各个子业务的发展，比如钉钉、闲鱼等，都是各自运营的。

阿里巴巴鼓励团队做内部的创新，也鼓励团队能够自主设立项目，总部提供流量、资金的支持等。这样安排需要一个前提，就是完整的人才机制。在这种情况下，当原来的团队成员离开这个业务去创新的时候，既能保证现有业务的可持续增长，也能保证新业务能有所进展、创新的团队和原来的项目彼此之间协同地发展。这一切都依赖于公司的人才机制。

阿里巴巴在做子公司的管控时也特别注意轮岗机制。公司组织部的人经常会轮岗。公司在不同的时间点的业务重心会有所变化，每当变化的时候，那些关键的人才就会因为这个变化到对应的岗位发挥关键性的作用。轮岗解决了公司存在的"圈子主义"，一个人在一个地方太久了就会思维固化，而且所形成的管理惯性会影响项目和个人的发展。另外，随着轮岗，不同的人会带来不同的思维、不同的方法、不同的资源，从而促进业务的发展。

集团公司在阿里巴巴有着三项重要的任务。

第一项是战略输出。集团公司的方向、战略、人力资源招聘和考核机制，还有每个战略的业务划分，都是以集团公司为核心的。就好像一棵树，集团公司就是根，所有的养料、所有的定位都基于根，这样集团公司就成为战略输出的第一要素。

第二项是要进行人才的匹配。总部拥有组织部的人才和全国人才调动的权力。由谁去带领这个业务，带领业务的时候如何去制定策略，如何保证相应的流量和资金的调拨到位，如何保证资源型信息的调拨到位，这些都由总部来控制。所以说，总部是所有资源的总闸门。

第三项是成为分公司的协同者。每个分公司在阿里巴巴都不是一个可以独立完成所有价值的个体，它需要与其他部门相互配合、相互支撑，于是，集团公司成为全部业务的协同者和资源的协调者，也成为在重要的战略步骤中集合主力军时协同调配资源的总指挥。

第 11 章

/

激励要素与反馈机制

第 1 节　组织成长金字塔

阿里巴巴是以组织力量来推动公司的发展的。一个公司最重要的是组织与战略的匹配能力，就算战略定得再好，如果组织不匹配，那么战略也完全没有价值。

如何促进和衡量组织成长？可以从以下四个方面来解读组织发展的核心。

第一，组织的权衡方法。P1到P14、M1到M10是一种整体的管理方法，它们背后的关系和结构是怎样的？

第二，组织良性运作的标准是什么？换句话说，什么样的逻辑能证明整个组织正在以良性的方式运作，或者组织出问题的表现是什么？

第三，组织发展中的优胜劣汰问题。任何组织发展都必须有一个机制，就是组织的迭代问题，也是优胜劣汰的机制。

第四，组织发展经常遇到的三个核心问题。

第一，组织的权衡方法，也就是如何进行组织打分。

有三个维度来评估组织的价值。首先是组织有多少人，人数本身就是一种价值，但不是最核心的价值。只有一个人的组织和有千军万马的组织，两者的力量肯定是不一样的。

当年，刘邦对韩信说："我也会带兵打仗，最多能带10万人，你能带多少兵？"韩信说："多多益善。"这就是管理者组织的能力有差别。

其次，还需要对组织的结构和运行进行梳理。当一个指令从最上面下达到最下面去执行，到底需要花多长时间，这种组织指令的委派机制。韩信之所以有这样的能力，就是因为他懂得如何排兵布阵和利用不同地势的变化。在实际项目的执行过程中，有些时候人多了反而会坏事，所以组织的灵活性成为另一个维度。

除此以外，还有一个维度就是组织可持续发展的前景。它不依赖于每个人，而是靠组织本身来解决问题的，这样的机制就是阿里巴巴非常强大的一个方面。阿里巴巴任何一个管理者的离开几乎不会对公司有什么太大的影响。

通过PM序列的数据计算也是衡量组织能力的一个方法。比如公司现在有多少人，这些人分别是什么级别的，P7有多少人，P8有多少人，P9有多少人，每年公司中有多少人升职和降职。我们计算一下，P1的人一共1万人，假设乘以1，然后P5的人数乘以5，将这些数相加，M序列往往会换算成P序列，但是M序列的能力还会有另外一个系数加上去。最后加上去就可以得出一个组织的整体评分，可以知道组织今天是成长了还是后退了，组织的人才结构是变得越来越优秀了还是变得越来越差了，是否存在不正常的高管流失、关键中层的离职，等等。通过这个方法我们可以得出公司的组织健康度。

在这个体系下需要特别重视一件事情，并不是公司人越多越好，创业公司尤其如此。逍遥子讲过一句话："如果一件事情7个人做不了，那么70个人更做不了。"有些时候，失败不是因为人太少，而是因为人太多了，那些多余的人会在里面坏事——他们自己想要发挥作用，却造成了太多的阻碍。一件事情，若7个人做不了就不要让70个人去做，若7个人做得了，那么可以进行相应的分工，分工细一些，这样70个人才能发挥出百倍的效率。

第二，组织良性运作的标准是什么？

当一个组织正在以非常快的速度良性增长的时候，会出现哪些重要的特征呢？在一般的情况下，它拥有两个核心的指标或者两个特点。

首先是大量员工在公司里面都有晋升的机会，而且每年的晋升员工按照严格的标准来看，他们的能力、价值观和工作的业绩都得到了大家的认可，所以组织的良性运作并不是员工不流失，而是优秀的员工在不停地成长。员工的成长会带来组织的成长，每年的晋升才是组织中最关键的工作。

其次是公司的士气和文化。当你今天走进公司的时候，你的感觉应该是这样的：这个公司做事情的态度越来越积极，大家彼此之间信任的那种感知越来越强，组织文化得分上越来越靠前，这些都是一个优秀组织良性运作的关键。

第三，组织发展中的优胜劣汰问题。

管理者必须懂得"我们要什么人，不要什么人"，即使当团队成员已经全变成了"我们想要的人"，依然要坚持淘汰机制，因为优胜劣汰是一个团队必备的措施。对所有公司而言，虽然淘汰人的时候都觉得很可惜，但团队的组织力量会更加强大，如果淘汰的都是不想要的人，那么组织就没有做到良性运营，而是依然处在早期的发展阶段。

要让什么人成长起来，要将什么人淘汰掉？我们需要让那些既能够创造良好的业绩，同时价值观又符合公司要求的人成长起来。其实还有一点就是在工作过程中要通过沉淀标准、输出系统以提高工作的效率，也就是马云所讲的"既要结果好，也要过程好，还要团队得到发展"，这是对优胜者的指标。如果用一句话来解释优胜者，就是他的存在让团队所有人都更好了，不是因为这个人很好，而是因为这个人的存在让所有人变得更好，这点是优秀者的最典型特点。

一定要淘汰掉"小白兔"，还要痛打"落水狗"。如果一个人的价值观不符合公司的要求，就尽快淘汰掉，因为他有可能给公司带来巨大的影响。而对于要被淘汰的人，要记得不是简单地把他们开除掉，而是心要仁慈。

在淘汰人的时候，尤其是团队已经到了以良性机制运作的时候，其实那些要被淘汰的人的能力是足够的，只是有人比他们更优秀。我们在淘汰人的时候，要帮他们找出路，帮他们去更合适的地方，而在未来，我们和他们还有可能有合作，甚至他们再回阿里巴巴上班都没有问题。阿里巴巴每年坚持271就是为了这个目的，无论公司有多优秀，无论团队有多优秀，一定要淘汰10%的人，要提升20%的人，这样整个组织就会不停地前进。

第四，组织发展经常遇到的三个核心问题。

第一个问题是价值观的问题。

最怕组织的整个氛围和环境出问题。价值观一出问题，整个环境就会出问题，而环境一出问题，就好像一个地方腐烂了，会慢慢传染周边很多很多的人，所以管理者要把价值观看得尤其重要。

第二个问题是组织发展过程中士气的变化问题。

这个问题有可能是工作压力太大，忙出来的，但是更多的是闲出来的。员工无所事事，他们不知道方向是哪里，也不知道公司让他们做什么，更加不会主动去做。这种"闲"是公司最大的麻烦。组织里的人感觉无力推动团队，即组织的内部没有力量，大家内心没有愿景，打仗没有士气，则必败无疑。"哀兵必胜、骄兵必败"就是这个意思。目前的阿里巴巴也有这个问题。阿里巴巴虽然做得越来越好，但是若阿里巴巴人自己骄傲的话，未来就会很麻烦。

第三个问题是组织发展中关键节点的问题。

在每个关键的节点、关键的岗位，同样的业务由不同的人去做，有的会成功，有的会失败，随着组织的发展，人才的瓶颈会越来越大。所以，企业持续发展最关键的要点就是管理者培养人的能力。招人的能力、用人的能力一定要跟得上，如果跟不上，组织就会因为不停扩大，最终变成一个"大胖子"，而不是一个"肌肉健硕"的组织，这一点也是值得所有人特别关注与思考的。

第 2 节　流水不腐：组织调整机制

六脉神剑是阿里巴巴的价值观体系，它包括了公司对整体目标的要求（比如客户第一），也有对团队的要求（比如团队合作和拥抱变化），还有对个人的要求（比如诚信、敬业和激情）。这六大价值观是阿里巴巴对所有员工的要求。下面具体讲一讲其中的一条"拥抱变化"。

拥抱变化是阿里巴巴价值观中非常有特色的一条。为什么呢？因为阿里巴巴的变化太快了。阿里巴巴的业务变化很快，任何一个业务只会给三个月的时间，如果三个月做不出来，就一定会做调整。

这种调整只有两个可能性。

一个是公司决定继续做这个业务，但是会把这个团队砍掉，换一个团队重新做相同的业务。这就是我们讲的业务很好，团队砍掉。

另一个是这个团队很努力，也做得不错，但是业务没有做起来，于是给这个团队一个新的业务、新的方向，并提出新的要求。

总之，只要在三个月内没有做好一个业务，就会有巨大的变化。这样的快节奏让每个员工都非常紧张，对所有人来说都是巨大的挑战。

当年，阿里软件是公司发展战略中一个非常重要的部分，但是这个业务一直做不起来。后来，当公司决定把这个阿里软件项目停掉的时候，整个团队有近六百人需要安置，他们必须在一个月之内转岗。如果在公司内部找不到合适的岗位，那么这些人只能离开阿里巴巴。

马云那个时候给大家讲得最多的是两件事。

一件是关于崇祯皇帝的。崇祯皇帝十多年换了十几任首辅，本来还有转机的江山被崇祯皇帝搞死了。可是当年嘉靖帝二十年不上朝，明朝依然发展得很好，可见有些时候变化太快也不是好事。马云给我们总结的结论就是："我们要拥抱变化，但是我们不能乱变化！"

马云给我们讲了另外一件事情。他说大家都喜欢做大项目，都喜欢做新项目，但是其实公司不能随便做大项目，也不能随便创新。因为大的新项目就意味着每个人都要搞一套新的东西，每个人都否定、推翻一些旧的东西。重新搞一套，就像种草一样，永远种不出参天大树。所以，阿里巴巴尽量不要做大的新项目，去做微创新就好。"双11"之所以能发展起来，是因为过去了十年没人再做大的创新，而是对老的项目做微创新。修修补补才会做得越来越好，越来越有影响力。

不只是阿里巴巴的项目会一直变化，阿里巴巴的管理者也会经常轮岗。在一个业务部门团队不变、业务不变的情况下，部门领导频繁调换是很正常的。但大部分公司都受不了这种频繁的调动，那么，怎么样做才能不停地调动人，但业务完全不受影响呢？为什么阿里巴巴会采用这种轮岗机制呢？我们从以下三个方面具体地聊一聊阿里巴巴的人事调动。

第一个方面讲人事调动的必要性和重要性，即为什么一定要调动，它的价值在哪里。

第二个方面讲人事调动的三段式原则，就是怎么调动，是所有人都变一变还是只变几个人，变的规则是什么。

第三件方面讲人事调动对团队的影响，以及怎么去处理这些影响。

阿里巴巴经常会做人事调动，调动的价值有很多。

第一个价值是培养团队人才，让优秀的管理者适应不同的团队、不同的项目，以培养出有领军能力的人才。

阿里巴巴经常做这种大型的调动，比如2007年阿里巴巴B2B上市之后，2008年高管全部退居二线，换了一批新的管理者；2014年阿里巴巴集团上市，2015年再次让所有集团高管退居二线，换了一批"70后"的管理者。人事调动的核心是这些新一代管理者接班让公司永续地发展。如果没有管理岗位的空出，新人就永远没有成长的空间，要培养新人，就要给他们腾出位置。

第二个价值是让他们给新的团队带去新的思路和新的方法。在阿里巴巴成长过程中，陆兆禧经常轮岗，最早在广州做销售主管（当时是在B2B），后来又去做支付宝，接着到淘宝做运营，之后又跳到了阿里云，最后接了马云的班。任何一个管理者从老的部门调到新的部门，都会带着之前部门的业务思考，带着过往团队的资源为现有的团队所用。

第三个价值，做好轮岗机制既能保证业务的发展，也能防范小圈子的滋生，防范在公司内部形成利益共同体。一旦在一个地方做的时间太长，到最后这些领导就会成为当地的"割据政权"，很难被集团控制。所以要经常性地让管理层进行轮岗，以防形成固有的思维、固有的利益集团和固有的小圈子，一旦形成，新人很难进入这个团队，而且公司的战略发展也会被大家的情感影响。

再来看人事调动的三段式原则。在进行企业管理的过程中，管理者分为三个等级。当高层调动的时候，中层和基层就不要动；当中层调动的时候，高层和基层就不要动；当基层调动比较多的时候，中层和高层就不要动。永远保持三层中只有一层在调动，其他的两层在一段时间内保持不动。

在实际情况中，我们往往先调动中层团队，因为中层团队的调动对整个项目具有生死攸关的价值。基层是直接执行的，中层是整体协调和运营的，我们为了调动高层，有些时候先把中层动起来，但一定要将中层的先动对业务的发展影响放到最小。

阿里巴巴由于有这样的决策机制，所以人事调动很少出问题，华为就出现过人事调动的问题。华为有一个人叫李一男，曾经是华为的2号人物，27岁就成了华为的副总裁，据说任正非把他当接班人来看，着力培养他。华为在2005年推行内部创新的时候，李一男主动到内部创业公司的港湾去带队伍。港湾最早是在华南区销售华为的产品，但是后来港湾开始把华为的技术人才招到自己的旗下，开始研发自己的产品，港湾对外宣称他们的产品比华为领先半年，且产品的价格只是华为的80%。后来任正非出面才把这些危机解决了。

无论是高层管理者的调动还是中层管理者的调动、基层管理者的调动，任何调动都会马上对现有的团队产生影响。在一般情况下，调动高层管理者，战略会变，风气会变；调动中层管理者，资源会变，每个人的福利也会有很多的变化，甚至未来哪些能做、哪些不能做也都有变化；调动基层管理者，项目的落地速度会受影响。这些影响该怎么处理？

在高层管理者调动的时候要注意战略的问题。新的高层管理者往往会重新任用或者启用一批他自己觉得不错的人，即使这些人是以前团队的人，但是在新高层管理者的领导下也不一定会完全按照以前的方式去做，所以这会带来人事变化，甚至战略方向的重大变化。处理这个问题的做法是做好高层管理者的交接工作，要上通下达，对于项目未来的发展和前期的东西一定要很清楚。优秀的高层管理者交替在战略上是有传承关系的，既坚持一些核心的老项目，又能够有新的项目发展起来。在阿里巴巴，有些高层管理者在接班时就交接得非常好，大家彼此都是很好的朋友，互相信任，不会把别人工作中有价值的东西彻底抹杀掉。

在阿里巴巴，最难受的是中层管理者，他们既要负责战略的实施，又要管理团队，而且要跟各种各样其他协作团队的人打交道。他们的协同能力要非常强才行，他们是直接对项目的规划和节奏起关键性作用的人。在这样的体系下，无论是中层管理者的离开还是到来，对这个团队而言，都会使整个节奏发生变化，甚至上下班的时间都会发生变化，所以说中层管理者调动的影响是最大的。

在一般情况下，在中层管理者的培养或者转岗的过程中，特别要去叮嘱的问题或者特别要做的动作就是他们接手的项目在分工上的规划。新的中层管理者到来之后要很清楚项目是如何做模块化分工的。因为中层管理者如果不弄清楚这件事情，而是马上按照自己的思路和方法指挥大家做事，对公司、对团队伙伴和对项目都是一种伤害。

下面来讲一讲基层管理者调动的影响，主要是执行效率会变。不同的人对战略的理解不一样，因为熟悉的工具不一样、处理事情的流程不一样。当基层管理者改变之后，往往效率会下降，资源会增多，而且在原有的体系下，大家最终需要协同的东西也会越来越多。所以基层管理者在做交接工作的时候，重心会放在资料的汇总、档案的汇入，以及重要人员安排工作的可持续性发展上。我们特别期望在上一个管理者离开的时候，他所有工作的绩效、思想和能力已经沉淀给了团队，这样，新的管理者只要继续增强团队的能力和资源，就能进入一种良性的发展维度，并最终推动业务的不停地增长。

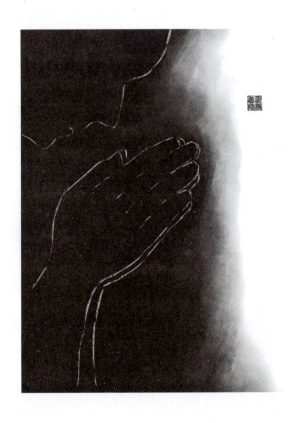

第3节　廉政公署，保驾护航

阿里巴巴廉正部曾经的管理者是邵晓峰，他的花名是郭靖。在加入阿里巴巴之前，邵晓峰曾经是专门做侦探的刑警，跟马云是多年的好朋友。他有非常多的方法，做事廉正，非常有威慑力。大概在2010年，廉正部迎来了一位新的管理者——蒋芳。

当年蒋芳去做廉正工作的时候，她就跟马云说："你不要让我去做廉正的工作，我不懂，邵晓峰做得多好，我不懂这个业务，你干吗要我去做？"马云说："没事，你做就好了，用心做。"于是，蒋芳就接手了公司的廉正部门。

蒋芳是一个做事非常用心的人。她不懂，她就去看，不是去看谁贪污，因为这样有罪推定的质疑会影响公司的发展。去看什么呢？她看的是到底哪里有问题，尤其是在客户方面体现出来的问题。蒋芳后来查到了一个问题，在阿里巴巴平台上老有一群客户会被人骗钱。

在阿里巴巴平台上，有些人以很低的价格卖货架，然而当国外的客户把定金打过来后，这些卖家却不发货。这些钱对阿里巴巴而言虽然是件很小的数目，但是蒋芳认为这是一个严重的问题，因为这个问题总是重复出现，而且都出现在同一个城市。

也就是说，公司的营销部门没有把控好。后来这件事情闹得很大，阿里巴巴先将这十多个骗子及公司里参与的工作人员送进了牢房，开除了广州区的营销负责人，同时追溯到了集团层面，将集团的人力资源部负责人邓康明从副总裁降职为资深总监，而卫哲则引咎辞职。

一个看起来很小的业务为什么存在那么严重的问题？因为这违反了阿里巴巴的价值观，员工竟然在跟骗子里应外合骗客户的钱，这是不可容忍的。

聚划算出现廉政问题

聚划算是阿里巴巴创新的典型项目。这个项目能够出现本是一个意外，本来这个团队要去做社交电商，结果社交电商没有做起来，但这个团队的一个产品经理做的一个团购小项目——聚划算反而快速发展起来了。聚划算的迅速发展一举成为阿里巴巴成长最快的一个项目，这个团队也因此拿到了非常多的公司奖励。由于他们每个人手上都拥有巨大的资源和流量，因此若让一个客户参加活动，那么这个客户马上就可能成交 100 万元、200 万元甚至 300 万元。为了拿到这些资源，很多商家开始向小二行贿。

小二为什么愿意接受呢？当时聚划算小二一年的工资也就 6 万元，他如果拿到 30 万元的钱，就是他 5 年的工资。他们以为公司查不出来，或者之前在别的公司也是这么干的，到了阿里巴巴也以为阿里巴巴允许这样的事情发生。但是他们错了，阿里巴巴是一家对廉正要求非常严格的公司。后来公司把所有拿过客户回扣的人、贪污的人都送进了牢房。

当年一直没有查出来聚划算的项目负责人有贪污的迹象，但是作为管理者，他首先应该承担领导责任，他下面那么多的管理者和团队成员都贪污，而直接负责人会没有问题吗？一定有问题。后来果然查出了问题。

什么问题呢？第一，他在没有钱的时候想买一辆车，结果有一个客户说"我手上有辆车，你拿去开"。他接受了客户的二手车，且没有给客户租车费用。第二，他后来去买车的时候，一个客户帮他付了首付。这个项目负责人因此坐了五年牢。如果当年他不贪污，今天的身家应该有十亿元人民币。多么可惜！

在阿里巴巴，只要发现有廉正的问题就一定会严惩不贷。

一旦有人在阿里巴巴被查出贪污，阿里巴巴就会在全公司进行通报批评，让所有人都知道这个人是一个贪污者。除了对在职的员工采用这样的机制，阿里巴巴还保留了一个追溯机制，就是即使员工离开了阿里巴巴，只要后来查出来他在阿里巴巴工作期间存在贪污的情况，就会对其提起诉讼。

除此以外，阿里巴巴还会对参与行贿的商家进行处罚，一旦查实某个商家对小二行贿，不仅会开除小二，还会永远断开阿里巴巴与这个商家合作的所有业务——会将这个商家的店关掉，将其跟阿里云、支付宝的合作全部停掉。也就是说，阿里巴巴不允许、也不容忍那些对小二行贿的商家继续跟阿里巴巴保持任何业务的往来。

阿里巴巴特别注重这样的廉正机制，也许还有很多地方做得不到位，但是只要发现类似问题，就会严惩不贷。这是一家优秀公司应该有的机制。

当年有一个管理者因为贪污被抓，马云在亲自送他进牢房的时候号啕大哭，说："如果公司培养出来的人是这样的人，我们做这家公司干吗？"

一家歪风邪气盛行的公司，极难做成一家伟大的公司，互联网公司更是这样。所有的公司都应该做到正大光明地赚钱，正所谓"君子爱财，取之有道"。

第五篇。

阿里巴巴合伙人机制

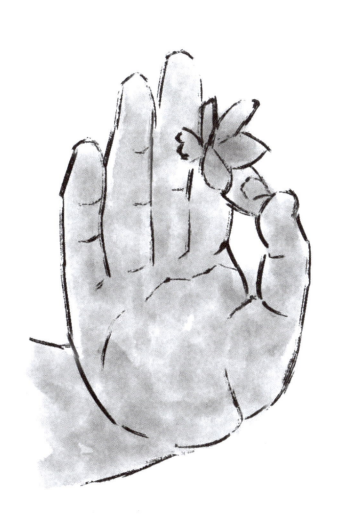

第 12 章

/

合伙人与创始人

第 1 节　阿里巴巴的十八罗汉

为什么要讲阿里巴巴的合伙人机制？因为目前在中国的公司，尤其是互联网创业公司中，很多公司采用了合伙人机制，而合伙人机制本身也是阿里巴巴发展过程中非常关键的制度之一，是阿里巴巴人才发展、利益分配及公司控制中的一个关键环节。

1999 年，马云对十八罗汉说："你们的能力太弱。"但是在 20 年之后，这些当年马云看不上的人都成了阿里巴巴的核心管理者。

为什么这些人能够从对互联网一无所知，且没有在 500 强企业、跨国公司工作经历的人，变成非常优秀的领导者？

当年马云还在学校里面当老师，在这之前他找工作很难，比如去找肯德基的工作，别人嫌他长得丑。要去杭州电子科技大学做老师时候，校长跟马云说："你的思维太跳跃，如果你想要到我们这里来上班，你必须给我一个承诺，五年之内无论如何不能离开这个地方，否则我不要你。"

马云对老校长承诺，五年之内不离开这个学校。2014年阿里巴巴集团在美国上市，马云在回忆过去的生活时说："我记得我人生最幸福的时候就是那时候，骑着一辆自行车上下班，每个月拿100块钱。"因为安逸，因为那个时候没有那么多的烦恼，因为那个时候生活得够简单。

1994年，马云开了一家公司，叫作海博翻译社，主要是帮助大家翻译外文。因为马云是英文老师，所以说很自然地去做了一个自己专业范围内的业务。一次，马云获得了一个陪朋友到美国做翻译的机会，也就是那次，他在美国看到了互联网。他认为，沿着科技的方向去走会非常厉害。于是，马云兴致勃勃地从美国回到了中国，开始了他的互联网之旅。当他在杭州开始做中国最早的黄页的时候，发现在杭州这边能做这个业务的人非常少。

据说后来他的学生蒋芳知道他在创业，就打了个电话说："马老师，听说你在创业，请问你在做什么业务？"马云说："你等我过去跟你讲一讲。"马云骑着他的自行车就兴冲冲地到了蒋芳的寝室，寝室里面有好几位女孩子都快毕业了。马云跟蒋芳讲他要做互联网，讲他在美国看到了什么东西、这个东西未来将对世界有什么样的改变。

那是在1996年年底，蒋芳听完之后决定辞去父母给她安排的公务员工作，跟着马云一起创业。寝室的人问蒋芳："你听清楚马老师讲的是什么没有？"蒋芳说："我虽然听不懂他在讲什么，但是我看到马老师谈到这件事情很兴奋。"蒋芳后来提到她为什么加入阿里巴巴："马老师以前做外语老师的时候，他30%的时间在讲外语课，还有70%的时间在吹牛、在讲各种见闻，所以我觉得跟马老师一起工作一定是一件很幸福、很快乐的事情。"蒋芳就这样加入了阿里巴巴——她什么都不会，只能从最简单的前台做起。马云就是这样带着这些人在杭州创业的。

当时在杭州业务非常难做起来，因为杭州没有市场。他们在跟商家讲的时候，没有人知道什么是互联网。马云发现，在美国，互联网的发展是以政府推动为主的，所以，马云认为应该去北京跟政府部门合作，一起推动互联网的发展。那个时候，马云在北京走街串巷亲自做业务，有一段视频流传至今——马云被别人拒之门外，灯光闪过他的脸，他说："再过十年你们都要知道我是干什么的！"

在北京创业很辛苦，但他也认识了很多优秀的人，比如金建杭就是在北京创业时的伙伴。1997年到1998年，马云在北京的创业其实是失败的。后来，马云回到了杭州，开始了自己新的创业。

在马云准备回到杭州创业前，他跟所有人讲："我准备回杭州，回到我的家乡去创业，大家可以留在北京，我帮你们找一份比现在工资多三倍的工作。如果你们愿意去杭州，就要遵循我的两个要求。第一个要求是大家的工资只有500块，因为公司没有钱；第二个是你们住的地方离我的家只能有15分钟，任何时候要开会，15分钟内必须赶到。"这样，当年跟着马云一起到北京的人又跟着马云回到了杭州，一切重新开始。当年这些人在一个房子里面工作，大家打着地铺在那里没日没夜地干，连续三年公司都没有收入，一直到现在公司成为一个伟大的传奇，这一切都是从马云自己的房子——湖畔花园开始的。

创业早期到底什么最重要？创业早期既没有钱又没有专业团队，也没有明确的市场。马云后来讲："我从来没有想过公司可以做这么大，公司即使是现在的1%我也非常满足，但是我一定会有很多的遗憾，还有很多的苦闷、很多的痛苦。"

阿里巴巴在早期创业时，最重要的既不是钱，也不是市场，更不是资源，而是团队。马云知道未来在哪里，了解方向在哪里，了解终局是什么。你有没有一个打不散的团队？无论是从杭州到北京，还是从北京回到杭州，马云的团队都同甘共苦，大家彼此陪伴，成功了就一起分享，失败了就一起担当，这样的团队是最难得的。

团队早期要解决的主要问题不是专业，而是专注。每个人在自己专注的情况下去学习、去思考，时间一长自然就专业了。在这个时间点最关键的是彼此的信任。创业早期如果没有彼此信任的团队，没有一个可以互相依靠的团队，一切都无从谈起。所以创业早期最重要的就是团队，而团队的核心是彼此信任，大家专注地去把事情做好。

当年，马云对稻盛和夫说十八罗汉只能做连长和排长，后来他们却都成为公司优秀的管理者。稻盛和夫说："在我们京瓷也是如此，有很多的高层管理者，他们曾经看起来其貌不扬、能力不怎么样，但是他们现在也成为各个事业部的领袖和中枢。"十八罗汉身上有个特点：这个人自己可能不厉害，能力可能不强，但是他只要到一个团队，那个团队就会很厉害，然后他从这个团队到了另外一个团队，另外一个团队也会很厉害，这就是优秀管理者的样子。所以马云对于管理者的定义是，管理者是通过成就别人来成就自己的人。

在阿里巴巴，十八罗汉就是这样的一群人。无论是蒋芳、彭蕾，还是金建杭，任何一个十八罗汉的成员都对公司无比忠诚，都对公司要实现的战略目标非常清晰。他们以未来的眼光看待现在在做的事情，他们的心胸非常开阔，他们愿意去培养人，因为他们曾经都是这样一路走过来的。有这些创始人在的团队，每个人的心都是定的，每个人都是有未来的，彼此依靠，共同去解决很多的问题。而对于十八罗汉而言，他们最重要的能力就是凝聚人心的能力、成就他人的能力。

阿里巴巴为什么会全员持股？并不是马云伟大，而是阿里巴巴没有钱。早期的阿里巴巴是用50万元资金注册的公司，不久之后公司几乎就发不出来工资了。马云到处借钱，但没有人愿意借给他。后来马云跟自己的团队说："你们有没有人愿意投资阿里巴巴？你们的投资可以当股份。"靠着员工的共同支撑、一起投资才有了今天的阿里巴巴。

马云在很多场合都跟大家说："我们永远坚持客户第一，员工第二，股东第三。"即使面对华尔街的投资人，也反复强调，马云内心真的是这么认为的。他不把员工当成工具，他把员工当成真正的家人，这也是很多阿里巴巴人在公司能体会到亲如一家的氛围的原因。

《亮剑》里的李云龙曾经这么说："一个军队的精神是由这支军队的创始者所创造的，他给军队铸造了灵魂，即使有一天灵魂人物离开了军队，军魂依然会永续地传下去。"英雄是以群体的方式存在的，因为在群体的土壤中，大家会彼此鼓励、互相支撑。

阿里巴巴一直坚持一个非常重要的观点——平凡人做非凡事。阿里巴巴的这群合伙人都是一群平凡的人，但是大家都有一个不平凡的想法，都有一个不平凡的未来。阿里巴巴之所以有今天的成就，是因为他们把自己当成了平凡人，大家努力去实现各自的梦想！梦想还是要有的，万一实现了呢！

第 2 节　连长、排长们的董事长之路

马云曾说十八罗汉只能做连长、排长，因为他们能力不够，未来要从世界500强公司里面招高层管理者。马云觉得只有那样的人才能够承载他未来梦想中的阿里巴巴，实际上马云之后真的这么做了。

2002年，阿里巴巴拿到了很大的一笔投资，对这个一个月每人只能发500元工资的公司而言，2000万美元是一笔巨款，这笔投资让他们一下子感觉整个天地都是他们的了。于是，马云开始做一件事情——阿里巴巴在全世界扩张。阿里巴巴要做外贸，中国当时的外贸企业特别多，外贸形势一片大好。马云开始全球布局。他招聘了非常多的人，包括MBA的专业人才，也从世界500强公司招了很多专业人才；在美国、德国、法国各发达国家开设了阿里巴巴的办公点，开始在全球推进阿里巴巴的业务。

但2003年，阿里巴巴遭遇了灭顶之灾。互联网泡沫的破灭导致美国大量的互联网公司破产。大家发现互联网公司是一个虚无的泡沫，并没有提供太多的价值。随着美国互联网泡沫的破灭，整个投资环境开始变得微妙起来。中国互联网创业者们也受到了巨大的影响，他们发现各种互联网业务不能再拿到投资。

2003年，阿里巴巴世界各地的办公室已经消耗了大量的资金，这时马云说："现在互联网泡沫破灭，我们能不能降低工资？"没有哪个职业经理人愿意降工资，他们毫不犹豫地提出了离职。当年一位管理者做了一个市场计划，要花1000万元人民币。马云说，公司没有那么多市场预算。这位来自世界500强公司的人说："我从来没有做过1000万美元以下的市场预算，今天只有1000万元人民币已经是最少的预算了，再比这少我做不了了！"可想而知，当年的马云把公司做成国际化的公司的想法是多么迫切，也是多么冒进。

2003年，阿里巴巴再次面临财务危机，因为公司不赚钱。投资给阿里巴巴的

2000万美元的百分之六七十都已经花掉了，但是公司的业务并没有太大的发展，团队也没什么成长。在关明生过来之后，他做的第一件很重要的事情就是开除了好多人，就好像当年杰克·韦尔奇到通用电气做的一样——开除很多人，尽管他很难受。

马云在很多场合讲："一家公司的伟大不在于它能做得多么优秀、多么伟大，而在于它能在经历许多重大的灾难、苦痛后依然屹立不倒。这样的公司才称得上伟大。"当年的阿里巴巴面临着破产的危险，但是大家一直咬牙挺着。

马云后来讲过职业经理人、合伙人和创始人的区别。他说："一个团队去打野猪，打了一枪，野猪没有死，野猪狂冲过来。职业经理人看到野猪冲过来之后丢下枪就跑掉了，但是合伙人和创始人会拿出菜刀跟野猪拼命，因为他们没有地方可以去。"我们经常开玩笑说"员工可以跳槽，但老板只能跳楼"，也是这样的原因。

马云自此开始着力去培养身边那些曾经看不上的、只能做连长和排长的人，他觉得这些人将来才是公司真正的核心。

那么，马云如何培养这些人呢？

第一，让管理者具备卓越的领导力，不只是业务的推动力。

第二，马云反复在公司里面强调一个用人思维：平凡人做非凡事。只有那些自认为自己平凡的人，才能最终做出一件非凡的事情来，做出的东西才能让人耳目一新，而且他们能够真正地去融合、去包容那些真正不平凡的人。

第三，所谓的领导能力核心来源于什么？来源于彭蕾所说的三个能力，即体力、脑力和心力。

什么叫体力？

体力是指身先士卒，即管理者必须跟员工荣辱与共。阿里巴巴早期的团队是吃在一起、住在一起的，他们是每天在马云家地板上睡觉的一群人，大家彼此信任。在做业务的时候，创始人团队亲自做业务，包括马云自己也亲自跑业务。体力要好，身先士卒、以身作则就是管理者最基础的条件。

在《素书》中有这么一句话："释己而教人者逆，正己而化人者顺。"自己放纵自己，却要去教育别人，让别人按照你的方式来生活，对于这样的人，别人一定会叛逆的；自己做好，自然地去感化别人，所有人都愿意跟这样的人相处，所有人都愿意跟这样的人合作。正己而化人者顺，需要管理者有自己的体力。

什么叫脑力？

脑力是指我们对事情的分析要非常明确，对未来的看法要非常准确，对所有人的要求也要非常明确。一个会思考的人会学习、会行动，会在书本中，在对手的身上、客户的身上找到种种自己的问题。阿里巴巴有一个非常重要的要求是"客户第一"。当年我在天猫智囊团的时候，公司提出了一个口号是"向客户学习"。阿里巴巴人一直认为最优秀、最勤奋的人不在阿里巴巴，而在客户的团队中，因为客户是亲自做商业的人。

当看到一个客户做了一件事情后，阿里巴巴人敏感地发现这件事情应该是所有企业都要做的事情，于是，阿里巴巴用平台的力量将这件事情广而告之，让所有人来学习，而阿里巴巴只要做好这个平台，为客户服务就行。所以，只要你将客户作为公司运营的一个环节，你就会发现你的创意源源不断，你也会发现你要解决的问题永远都有很多。做得越好问题越多，问题越多阿里巴巴的执行力就越强，而越直面问题阿里巴巴发展得就越快。这就是阿里巴巴讲的脑力要好。当脑海里出现问题的时候，我们要借助外力，邀请客户来帮我们解决问题。

什么叫心力？

心力是指我们每个人在做事情的时候要能够受得了委屈，要能够将内心里的那种感觉、直觉告诉我们所在的团队，我们要用心去换理解，用心去换得所有人对目标的认可。彭蕾所提的三力模型就是对管理者的领导力模型。

阿里巴巴经常会越级用人。这个人本来只是P5级别的，能力还不怎么够，但是阿里巴巴依然会选择让这个人去做需要他很努力才能做得了的事情。这样的人会拼命努力，而且他拿的结果可能比公司期望的还好，因为当他认为自己做得不够好的时候，他懂得去学习，懂得去整合，而不只是用自己过往的知识来应对。

越谦恭的人越能够学到知识。我们只有去求助优秀的人，不要太把自己当回事，才能找到更好的解决方法。而当我们行动的时候，我们要记得"舍我其谁"的能力。

阿里巴巴有一句话可以用来勉励所有的人——

If not me，who？ If not now，when？

此时此刻，非我莫属！

一旦行动起来，就要有舍我其谁的勇气，要用舍我其谁的决心去把事情做出来。

在从排长、连长到将军的路上，马云支持了很多人，比如阿里巴巴的前总裁陆兆禧。当年陆兆禧只是广州销售部的一个员工，因销售业绩做得很好，后来成为广州销售部的主管，之后又成为广东大区的管理者（在阿里巴巴称为省长），后来进到总部，成为支付宝的负责人、B2B的负责人。马云给了陆兆禧非常多的机会。陆兆禧的经历就是一个非常典型的从士兵到将军的例子。2013年，马云辞去自己阿里巴巴集团总裁职务，并将这个工作交给了这位从士兵走到将军的人。

除了陆兆禧，阿里巴巴还有太多这样的人。比如彭蕾，当年是做人力资源的，后来当支付宝发展不好的时候，马云让彭蕾去管理支付宝。彭蕾说："马总，我对金融一窍不通，我对这件事情不理解。"马云说："没事，你用心做就好，技术的事情自然有专业的人去理解，但是我希望支付宝是一个值得信任的平台。"

因为信任，又因为相信这样的信任，彭蕾去了支付宝。结果在彭蕾的管理下，支付宝的团队成为一个卓越的团队，支付宝成为一个很伟大的产品。这都是因为马云愿意去培养人，愿意给那些他曾经认为只能做士兵的人机会。当然，在成为将军的过程中，背后会付出更多的努力、更多的成本，但是最终看起来一切都是值得的。只有长出来的肉才是自己的肉，贴上去的肉是没有价值的。

第 3 节　什么样的人可以成为合伙人

阿里巴巴选择合伙人有五个要求。

第一，这个人在公司五年以上。

第二，这个人要成为某个事业部或者业务的关键领导者和核心管理者。他要推动公司战略性业务的发展。

第三，这个人为公司发展做出过重要的贡献。

第四，这个人对于阿里巴巴的发展起着举足轻重的作用。

第五，这个人必须成为阿里巴巴价值观的楷模。

下面具体介绍一下这五个要求。

第一，这个人在公司五年以上。

这并不是用来衡量新、老阿里巴巴人的标准。什么是新阿里巴巴人，什么是老阿里巴巴人？其实并没有新和老的区别。只要你认可阿里巴巴的未来，认可阿里巴巴的价值观，你就是阿里巴巴人，你就是老阿里巴巴人，阿里巴巴没有什么新人和老人的区别。

关键在于你是否认可马云的五年之约。他说："你不要一来阿里巴巴就给我提什么战略建议和想法，因为你根本不懂阿里巴巴是一家什么样的公司。如果你在阿里巴巴能待五年，我就愿意去听你讲的任何话，因为那个时候你才能真正了解这家公司，才有资格去对这家公司品头论足。"五年对阿里巴巴而言有着非常重要的意义，能够待五年则证明这个人未来可以跟着公司成长得更久。

作为合伙人，一定要对公司的过去和未来都有非常清晰的了解。在阿里巴巴的发展过程中，从创始人制度到合伙人机制之间有一个关键的事件。大约在2013年，阿里巴巴开始推行自己的合伙人计划，当时马云和所有创始人联名在内网发了一封邮件给所有人。这封邮件的内容是："我们从今天开始辞去阿里巴巴创始人的身份，选择成为阿里巴巴的合伙人。"

创始人和合伙人有巨大的区别。创始人是指早年创立这家公司的那群人，其他的人即使能力再强、贡献再大，由于没有参与公司的创立，也无法进入这个体系。但是合伙人不同，人人都可以是合伙人，只要你努力，只要你为阿里巴巴做了贡献，无论你是什么年龄的、什么时候来的，都有机会成为合伙人。这就是阿里巴巴创立的合伙人体系。

阿里巴巴把员工比成酒。一年的酒刚刚有那么一点香味；三年的酒可以称为三年醇，味道柔和了，口感也会好很多；五年陈，一瓶酒放了五年之后味道正好，香味扑鼻，入喉之后的感觉很好。所以，五年是阿里巴巴一个非常关键的点，合伙人作为公司未来发展的核心，至少要有五年的时间才能够适应阿里巴巴的发展，才能够提出有关战略的想法。

第二，这个人要成为某个事业部或者业务的关键领导者和核心管理者。

在阿里巴巴现有的近40位合伙人中，每个人都有类似的经历。比如蔡崇信，他是早期阿里巴巴重要的资金来源，也是整个阿里巴巴财务的核心；比如说彭蕾、张勇。还有很多外人不熟悉的名字，比如吴敏芝是B2B的推动者；还有在马云背后的一个关键的人物王帅，他是阿里巴巴市场公关的负责人，阿里巴巴很多重要的公关活动都是由他负责的。这些人对阿里巴巴来讲都功不可没。阿里巴巴每个重要的合伙人都在某个事业部承担着非常重要的职责。

这里要特别说明一下，有很多合伙人目前已退居二线，比如曾鸣教授、陆兆禧——曾经是马云早期的CEO接班人，姜鹏——早期的淘宝总裁。由于身体原因，或者其他的想法，有的从合伙人的机制里面走出来，有的成为名誉终身合伙人，但是已经不再履行相应的管理职责了。

第三，这个人为公司发展做出过重要的贡献。

阿里巴巴的每个合伙人都在阿里巴巴的发展过程中发挥了不可替代的作用。比如阿里云的总裁行癫，之前是阿里巴巴的产品经理，做过天猫的总裁、聚划算的总裁，也是阿里巴巴早期的首席技术官，现在他代替了胡晓明成为阿里云的总裁。比如樊路远，现在是阿里巴巴影业的负责人，娱乐版块的负责人。一波一波的重要人物成为阿里巴巴合伙人，他们每个人都在阿里巴巴的成长过程中发挥了巨大的作用。

第四，这个人对于阿里巴巴的发展起着举足轻重的作用。

合伙人既有对阿里巴巴的理解，也有对整个行业、工作、岗位的理解，这样的一群人合起来可以让公司未来拥有巨大的发展潜力。比如蒋芳，她在公司是人力资源的负责人，负责组织的人事变化。她经常跟很多员工讲，希望阿里巴巴是一家有爱的、有情感的、有使命的公司，无论年龄多大，都不能改变初心。合伙人在阿里巴巴发挥着巨大的作用，公司有任何要求都会身先士卒。像童文红，她管过菜鸟，管过旅游，管过阿里巴巴的后台，任何时候，只要公司需要，她都挺身而出。

第五，这个人必须成为阿里巴巴价值观的楷模。这条是对于所有合伙人很重要的要求。

对于合伙人而言，他们为阿里巴巴人所羡慕，因为合伙人身份不仅代表着他们在公司里面的资历，也不仅是他们拥有大量的股权，更重要的是他们代表着阿里巴巴每个人可以期望的未来。只要你努力，只要你愿意去担当，只要你为阿里巴巴创造了价值，未来你就有可能成为阿里巴巴的合伙人。相信在不久之后，阿里巴巴合伙人会由40人到50人、到108人。当有108个合伙人的时候，马云一定会做一个重大的活动，庆祝阿里巴巴的108名好汉出来了。我相信一定会有那么一天，而且等待的时间不会太久。

在阿里巴巴的发展过程中，每个合伙人都代表着阿里巴巴，他们身上所体现出来的是阿里巴巴人本该有的味道：那种使命驱动，那种平凡人做非凡事，那种简单和信任，那种坦荡，那种对于未来的不懈追求。

为什么成为阿里巴巴价值观的楷模如此重要？我讲一个故事。

佛祖有一个弟子叫马胜。有一天，马胜入村乞食，威仪端严，举止安详，路人见到他无不心生恭敬。有两个人——目犍连和舍利弗，他们看到马胜走路的样子非常威严，就说："我要拜你为师。"马胜说："你们为什么要拜我为师？"两人说："我从来没有看到过有人走路这么威严。"马胜说："你不要拜我为师，这是我师傅教给我的。"后来目犍连和舍利弗就拜在佛祖名下了，再后来，目犍连和舍利弗各自带着自己的 500 名弟子皈依了佛门。由此可见，一个有影响力的人举手投足间都会有非常大的影响力。

在阿里巴巴，合伙人成为所有阿里巴巴人可以期望的、可以通过自己的奋斗而达成的目标。你的公司是否也有类似的机制，能够将公司发展所带来的价值分享给最优秀的员工和最优秀的管理者？如果公司有这样的机制，员工就会觉得这不是老板的公司，而是大家的公司。这就是阿里巴巴的合伙人机制，从"我的公司"变成了"我们的公司"。

第4节 合伙人的权、责、利

合伙人意味着什么样的权利、责任和利益？在阿里巴巴的发展过程中，每个合伙人都是一步一步成长起来的，他们中既有技术部门的负责人，也有运营部门的负责人。

马云曾经跟大家说过，任何人都可以成为合伙人，只要有这样的想法，只要有这样的努力。他说他什么都不会，连他自己都能成功，那么大家一定也能够成功。唯一的要求是要相信并利用现在还看不见的未来，用每天的工作去实现。马云的话激励着每个阿里巴巴人拼命往前走。成为合伙人是阿里巴巴每个员工都可以期盼的未来。

这些阿里巴巴的合伙人在各事业部都是关键岗位的负责人，可能是事业部的高级管理者，也可能是技术部门的核心骨干。这些人不仅要在业务上做出卓越的贡献，而且要具备培养团队和凝聚人心的力量。

第一，合伙人有什么样的权利呢？

合伙人会议是阿里巴巴非常关键的战略会议，比组织部会议更加重要。在阿里巴巴，M4以上的人就能参与组织部会议，而合伙人会议只有合伙人才能参与。合伙人具备决策权和战略建议权。

现在阿里巴巴的业务分得越来越细，阿里巴巴从只有B2B到有淘宝、有支付宝，业务范围越来越大，每个业务口都有很多很多的事情不断发生，而且每个业务的竞争也越来越激烈，早就进入了深水区，不再是浅尝辄止。在这样的情况下，每个合伙人就是切入每个业务、每个团队和每个行业的关键点。

对于合伙人而言，他们的权利包括两个方面。首先是建议权，合伙人若发现一些问题——可能是内部管理的问题，也可能是外部竞争的问题，还可能是价值观的问题，甚至是策略、工具、技术的问题，只要他有想法，就可以在合伙人会议上随时提出自己的建议和提案。

在合伙人这个体系里面，大家有很多的事情需要交流，而且很多看似细枝末节的东西都有可能成为公司发展的未来。如果合伙人发现优秀的产品或有好的想法，但这些产品又不是公司内部现有的，那么抓住这些想法也许很多事情就会不一样。

在组织部的上面有决策委员会，决策委员会中的合伙人与公司的命运休戚相关，所以对于公司的任何战略他们都需要去参与决策。这里讲的参与决策并不是简单地投票，而是说他们需要去学习，去了解，去判断，最后还要做决定。

阿里巴巴每年都有几个关键的决策。马云说他现在最主要的任务是每年帮助阿里巴巴做三个关键的决策。

第二，合伙人承担什么责任？

合伙人的责任是对公司每个关键性问题的参与和解决。阿里巴巴特别强调担当的能力。担当的能力要求一旦发现问题就必须迅速去解决，而且让这件事情从此以后不再发生。阿里巴巴每天都会出现一些重要的问题，大到"双11"这样的项目，小到食堂的一碗菜。对于合伙人来说，没有任何一个问题是别人的问题，因为每个问题都可能是公司成长的问题。而作为合伙人，就要去判断哪些问题是真正重要的问题。

下面讲一个历史故事。

丙吉是历史上的贤相，有一天他在路上看见两个人打架打得头破血流。他的侍从说："大人，您看这两个人打架打得这么凶，我们要不要去劝架？我们要不要去把他们解散了？"丙吉说："没关系。"二人继续往前走，发现一辆牛车，牛正大口喘气，累得舌头都吐出来了。这个时候丙吉马上去看牛为什么会喘气，看了好久后说："赶快，我们回衙门。"

这个时候他的侍从就说："为什么两个人打架打得头破血流，您作为宰相不管，而看到一头牛的时候您那么关注？"丙吉说："两个人打架属于地方管理的治安问题和民事问题，这不由我管。但是在春天草长莺飞、万物复苏之时，牛大口喘气，证明天气的变化不太正常，也许会影响农民的收成，这一点要特别关注。也许今年是一个大旱之年，我们要做好大旱救灾的准备。"

通过这个故事我们可以了解，对于合伙人而言，哪些问题是关键问题，哪些问题是别人该解决的问题。但是，只要合伙人发现问题，都可以提出来，都可以自己牵头解决，不管是在廉正方面的问题、业务方面的问题，还是在管理方面的问题，甚至技术方面的问题，也不管任何时候，只要合伙人发现问题，就应该主动去解决这个问题。

举个例子，阿里巴巴有一个合伙人花名孙权，他之前是阿里云的负责人，在此之前是蚂蚁金服小贷的负责人。当年在做蚂蚁金服的时候，他希望用数据化的方式去做小额贷款，就跟阿里云合作。但是阿里云的系统、数据和策略经常会出问题。这严重影响着蚂蚁金服小贷。他会经常去跟阿里云的人说需求是什么，愿意帮阿里云去解决这些需求，可以成为阿里云的用户，可以成为实验对象，等等。等到有一天集团在思考谁来接管阿里云的时候，大家的选择就是孙权，那个天天来提问题，天天来提建议，来帮助大家解决问题的阿里云的客户。从这个角度来看，作为合伙人，任何问题都是自己的问题，都需要去解决。

第三，合伙人有什么利益？

合伙人有什么样的利益？当然有很多的利益，比如合伙人的股权比较多，无论是十八罗汉，还是曾经为阿里巴巴做过贡献已经被奖励过的人，他们的股权足够他们生活一辈子，甚至几辈子，他们都不缺钱。但是阿里巴巴的这些合伙人工作依然很勤奋，他们起早贪黑，就连周末也非常忙碌，非常辛苦。

有人经常问："阿里巴巴的这些合伙人，财务自由，有房有车有存款，为什么还要那么拼命工作？"只是因为一件事情，他们知道还可以做更多，他们还有很多事情想做而没有做好，他们的着眼点是未来还有很多的事情需要去做。

所有人都想要去创造一个更光明的未来。在互联网时代，幸运的是我们永远有做不完的事情，永远有未知的事情发生，所以说这是一个非常美好的时代，这是一个让我们倍感荣耀的时代。在狄更斯的小说《双城记》中有这么一句话：这是一个伟大的时代，就让我们做一些事情，无愧于这个时代。

那么，合伙人在组织中有什么价值?

合伙人是公司里面最核心的一批人，有了他们公司就有了顶梁柱，有了他们公司就有了定海神针。合伙人之间也会经常做一些相应的组织调换，逍遥子也会把整个公司的战略机构做调整。很多人的调动其实都是基于合伙人级别的调动，因为合伙人去哪里，哪个业务就体现出完全不同的逻辑。一个原因是他们的思维是不一样的，在策略上有区别；另一个原因是他们有跟随自己多年的中层管理者，这些人的调动会对这个项目有重大的影响。尤其是在由PC时代转移到互联网的时代，阿里巴巴做了大量合伙人级别的调动。合伙人的调动是方向的改变，是资源的重新分配，也是有信心的表现。

阿里巴巴有一句话："要解决人的问题，必须去改变事情；要解决事，必须先解决人的问题。"所谓"借假修真，借事修人"。什么是假的，一直变的是假的，事情是假的；什么是真的，不变的是真的，人是真的，团队是真的。事情是摆在面前的，用事情去培养团队，团队就能把事情做好。所以说"借假修真，借事修人"。

第5节　合伙人的股权控制

一个篱笆三个桩，一个好汉三个帮。在企业经营中，如果没有自己真正的左膀右臂，是很难成功的，包括马云也是如此。马云说自己跟8848总裁王峻涛的区别是：王峻涛说完就完了，马云说完还有十八罗汉可以把他吹过的牛变成现实。

我自己在创业过程中也与合伙人发生过不少矛盾。我有一家公司是与徐小平等人共同投资的。当年我们想去做与网红相关的业务，于是徐小平等人拉了一个以前做播导的朋友与我合作，在两个有名的创始投资人的撮合下，我们成立了这家公司。但是在三个月之后，我们发现大家的理念不太一样、工作习惯不太一样，而且大家的信任度也没有建立起来，结果两个合伙人分崩离析。在那家公司出现问题后，我将所有股份转了出去。对我而言，最重要的事情是，大家在一起做事情，不要做着做着做成尔虞我诈。所以，合伙人的制度及管理对公司是至关重要的，因为合伙人之间的问题很可能导致公司垮掉。类似的案例太多了。

针对合伙人机制在股权中的价值，这里重点强调四个方面的内容。

第一，股权的分配机制是怎样的，即合伙人的股份在阿里巴巴是怎么分配的？

第二，阿里巴巴股权架构是如何设计的，合伙人为什么能够以少数的股票控制整个公司的发展？

第三，合伙人机制对于阿里巴巴产生了哪些巨大影响？

第四，阿里巴巴上市为什么没有选择港交所，而是去了纽交所？

下面谈谈股权的分配机制。

阿里巴巴早期股权相对集中在马云手上。在1999年马云创业找不到钱的时候，十八罗汉中的不少人参与其中成为股东，但阿里巴巴的股份在当时还是集中在马云手上，直到一个人的到来，这个人就是蔡崇信。蔡崇信辞去了瑞士银行的工作，拒绝了一年500万元的薪酬，来到这家每月只发500元钱的公司。在阿里巴巴集团上市时期，阿里巴巴的股份马云占8.9%，蔡崇信占3.6%。蔡崇信在阿里巴巴发展过程中几乎与马云齐名，在福布斯中国富豪榜及中国慈善榜中，蔡崇信也跟马云齐名，他和马云每年都捐出非常多的钱来做公益事业。

后来的阿里巴巴合伙人，没有一个人的股份占到1%以上，包括逍遥子，因为现在阿里巴巴是一家市值6000亿美元的公司，1%就是60亿美元，那是一个非常巨大的数字。在阿里巴巴，每个合伙人都有进入公司的原始股，也有每年的期权、每年1/4的兑换机制，只要做得好，每年还会有新奖励的期权。阿里巴巴的合伙人，尤其在2003年之前进公司的合伙人手上有非常多的股份，在2003年到2008年期间又有一波股票，在2008年到2012年期间也有一波股份，2012年之后的合伙人的股份相对就少了很多。

阿里巴巴的股权结构发生过几次很大的变化，早期阿里巴巴创始人有非常多的股份。孙正义用2000万美元换来阿里巴巴近40%的股份。当年的阿里巴巴是一家看起来很小也不知道未来怎样的公司，孙正义就如此豪赌，同时他也占据了阿里巴巴非常重要的投票席位。现在孙正义的很多资产就来源于当年对阿里巴巴的投资，可见他确实非常英明。2004年，经孙正义牵线搭桥，阿里巴巴迎来一个非常重要的股东——雅虎。雅虎用10亿美元的现金加上中国雅虎100%的股权换取了当时阿里巴巴近38%的股份。孙正义加上雅虎占据了阿里巴巴近80%份额的股票。这才是阿里巴巴早期最大的股东。

合伙人机制对于阿里巴巴有着巨大的影响力。合伙人虽然不占据大多数的股份，但是他们拥有公司的投票权和决策权，包括人事决策权。一直以来，阿里巴巴创始团队对公司战略的管理及重点人才的管理都具有重要的决策权。比如，2007年阿里巴巴B2B业务作为集团的一部分在中国香港上市，阿里巴巴依然在B2B公司的股东席占一定的席位，当2010年左右出现问题的时候，以及后来人力资源部的负责人被降级、公司的营销负责人被开除，这些几乎都是在一夜之间决定的。也就是说，在马云拍板决定之后，只要合伙人觉得可以，这些事情就可以推行下去，因为他们占有多数的投票席位。这种对于重要事务的决策机制决定了阿里巴巴在很长的时间里都是如此运作的。

马云曾经对外说："如果需要靠股份去控制一家公司，说明创始人的影响力是不够的。"这句话表现了马云的底气和他的影响力，以及他的人格魅力，同时也说明了合伙人机制的控制力对于马云而言就是最重要的事情。除对人事和战略有重要决策权外，在2014年阿里巴巴上市后，对于陆兆禧的退休和逍遥子的升职等也是经过合伙人机制决策决定的。合伙人机制基本上都能够有一贯的延续性去管理阿里巴巴这家公司。

合伙人机制最大的好处是，由合伙人共同投票对重要的决策产生影响，一旦达成则代表不是马云一个人的决策，而是所有人的共同决策。这样既能够对决策的最后结果进行把控，同时对于决策的过程和整体流程都有科学、有效的方式去解决。合伙人机制就是阿里巴巴影响力和掌控力的来源。

当年阿里巴巴为什么选择在纽交所上市，而不在港交所上市？阿里巴巴在2014年选择上市时，首选并不是美国，而是中国香港，因为阿里巴巴对中国香港的股市有一定的了解，而且很多像腾讯这样的公司也在港交所上市，是非常不错的选择。

中国香港是一个非常好的自由金融市场，阿里巴巴2007年第一支股票在中国香港上市的时候，被炒得很高，但马云说不要去占据那么高的市值。马云当年选择了每股13.5元港币来做阿里巴巴股票的首发，结果一度涨到了每股40元港币，很多人都通过阿里巴巴这只股票赚到了钱。但是2008年，中国香港金融危机，到了2010年的时候，阿里巴巴的股价降到了每股2元到3元港币。

阿里巴巴当年在中国香港的股价确实起伏跌宕，最后在2012年决定将B2B的股票退市。神奇的是，阿里巴巴的股票代码是1688，阿里巴巴从中国香港上市到退市一共经历了差不多1688天，上市的时候价格是每股13.5元港币，退市的时候虽然股票价格只有每股8到9元港币，但马云还是决定用每股13.5元港币的股价收回了阿里巴巴在中国香港上市的股票。

港交所当年不接受合伙人的管理制度，只接受同股同权。也就是说，一旦阿里巴巴在中国香港上市，那么公司重要的决策都将以股票所占据的多少决定投票权，比如说你占据40%的股票，那么你就有40%的投票权，这是中国香港股市的一个特点。当年阿里巴巴反复与中国香港交涉，说美国纽交所等平台接受科技公司的合伙人的管控制度，也希望中国香港从阿里巴巴开始接受这个制度。但是中国香港不会为了一家公司而立刻改变中国香港的上市决策。最终阿里巴巴选择了在美国纽交所上市。

阿里巴巴选择在美国上市就是因为合伙人的制度是美国所接受的现在越来越重要的是人才和管理团队，不再是纯粹地靠资本说话的时代。

马云非常透彻地说："我们坚持客户第一，员工第二，股东第三。我们业务发展得很好的重要原因是合伙人机制。"这是阿里巴巴发展的关键点。公司在选择合伙人的时候，一定记得大家要经过磨合，就像婚姻一样，它建立起来的时候也许很容易，一旦出现问题，就会对整个家庭造成巨大的影响。公司也是如此，只有大家彼此深度信任，能对的未来发展和现在的管理进行充分交流，才能把一家公司真正做好。

第6节　如何设计合伙人机制

阿里巴巴有自己的使命，也有自己的愿景，其中一个愿景是要活102年，那么阿里巴巴靠什么活下去呢？合伙人机制在阿里巴巴这家百年老店的成长过程中将会发挥什么样的重要作用？如果希望企业能够长期经营下去，引进合伙人机制的重要性是什么？

接下来将通过三个方面来讲阿里巴巴的合伙人机制对阿里巴巴的影响，以及对其他公司的借鉴价值。

第一个方面是战略的定力和持续性，也就是说因为有合伙人机制，我们可以保持战略的一致性。

第二个方面是组织发展的稳定性和延续性。组织发展代表着控制机制、沟通机制乃至运营机制的延续。

第三个方面是业务发展的传承性和创新性。合伙人机制对于整个公司战略价值的重要性无论怎么强调都不过分。

战略的定力指的就是在制定战略之后要去一贯地执行。前面讲到战略的时候特别提到了战略四部曲，分别是终局、布局、定位和策略；战略实施三原则：大舍大得、大赌大赢、大拙大巧。

战略就是依靠终局、布局、定位和策略来做的，但是战略都要靠组织去推行。组织的推行就必须有一以贯之的坚持，在阿里巴巴靠的就是合伙人机制。合伙人在公司长期经营，对公司很了解，更加重要的是他们彼此信任，对对方做的工作也有所了解，而且一旦任何一个合伙人所从事的工作出现任何问题，大家都不会袖手旁观、互相推诿，更加不会互相指责，而是群策群力，共同解决。因此，在公司的战略推进过程中，不会因为有新的业务变化或者人员的变化而导致战略出现颠覆式变化。阿里巴巴一直以来都把核心战略放到以淘宝为中心的体系上，而淘宝体系又是以什么为战略核心的呢？那就是阿里巴巴的使命和愿景。

阿里巴巴的使命是让天下没有难做的生意，公司一切战略的调整都要以此为核心。阿里巴巴的愿景一直以来也非常清晰，每个高管和每个合伙人都不会忘记。

第一，要服务1000万家中小企业。

第二，要提供1亿个就业岗位。

第三，要成为20亿个消费者的消费、生活平台，后来逍遥子在讲话中改为"全世界20亿个消费者"。

阿里巴巴所有战略的方向和策略的制定都是以此为基础的，它们具有传承性。因此，无论哪个团队进来，他们都是在为了这个战略而努力。对于一个企业来说，定力是指在同一个地方不停地挖掘，越挖越深。

相对战略的定力和持续性，更加重要的是组织发展的稳定性和延续性。合伙人在组织中发挥的作用是非常重要的，因为每个合伙人在成为合伙人之前都在组织部，培养着一代又一代阿里巴巴的管理者，让这些人从一个士兵成长为一个将军，就像以前马云培养他们一样。这些人的成长与合伙人有非常密切的关系，因为他们都是某个合伙人培养出来的，所以他们身上都有该合伙人的烙印，都具有阿里巴巴的味道。

组织发展的稳定性来源于彼此的信任，来源于彼此的协同，当然也来源于彼此在业务中的磨合。而组织发展的延续性来源于每个阿里巴巴人，他们曾经一起奋斗，他们的故事、他们的特点都得以在团队里传承。

现在阿里巴巴有很多管理者都是当年逍遥子在天猫的时候培养出来的，他们在淘宝、天猫、聚划算、阿里云等业务中都发挥着极其重要的作用。同样，当年彭蕾所培养的很多人在支付宝、阿里云也都发挥着极其重要的作用。可见，每个合伙人都对阿里巴巴的团队成长和组织发展创造了巨量的资源。一个企业最重要的是战略的定力和持续性，同时与之相匹配的是组织结构和组织的推动力，这两者一个是公司的"方向盘"，一个是公司发动机，只有做好这两点，其他的业务才有可能成长起来。

当年在马云任命逍遥子为集团CEO，以及后来马云确定逍遥子为他的接班人的时候，马云都特别提到了两点。

第一，逍遥子是一个非常有战略眼光的人，他能看到未来商业发展的格局，而且会提前布局。

第二，逍遥子能孜孜不倦地去培养人才，尤其是年轻的人才，在人才任用上非常有魄力，而且支持人才的发展，会指导人才。

除这两点外，合伙人还需要在项目和业务中做传承，并在传承中做创新。阿里巴巴有非常多的业务都是一直传承下来，并持续进行的，比如阿里巴巴铁军文化，比如"双11"活动，比如阿里妈妈团队从PC时代一直到移动互联网时代的全线布局，比如阿里巴巴新零售的发展，等等。这些业务都不是一蹴而就的，都是一代一代的阿里巴巴人做出来的。

这些合伙人很了解当年为什么做、怎么做，中间哪些人出了些什么问题，成功在哪里、失败在哪里。这些人就凝聚成了未来发展的方向。当环境和业务发生变化的时候，这些人依然能找到曾经走过的道路并引以为鉴，而不会让同一个问题反复在阿里巴巴出现。出现问题没关系，但是如果同样的问题反复出现，那么这个管理者一定是有问题的。合伙人的作用就表现在这个方面，对于曾经走过的道路的回馈、对于未来发展道路的指导都是非常重要，要知道选择大于努力。

阿里巴巴一直以来有很多新业务不断出现与发展，以手机淘宝为例，手机淘宝业务是从早期的淘宝业务衍生出来的。早期阿里巴巴有很多App，比如天猫有自己的App，淘宝也有自己的App，但发展得都一般，因为当时最主要的销量都在PC端。

然而随着业务的发展，我们发现阿里巴巴有很多App做得不错，手机淘宝的体验越来越好，会员机制、体验机制和页面机制也越来越好，天猫品牌也做得不错。但是随着业务的发展，超级App开始成为主流，比如腾讯将所有App的流量入口都放到了微信上，这样微信成为所有手机装机的核心，但阿里巴巴当时把资源分享到了各个平台，技术开发也分散在各个不同的产品上。

阿里巴巴在2013年做了重大的调整，就是将所有技术开发人员及所有核心力量全部聚集在手机淘宝这个单一App上，将手机淘宝做成一个下载量超过3亿次的超级App，与微信抗衡。如果每个App都有1000万次的下载量是无法与微信抗衡的，一群帆船怎么都打不过一艘航母？这个重要的变化就得益于业务的传承和判断，这是合伙人团队的一个重要的决策。当年既有逍遥子对于手机淘宝精深的研究，也有手机淘宝这个年轻的团队创新所有业务的不遗余力。

传承的核心是将阿里巴巴过往的价值，比如商品能力、商家服务能力传承下来，同时又要有创新，最终通过内容、直播、视频等将这个体系做大。相对而言，不具有传承性的东西就很难做起来，比如阿里巴巴当时做来往软件就是白手起家，并没有任何的资源和能力让来往对用户产生不可替代的价值，所以来往做不起来。战略的定力和持续性，组织发展的稳定性和延续性，以及业务发展的传承性和创新性，这一系列都建立在阿里巴巴有一个稳定的合伙人团队的基础上。

第13章

阿里巴巴合伙人传奇

第 1 节　缥缈峰的逍遥子

"天不怕地不怕，就怕CFO做CEO。"这句话是马云说给逍遥子听的。当年马云并不看好逍遥子做CEO，因为他觉得逍遥子是做财务的。那么，逍遥子是如何从一个财务变成总裁的呢？我跟着逍遥子的这五年多时间，从他的身上学到了很多的东西。逍遥子身上到底有什么是马云所重视的，且是对未来的阿里巴巴十分重要的呢？

我从2010年进入天猫智囊团开始接触逍遥子，后面有五年多的时间一直在逍遥子的助理团队里。我在天猫智囊团工作期间，每两周都会参加逍遥子的双周战略会议——天猫很多重要的战略都会在这个会议上讨论。另外，我也非常幸运地参与了很多天猫大商家的战略会议。我很清楚很多公司所做的战略对业务的成败所产生的影响，以及对公司的成败所产生的影响。

我来讲一讲逍遥子的战略能力、销售的业务能力、组织管理的能力，以及逍遥子培养员工的能力。通过这四点你将认识到这样一个优秀CEO对一个公司而言是多么重要。在此之前，我先讲几个逍遥子的故事，从这几个故事中看一看一个卓越的CEO、一个卓越的董事长是一个什么样的人。

每年阿里巴巴都有一些非常重要的活动，每个活动都有它核心的价值。以"双11"为例，"双11"是逍遥子策划发起的，是非常关键的一个战略部署。2009年启动"双11"，那时逍遥子刚刚成为淘宝的总裁，他看到美国黑色星期五，于是启动了"双11"。"双11"不仅让天猫成为中国电商的老大，而且促进了中国电子商务行业的发展。一个卓越管理者的能力就是找到问题的切入点和爆破点。

每年的"双11"都会精心准备，外人觉得好厉害，只有阿里巴巴人知道在这个过程中他们有多么辛苦。

有一年，马云希望"双11"的业绩做到100亿元以上。于是我们召开了一次天猫智囊团会议，商量如何增加"双11"的销量。会上有一位商家提出建议：做一个平台营销活动的产品，售罄转预售，"双11"经常会遇到卖断货的情况，商家的库存不够，但是还有两个星期的发货期，按每天生产1万件的能力来算，可以在这两周的发货期加14万件的销售量。

在这个建议提出来之后，所有人都觉得这是一个好建议。然后，逍遥子就问其他商家是否需要，所有的商家都想要，因为可以提升公司30%的销售业绩。逍遥子又问所有的业务负责人，业务负责人也想要这个功能，因为可以增加百分之二三十的销量。逍遥子后来却和大家说这个功能不要做，我们都很疑惑："这么好的建议，为什么不采纳？"

逍遥子说："你们知道为什么所有消费者半夜12点等待着'双11'开始吗？因为他们去年想买的东西没有买到，所以才12点去等。如果我们售罄转预售，不管抢不抢反正都买得到，那么谁还半夜12点去抢？这是第一个问题。第二个问题是，之所以商家会卖那么便宜，是因为他们在同样的货品上做了规模化的生产，囤积起来才有意愿做五折，否则谁愿意把价格做这么低？"

逍遥子既考虑到了消费者，又考虑到了供应链。他知道选择对于战略的影响，他对战略非常清楚。

一个人既懂战略又懂细节，其实很麻烦，为什么？马云说"天不怕地不怕，就怕CFO做CEO"，是因为他觉得做CFO的人往往细节能力太强，对战略不了解，但是逍遥子是一个例外——他对战略很了解。当年逍遥子能成为淘宝CEO也是历经了很多曲折的。

逍遥子2007年做淘宝的CFO时，淘宝的商业模式还不健全，他在研究淘宝账目和淘宝盈利的时候，发现企业级的用户越来越重要，于是他去找马云说："我想做淘宝商城的总裁。"马云说："你好好做你的财务工作。"他说："我的财务已经做得很好了。"然后，他把详细的财务规划给马云看，马云看完之后很满意，但还是没有同意。不久之后，逍遥子又跟马云说："马总，让我去做淘宝商城的总裁吧，我已经做好了淘宝商城总裁的计划，你看一看。"马云说："你是做财务的，如果你真的这么空，就去管物流。"逍遥子又被拒绝了。过了不久，逍遥子再次找到马云说要做淘宝商城总裁，这次他说的一句话终于打动了马云。他说："反正现在没有人管，你就让我管管试试。"马云终于同意了。淘宝商城在逍遥子的管理下成长得非常快，但并不是没有问题。

逍遥子刚管理淘宝商城不久就出了一个非常大的问题，就是淘宝商城的"十月围城"事件，这是淘宝人都知道的事情。为了拉开淘宝商城和淘宝的距离，他采取了一个经济学的方法。早期的淘宝，开店的服务费是一年6000元，他把6000元变成了6万元，保证金从1万元变成了10万元，也就是说一夜之间成了原来的10倍。从经济学的角度来看，这是合理的，却引起了社会学的问题——很多的淘宝小卖家觉得淘宝商城伤害了他们的利益，于是纷纷起来闹事，一下子三千多人围攻淘宝商城。这件事情闹得非常的大，最后是马云从美国飞回来解决这个问题，逍遥子也因此差点干不了淘宝商城总裁。后来马云跟逍遥子说："你应该改名叫张勇敢。"

逍遥子做事非常实际，在细节上把控得很好。记得有一次做化妆品的负责人跟逍遥子汇报工作，结果逍遥子说："你的数据错了，这是三年前的数据。" 15分钟以后这个人又把数据拿给逍遥子说："不好意思，真的是错了。"逍遥子竟然能记得住他所管辖下属三年前的数据。

除了战略和细节，逍遥子还有一个很重要的能力是培养人、培养团队、培养组织发展。逍遥子在管理团队的时候有一个习惯是每两周做一次双周战略会议，在双周战略会议中每个人都需要用PPT详细汇报自己的工作。逍遥子会对所有人的工作做点评、做协同。

跟逍遥子开会是一件非常痛苦的事情，因为他开会只有一个标准，就是所有问题必须在会议中解决，离开这个会议之后就去执行。有很多次我跟逍遥子开会，从早上开到晚上，从晚上开到第二天早上，早上8点钟接着上班。这种情况特别多，只要发现问题，就必须在办公室里面24小时内解决问题。逍遥子还要求无论什么时候他发送邮件，即使半夜12点，他所管辖的人必须在15分钟内回应。

我们经常开玩笑：

马云是ET外星人，他知道未来是什么样子的，他是在太空看地球；

逍遥子是一个AI机器人，他有详细的计算，他对未来的策略很清晰，他对公司所有人的所有事的进展都了然于心。

所以说，这两个人的配合真的是天衣无缝，是阿里巴巴的福气，也是阿里巴巴发展起来的关键所在。

第 2 节　炉火纯青的彭蕾

"阿里巴巴不是职场，阿里巴巴是情场。"这句话是彭蕾说的。彭蕾跟马云一样，以前是一名老师，从一个对互联网一窍不通的人变成了支付宝的董事长。

彭蕾是我非常佩服的一个管理者。说到彭蕾，我相信很多的阿里巴巴人都会亲切地叫她另外一个名字——Lucy。

有一部电影*Lucy*，讲的是一个人通过注入CPH4的药物，最后成为觉悟者的故事。彭蕾也是一个觉悟者，她是一个非常亲切的人，她亲切到让你感觉不到她是管理者，因为她就像大姐姐一样跟你交流，她就像一个你身边的老朋友去听你倾诉。她如此的亲切，完全没有管理者的架子，是一个非常卓越的政委，也是一个非常卓越的董事长。

彭蕾在阿里巴巴做过很多很多的贡献。她早期是马云的助理，也是早期阿里巴巴人力资源体系的构建者。后来，马云因为电视剧《历史的天空》，开始将阿里巴巴的人力资源体系升级为政委体系，而彭蕾就是这个体系的关键决策者。

下面将从三个方面来讲彭蕾的管理：第一是彭蕾的管理思想，叫作三力模型，前面提到过这"三力"指体力、脑力和心力；第二是彭蕾所创造的阿里巴巴政委体系，在阿里巴巴到底发挥着怎样重要的作用；第三是如何去看待外行管理内行，一个金融的外行如何将互联网金融做起来。

彭蕾是阿里巴巴的创始人之一，在阿里巴巴发展的早期她并不是核心的管理者，在很长的一段时间里，彭蕾负责的是阿里巴巴后台型的工作，比如行政的工作、人力资源的工作。彭蕾是公司早期后端的构建者。

一个做人力资源的人其实对公司的理解是非常深刻的，因为她知道每个人在做什么及每个人的成长速度。彭蕾一直以来都有这样的特点，她是一个特别爱学习的人。马云看了很多书，经常让彭蕾去看某本书，看完之后他俩就会做很多的交流。再后来，马云越来越忙了，没有时间去看书了，就让彭蕾看完书后跟他说，给他讲一讲这本书里讲的核心知识内容。

彭蕾说过很多经典的话，除了前面提到的三力模型，还有许多，比如"阿里巴巴不是职场，阿里巴巴是情场""我们要把阿里巴巴当成家，我们只有把自己的情感灌注到这家公司，这家公司才有生命力""我们不仅是在阿里巴巴打一份工，它是我们的家，是我们的信仰"。尤其这句，"我们说不要简简单单去说爱，要认真去爱"。为什么不要简单地说爱？那些把爱挂在嘴上的人不一定真是愿意去爱的人，因为爱是要通过行动、通过关注每个项目中的每件事情反复琢磨的，甚至睡觉的时候也在想项目，想着如何才能真正地做好。

彭蕾一直都是身先士卒的人，三力中的"体力"指的就是要身先士卒，在任何时候要同团队一起去打仗。彭蕾在做人力资源的时候，并不是坐在家里面招人的，她会跟着业务部门一起去跑，甚至在招到一些关键的管理者后，她会跟着这个人一起做业务，她以陪伴的方式支撑业务的发展。当然，她就算去做业务也能信手拈来。

而"脑力"一定是通过爱学习养成的。对于阿里巴巴而言，早期的创业者基本上都不是真正的互联网技术人员，他们能做好这个业务的原因是大家对于未来的判断，以及大家彼此之间的信任。在这点上，彭蕾将她的作用发挥到极致。大家经常性地学习、经常性地汇报，她自己也是这样子的，每天都安排时间专门来阅读。阿里巴巴的管理者都有这个特点，大家非常爱好学习、非常爱好阅读，甚至有一段时间阿里巴巴的招聘广告词是"大学不想毕业就来阿里巴巴"，因为阿里巴巴是一所社会大学，鼓励大家共同学习，在学习中实践，在实践中学习。这是阿里巴巴典型的特点，也是彭蕾所倡导的。

彭蕾最关键的是"心力"。"心力"在很多时候很难体会，因为极少有公司跟大家讲什么叫心力，但是彭蕾作为一个政委反复地讲。心力往往是在什么时候体现出来的呢？首先，在大家都不愿意前行、不愿意坚持的时候，有心力的人还愿意坚持。就好像在阿里巴巴曾经多次面临破产、面临资金链断裂、面临团队分崩离析的时候，有心力的人依然会愿意坚持，而有些人则选择了放弃。

其次，当公司遇到诱惑的时候，有些人想去追求短期利益，而有心力的人则会说"我们只做我们想做的事情"。这就是心力，抵挡得了诱惑，不贪图别的东西。在持续发展的过程中，要永远记得业务的方向，更要注重人的发展。其实这也是一种战略的定力，一种有心力的体现。有些时候，我们把业务做好了，但是把团队做散了，把成员的心做散了，那么，就算项目做成功了也是失败了。

阿里巴巴的政委体系是马云提出来的，他当时看了一部电视剧《历史的天空》，讲了姜大牙从一个土匪成长为将军的故事。姜大牙的成长就得益于他的政委东方闻樱，以及杨司令对他的培养。在看完了这部电视剧之后，马云觉得阿里巴巴必须有自己的政委，而政委的角色不仅是把握人力资源工作的六个传统模块，比如招聘、薪酬、培训，更加重要的是负责文化的传承，负责组织的发展，负责业务合作伙伴的成长。我们开玩笑说我们在阿里巴巴有个爹有个妈，爹就是我们的业务负责人，妈就是我们的政委，他们就像两个家长一样推动着公司的发展，阴阳结合，左右平衡。这是马云的管理哲学，也是太极的哲学。

这个体系在阿里巴巴一直以来都非常关键，员工的打分、绩效考核、平时生活的状态……很多方面政委都会参与进来。在重要的人事安排及重要的分工中，政委都起到举足轻重的作用。政委手上有把"尚方宝剑"，业绩不合格的人往往在季度或者半年的考核中才能被淘汰，但是对于出现了严重的价值观问题的人，政委就可以马上开除。关于政委体系，我在讲到人力资源的时候会给大家做更加详细的介绍。

当年在支付宝发展受阻的时候，马云跟彭蕾说："你来管支付宝。"此前的彭蕾从来没有管过这么大的业务，而且她觉得自己对金融也不太了解，所以她当时就推脱："这么重要的任务我可能做不好。"马云说："你用心做就好了，因为支付宝的核心是信任，是信任的传递，我相信你做得好。"

彭蕾临危受命，她是一个不懂金融的人，甚至说她是一个不怎么懂产品的人，但是她特别懂人性。后来我发现所有的成功者几乎都懂人性，或者只要懂人性就够了。马云也是这样子的，他说："我什么都不懂，但是我懂人性，懂规律。"于是，彭蕾作为一个外行开始管理支付宝。彭蕾说："我不懂，但是我相信我的客户比我还不懂。"彭蕾在支付宝还有一个角色是产品首席体验官。很多次支付宝更新，彭蕾都是第一个用户，只有她觉得这个产品好才能够发布，如果她觉得不好，这个产品就不能发布。

外行能不能管理内行？当然能，关键是给自己摆正位置——我不懂重要的决策，我去找团队中最懂决策的人。就好像刘备说"我不懂决策，但是可以找诸葛亮做战略的决策；我打仗不行，但是张飞、关羽打仗行"，关键是懂得去用人。彭蕾非常善于用人，她在支付宝发展的过程中用了非常多优秀的管理者，比如老樊做余额宝，当年的孙权做小贷，等等。这些人都已成为阿里巴巴的合伙人，他们都是彭蕾培养起来的。

彭蕾以产品首席体验官的角色参与到支付宝的产品中来。如果觉得操作很复杂，她就说"操作太复杂，我不会用。你还要解释给我听的话肯定有问题，别人没有时间听你的解释""你们做得不好看，我作为女人不喜欢"。只要她觉得有问题就会跟他们讲。只有一次，支付宝开发圈子，彭蕾因为太忙没有看到那个产品，后来就有人说支付宝怎么发了这么多有问题的图片上去。于是，彭蕾向所有人道歉，她说她没有把好关，之后把圈子下架了。所以说，外行完全可以管理内行。只要摆正位置、用好人、做好体验，往往外行管得比内行还要好。

彭蕾还有一个神奇的本事——只要她在，所有人都会倾尽全力，因为她要求很高，因为她很努力，因为她很好沟通。士为知己者死，她很会用人。阿里巴巴的很多管理者都像彭蕾这样，也许不是技术专家，也许不是一个所谓的博学多识的人，但是会让你知道他很信任你、很欣赏你。彭蕾能激发人的善意，也能够鼓励人学习，甚至当你犯错误的时候，她也愿意帮你背负责任。她就是这样一个优秀的管理者，一个优秀的领导者。

第 3 节　关明生的管理方法

"心要慈，刀要快。"这句话是阿里巴巴的首任首席运营官关明生说的。关明生的英文名字是Savio。有人说如果阿里巴巴的爸爸是马云，那么阿里巴巴的妈妈就是关明生，因为在阿里巴巴的管理中，关明生是非常重要的管理奠基人，他建立了很多阿里巴巴的管理措施。

关明生在来阿里巴巴之前是通用电气中国区的副总裁，他把通用电气的管理方法带到了阿里巴巴。马云在很多场合说："阿里巴巴现在的管理制度可以支撑阿里巴巴10万人的发展，目前阿里巴巴有接近5万人，但是依然坚持的是最早的十八罗汉时的管理方法和策略。"阿里巴巴一直以来都坚持着当年关明生所制定的管理政策，包括今天阿里巴巴的国际化管理，用的也是关明生的管理方法。

我们首先来聊聊关明生是如何被马云"忽悠"到阿里巴巴的。马云是一个非常爱学习的人，在创业初期，他会到各商学院去学习各种各样的课程。马云说过一句话：你用不如你的人，公司就会越来越衰弱；用跟你差不多的人，公司就会兴盛起来；但是如果你懂得用你的老师、用那些比你能力还强的人，这个公司就会发展得非常快。马云就是一个懂得如何去用比自己能力强的人的管理者。马云特别喜欢把老师变成自己的合伙人。

在2000年的时候，马云听了关明生的课，听完之后他就去问关明生能不能到公司做付费咨询。关明生思考后答应了，也就上了马云的"船"。马云24小时不停地咨询。马云会向他请教很多事情，他也给了马云很多好的建议。马云发现公司的管理果然越来越好。很多人以为马云不会再跑去问关明生了，但是马云告诉关明生教的方法非常有效，但是有些东西自己不会用或者用不好，想邀请他做公司的教练。就这样，马云把关明生请了过来。

马云就是有这样一种能力，他邀请了大量他认可的人。阿里巴巴能有今天就依赖于马云手下那么多的优秀管理者。这让我想起了刘邦，他在得天下之后说："我之所以得天下，不过是因为我手上有几个人。运筹帷幄，决胜千里之外，我不如张良；千里运粮，使所有人有粮食吃，国家富足，我不如萧何；百战百胜，统兵百万，我不如韩信。这三个人都很厉害。"项羽各个方面都很厉害，但是他不会用人，所以他失败了。马云也是如此，懂得让自己的老师成为公司发展的主要推动者，这点太重要了。一个要成大事的人，必须有"拿天下之才为自己所用"的能力和胸怀。

关明生为阿里巴巴带来了非常重要的科学管理思想，PM序列机制就是他带给阿里巴巴的。幸运的是，当年做这套机制的时候，阿里巴巴只有200人左右，而华为在做这套机制的时候已经有几十万人，做起来可谓困难重重。阿里巴巴用了其精髓，十个M序列层级就能够把整个公司管理起来了。

除了PM序列机制，关明生还为阿里巴巴搭建了企业文化体系。当年关明生问马云公司的文化是什么。对此，每个人都七嘴八舌讲了很多。关明生发现他们讲的都挺好的，但是讲的不一样，这就证明大家没有共同的文化，没有共同的认知。在关明生的主持下，阿里巴巴的所有管理者正式坐下来，一起来思考"我们的文化到底是什么"。

大家知道阿里巴巴文化是六脉神剑，之前叫独孤九剑，到后来雅虎的融入，以及全球扩张，阿里巴巴的管理依然是与全球接轨的。这是因为2000年阿里巴巴就"中西合璧"了，既有中国文化，也有西方的科学管理制度，既有硬的管理制度和思想，也有非常柔软和温暖的企业文化。

关明生还为阿里巴巴带来了系统的培训体系，称为百年大计。关明生为阿里巴巴建立了百年阿里、百年淘宝，以及后面的百年支付宝等培训体系。这些培训体系包括新人的成长、老人的成长、管理的成长。阿里巴巴一代一代的管理者从中得以发展。后来马云特别为关明生颁过很多大奖，因为他对阿里巴巴的整体架构所做的贡献。关明生把阿里巴巴带上了一个世界化公司的轨道，带上了一个科学化的公司、一个规范化的公司的轨道，这是关明生对阿里巴巴不可磨灭的贡献。

直到现在，很多阿里巴巴人都对关明生的故事记忆犹新。他还有一个特点：非常喜欢写打油诗。关明生经常写打油诗送给优秀员工，很多员工为了得到关明生的一首诗而拼命工作，一定要得到当月的全国第一。努力的动力不是很多的奖励，而是关明生会以这个人的姓名来做一首打油诗，然后写下来。这成为所有阿里巴巴人最宝贵、最值得珍藏的纪念品。

包括阿里三板斧在内的很多知识，其起源就是当年关明生与马云思想的结合。阿里巴巴管理的成功不是马云一个人努力的结果，还有很多的管理者做出了巨大的贡献，也有很多重要的合伙人将自己的智慧、能量、学识，以及人脉、资源贡献给了这家伟大的公司。

伟大，一定不是因为一个人而伟大，而是因为一个群体而伟大。这个伟大的群体就是阿里巴巴的第一代的创始人，以及一代一代的合伙人。

第4节　救火队长陆兆禧

英雄莫问出处。

合伙人陆兆禧是接任马云的第一任总裁，也是阿里巴巴的福将。陆兆禧是一个从基层成长起来的人，他最早不过是一个大堂服务生，就是在酒店负责开关门的人，之后成为酒店大堂经理。一个酒店大堂经理成长为一个互联网公司的高管，这是一件多么神奇的事情！

陆兆禧很早就进入了阿里巴巴。在进入阿里巴巴之后，他在广州是华南区最早的业务员和业务管理者，从销售做起。1999年的阿里巴巴只有一个很简单的平台B2B，阿里巴巴真正成长起来主要是因为当年B2B销售团队特别厉害。阿里巴巴的铁军文化就是当年陆兆禧所打造的。这群销售能力极强的人，在线下的进攻能力极强，有情有义，百战百胜。中国目前有非常多O2O的互联网公司，其核心创业者和管理者都出自当年陆兆禧所培养的阿里巴巴铁军。

陆兆禧的特点是沉默寡言，不太会说话，但是管理得非常好，业务做得也很好。2000年，他成为华南地区的负责人，2004年，他担任了支付宝的总裁。当年陆兆禧也不太懂业务，他很清楚他不懂，但支付宝必须安全，支付宝必须为淘宝保驾护航，就像当年的彭蕾不懂业务也把支付宝做得很好一样。陆兆禧不是一个冒进的人，也不是一个机富创新的人，但是他在支付宝管理过程中的每一步都走得很务实，说到做到。

在2008年之后，陆兆禧成了淘宝系的管理者，2011年，他成为阿里巴巴的执行总裁，开始担任淘宝网CEO，在这段时间淘宝的发展是非常迅速的。

此后，公司的任何攻坚任务马云都让陆兆禧去做，他也完成得很好。2013年5

月10日，也就是阿里巴巴日，阿里巴巴在黄龙体育馆开了一场非常大的会议，全国3万多名员工来到杭州。马云在会上对所有的人说他将辞任CEO，并单膝跪下跟大家说："各位拜托了，阿里巴巴就交给你们了。"我那时哭了，我身边的很多人哭成一片。陆兆禧自此成为阿里巴巴的CEO，并且担任阿里巴巴的董事局副主席职务。一直以来，陆兆禧都在最艰难的时候支撑着阿里巴巴，直到2015年，集团CEO由逍遥子接任。

陆兆禧对于移动互联网虽然不是特别专业，但他对技术的发展非常敏感。在2010年的时候，陆兆禧就看到了移动互联网的发展，那个时候iPhone、安卓手机发展起来，让很多人发现移动互联网将是未来。陆兆禧在内部成立了几个测试团队，开始做各种各样的移动互联网的产品。当时陆兆禧所领导的一个团队做了一个社交产品叫湖畔——一个阿里巴巴内部的社交类的产品，用了两年的时间依然没什么效果，没有人看好它。大家都忙于淘宝的销售业务，没有人去管移动互联网的事情。直到2012年年底，马云看到了微信的发展，才知道未来的移动互联网将以席卷天下之势促使所有行业都做一次深入的改革。陆兆禧对移动互联网的认知非常早，在很多内部场合反复推荐大家关注移动互联网。一个优秀的CEO一定要有预知未来的能力。

在2013年马云辞任CEO之后，陆兆禧领导了公司的ALL IN移动互联网计划，工作重心开始从PC互联网完全地转向移动互联网。那个时候，陆兆禧领导着公司的两个业务的发展，一个是以PC淘宝为核心的业务在管理，另一个是手机淘宝。手机淘宝的业务在逍遥子的指挥下，在销售场景及阿里巴巴过往的基因的链接中做得越来越好，而且在第二年的"双11"中取得了50%的销量增长。

当陆兆禧开疆辟土打下了一片天下之后，后面维护天下的管理确实是逍遥子更合适。阿里巴巴一直是这样的，一个人把一个业务做出来之后就传递给下一个能够做好这个业务的人。这就好像先锋官去攻击最难、最重要的城堡，打下来之后就给别人去管理。先锋官不一定善于管理，但一定善于进攻。

成功和失败，只是在不同的阶段、不同的使命和不同的场景的一个结果的表象。陆兆禧在2016年辞任公司的合伙人，公司依然给了他终身荣誉合伙人的称号，他依然是阿里巴巴不可分割的一部分，也是阿里巴巴人心目中的英雄！

陆兆禧从一个酒店的大堂经理成为公司总裁的发展历程激励着很多的阿里巴巴人。无论你现在什么岗位，技术岗位也好，运营也好，人力资源也好，都有可能成为总裁级别的人物。阿里巴巴给每个愿意发展的人提供了那么好的土壤。

第 5 节　行癫的管理方法

产品就是未来。在阿里巴巴有这样一个人，从产品经理做起，一直做到了公司的合伙人，这个人就是行癫。知道他的人很少，就好像早年知道逍遥子的人很少一样，而他作为阿里云的总裁，正在发挥着极其重要的作用。我相信未来会有越来越多的人了解他。但是大家一定要相信这个人未来将是阿里巴巴非常重要的核心人物之一。在阿里巴巴，甚至有人称他为小马云。

行癫作为阿里巴巴走过无数岗位的产品经理和合伙人，他身上有很多的烙印。他最早是手机淘宝的负责人，在2004年加入淘宝之后，就成为淘宝的首席架构师，在2012年之后也做过聚划算的负责人。当时阿里巴巴系两个人的风头是非常接近的，一个是负责天猫的逍遥子，另一个就是负责聚划算的行癫。在逍遥子2013年10月成为公司的CEO之后，行癫接替了逍遥子，成为天猫、聚划算和淘宝的总裁。在2015年年底，逍遥子成为集团的总裁之后，行癫又成为集团公司的首席技术官。现在，这位阿里巴巴最优秀的架构师管理着新的阿里云的体系。这一系列的发展都证明了这个人未来的发展会成为关注的核心。

行癫是一个很简单的人，他不是那么高高在上，也不是那么一本正经，和老朋友一样，他的门是随时可以推进去的。他对很多事情有深刻的思考，而且他非常有主见，是一个非常奇怪的总裁，也是一个非常厉害的合伙人。

行癫是从技术人才起家的，他是阿里巴巴早期的技术专家。他是一个技术的钻研者，我们有时候称他为疯子一样的人。他会写代码，会做产品的运营，会做产品的设计，会做UI，他在各个产品体系都待过，而且负责过阿里巴巴系所有产品的设计和运营。作为一个全才，他在产品时代发挥着极致的作用。行癫被任命为阿里云的总裁，相信集团也是为了增强公司技术口的价值、在技术上真正对每个产品进行打磨，为了在技术人员开发产品、研发人员共同协同的机制上让行癫做出自己独特的贡献。

一个优秀的管理者可以通过激励提高团队三倍的效率，但是如果要提高十倍的效率，靠激励做不到，靠管理也做不到，只有靠流程、制度、文化、机制才能提高十倍以上的效率。但提高百倍的效率靠机制不行，靠流程也不行，提高百倍的效率一定要靠产品。工具的力量是无穷的。互联网就是如此，越往后技术越是阿里巴巴的核心，越来越多的工作会被工具替代。行癫的发展也代表着阿里巴巴未来发展的一个重要脉络。

聚划算曾经因为小二受贿不得不改变规则。以前是按照小二的专业度去安排上聚划算的产品，之后用经济手段去决定哪个商家的商品上。想上聚划算就要出钱参加拍卖，然后聚划算再提成。这种方法极大地打击了聚划算的活力及专业度，聚划算在这之后一蹶不振。当时马云在会议上说，聚划算是天猫的倚天剑，做得好的话，天猫会发展得更好。可在实际发展过程中，天猫和聚划算之间形成了非常强的竞争关系。这两个事业部在很多业务上有冲突，因为是同一批商家同一批商品，而聚划算的团购又能够带来巨额的销量，对消费者有很大的吸引力，但这影响着天猫中品牌的长期成长。天猫在这个路径中一直摇摆不定。

后来公司决定以人工智能的方式去排序，不依赖于小二的关系和专业度，也不依赖于纯粹的商业拍卖的策略。这时，聚划算开始跑数据结构，但最早做的东西被很多人所唾弃，因为数据不准，排出来的商家不是需要的商家，而且这些商家的销量也不好。行癫坚持在聚划算做人工智能的筛选，不停地去改变算法、加强数据，不停地去调整它的机制。随着行癫的努力，聚划算的人工智能筛选结果越来越准确，筛选出来的商家越来越有价值。先通过人工智能的方式筛选商家，再用小二的专业去挑选，两者结合，让聚划算走上了一个完全不一样的发展道路。

行癫在聚划算的人工智能测试最终取得了极大的成功。逍遥子在成为公司的CEO之后也非常看重技术能力。2015年，逍遥子发布了公司的转型战略。转型的核心是将公司的前端运营人才变成小前台，而大中台以数据为核心做后台的整体运作，再加上底层阿里巴巴集团的资源，重新制定了公司的发展战略。阿里巴巴把中台变成了自己的航空母舰，而前端的小前台就好像战斗机一样，这样灵活的方式加上后端非常厚重的补充，使阿里巴巴成为一家发展非常快、灵动性非常强、智能性越来越强大的公司。

在整个大中台的路径中，首先是底层架构和底层数据库的建设，而前端的运营策略和运营需求也是所有数据的来源，要把这些前端需求和后端原料整合起来是一件专业、困难、重要的事情，而且是一件需要长期坚持的事情。

行癫是一个非常直接、非常简单、一眼能看到本质的人。在他的领导下，大中台战略成为阿里巴巴集团最核心的战略。行颠的管理有非常强的个人风格。当时有很多业务部门因为找不到流量、找不到资源而做不好业务，业绩不好，可能被淘汰。行癫一旦发现有团队在不要资源、不要加人，也不要加钱的情况下，业务还可以增长的时候，就会把所有的资源都给到这个团队。这样，这个团队的业务增长速度就会非常快。所以，行癫在管理淘宝的时候，每年都会有些业务会有爆炸性地增长，比如拍卖、汽车在各自的领域都有突飞猛进的发展，产品和项目在短时间内会得到革命性的变革。

有一次，我问行癫为什么这样去管理公司。他说："一个项目的成功与失败只有三个要素：第一是项目本身，项目本身错了无论怎么做都做不对，所以项目的方向一定要对；第二是团队，团队与这个项目不匹配，也做不出来，所以团队要对；第三是时机要对，做早了不行，做早了一定失败，做晚了也不行，做晚了别人已经占领了，时机非常关键。"

他一直重视天时地利人和。如果这件事情做不好一定是其中有一点不对，所以他什么支持都不给，而是看哪里天时地利人和了，然后去给予支持。

第 6 节　侠骨柔情的蒋芳

"因为信任，所以简单。"用这句话来描述阿里巴巴的一个合伙人再合适不过了，她就是蒋芳。蒋芳是马云的学生，来到阿里巴巴的时候只能做前台。之后，她担任过廉正部负责人，也担任过阿里巴巴的首席人力资源官。

在蒋芳还是马云的学生的时候，她就开始对马云的创业非常关注，她毕业的时候辞掉了一份公务员的工作来到了阿里巴巴。当马云跟蒋芳讲到互联网的发展的时候，蒋芳并没有听懂，但是依然愿意跟着马云一起去创业。这是因为她信任马云。信任是一种纯粹的力量。蒋芳最早在阿里巴巴做前台工作，但做了一年之后她就跟马云说："马老师，我要离职！"马云说："你去干什么？"她说："我要去日本留学。"马云说："你为什么去日本留学？"她说："我特别喜欢日本的一个作家，叫村上春树。我要去村上春树写过的每个地方去看一看，我要去学日语。"马云说："好，你再帮我两年忙，把公司的事情解决掉了，你就可以去日本了。"结果这句话一说过去了十年，蒋芳现在还没有离职，且已经成为阿里巴巴很重要的管理者。她就是这样一个简单的人，她为了自己的兴趣爱好可以去做很多匪夷所思的事情。

蒋芳一直觉得自己的能力不够，做业务的时候她就说："我能力不行，马老师，我做不了这件事。"但是马云说："你去做，你只管用心做就好，你只管用你的真心去做就好。"在阿里巴巴，一个看起来能力不强的人可以成为一个优秀的管理者，成为一个伟大的领导者的原因是，每个人都可以从自身找到力量，每个人都会从内心找到真实。只有真实才能成就最伟大的管理者，也只有真实的人才是最伟大的领导者，任何所学的技巧、方法和流程到了真实的面前，都是不值得一提的。少一些套路，多一些真诚。所以说，仁者无敌，真诚的人无敌。蒋芳就是这样一个人，相信信任的力量。

在每次蒋芳讲话的时候，她都会讲很多早年创业的故事，比如当年在湖畔花园的时候的故事，比如当年马云会给大家做家常菜的故事。如此简单，那一群创始人就是如此的开心，那段时光相信也是他们在一起最开心的日子。因为信任，蒋芳相信了马云所讲的"虚无缥缈"的未来，最终他们共同把那个未来创造出来了。蒋芳相信马云愿意放她去日本，于是坚持了两年、两年，又两年，一直坚持到现在。蒋芳相信马云所说的未来会遇到很多的危险要解决，于是在任何时候，只要公司安排蒋芳去做，她一定迎难而上，即使自己不会，但只要公司安排，她就一定会去做。她是阿里巴巴人都很佩服的姐姐。

在每次的培训中，蒋芳会去跟大家讲，阿里巴巴早年创业的不容易，她自己什么都不会，但是她很感激阿里巴巴。就是这样，一个很平凡的人现在身家几十亿，但是当她走过你的面前的时候，你根本看不出她是一个有如此身家的人，她开的车、她的装束、她的谈吐看起来都是如此的平凡，这就是阿里巴巴人身上的特点。简单平凡，但是平凡的人在一起可以做出非凡的事情来。一群平凡的人在一起做出非凡的事情，这就是一家伟大的公司应该有的样子。从蒋芳身上经常能体会到这种让人感动的信任的力量。

蒋芳没有做过廉正的工作，但是只要客户有问题，她就去解决。她从前端客户那里搜集信息，去解决公司的廉正问题。在她的运营下，发生了后来的"诚信门"事件。

在阿里巴巴的发展过程中，蒋芳特别关注廉正的普及，她说廉正的目的不是将阿里巴巴犯法的人抓进牢房，如果阿里巴巴有人因为贪污的事情被送进了牢房，那是廉正工作的失败。因为廉正部要做的是让大家不愿意贪污，不敢贪污，彼此促进，共同成长，做一个堂堂正正的人。正因为她有这样的想法，在处理问题的时候，她都跟大家反复地去讲，要建立一个机制，让大家没有犯错误的机会。一个做廉正的人被所有的员工尊敬，让大家觉得这个人在为所有的员工着想，这是一个非常了不起的成就。

2015年年底，逍遥子成为集团的CEO，需要找一个好的政委搭配。跟逍遥子匹配的政委很关键，一定要有能力、有智慧，且能够跟他平等对话。于是，马云最终决定让蒋芳成为逍遥子的伙伴，成为阿里巴巴集团的首席人力资源官。蒋芳当时也跟马云说："马总，我没有做过人力资源，做不好政委，不知道政委怎么做。"马云说："你用心做就好，你用你的情感、你的真实去做就好。"结果蒋芳做政委做得非常好。

蒋芳是一个很朴实的人，她在做政委的时候愿意做很多的事情，她愿意跟每个来到公司的新人做交流，只要是公司的新人培训蒋芳基本都会参加。她说："我是公司最早的创业者，我会把当年的故事告诉他们；我也是公司的人力资源官，我要把我对他们的要求告诉他们。因为他们只有一开始就知道要求，才不会犯错误，才会发展得更好。"在阿里巴巴工作非常辛苦，蒋芳经常在员工的福利、员工的管理、员工的私生活方面给予非常多的关注，包括食堂、班车、保险和住房，很多员工关心的事情都是蒋芳提出来。蒋芳还会做一件很重要的事情，就是关心已经离开阿里巴巴的人。

马云曾经说："未来的中国500强企业中有200个CEO是从阿里巴巴出来的。"在感恩节大会上，马云说："我希望不是200强，是200个既对社会有价值，又能够真正关心员工的公司。这才是好公司的标准。希望这样的500个公司里面有200个是阿里巴巴的创业者做出来的。"

阿里巴巴人走到哪里都是阿里巴巴人，在蒋芳的身上，在逍遥子身上，在关明生身上，在每个阿里巴巴合伙人的身上，都能看到浓浓的阿里巴巴味道。阿里巴巴的合伙人之所以成为合伙人，就是因为他们自认为自己是一个平凡人。我希望给大家传递的阿里巴巴的管理不仅是条条框框的知识，更是阿里巴巴的味道和为了自己的理想不停拼搏的精神。

第六篇

阿里巴巴的领导力

第14章

/

如何发展领导力

第1节　成就他人，成就自己

阿里巴巴的管理一直在强调管理和领导力。这两者对于整个企业的发展非常重要，除了系统的构架，还需要有领导力推动管理模型的运行。领导力就像动车系统中的司机，司机是火车前进中非常重要的环节，而且这个环节是相对而言的，相当具有艺术性，如果说管理有更多的科学，那么领导力就有更多的艺术性和人性。

管理是通过成就别人来成就自己的，那么作为一个优秀的管理者，实际上在成就别人和成就自己之间可能是有矛盾的。应该如何去做取舍和应对呢？大家还要明白：在实际操作中，在面对一个真实的业务和项目的时候，管理往往不是只有正确答案，而是要面临选择的。

我在阿里巴巴做过很多次内部的管理培训。一次，我在做了一个小游戏，我把团队分成了四个小组，然后让每个小组把他们喜欢的管理者的样子和不喜欢的管理者的样子写出来。这是为了看看大家喜欢的管理者和不喜欢的管理者到底有什么区别，能不能找出一些共性出来。这四个小组各总结出五条他们喜欢的管理者的样子，也总结出五条他们不喜欢的管理者的样子。

然后，我把他们喜欢的管理者的样子贴出来，也把他们不喜欢的管理者的样子贴出来。结果很有意思。大家希望管理者有非常明确的目标和计划，希望管理者能够大度、能够贡献出或者给予非常多的东西，希望优秀的管理者本身能够不断成长，等等。他们不喜欢的管理者的特点也很多，比如专横独裁、经常对着自己的项目指指点点。

我画了几条线，把这些形容喜欢的和不喜欢的管理者的句子连了起来。我说："你们有没有发现你们喜欢的管理者和你们不喜欢的管理者其实是一样的？你们喜欢管理者目标非常明确、分工非常明确，同时又不喜欢管理者什么事情都做主。这不是很矛盾吗？另外，既希望管理者随时随地给予辅导，又不希望管理者在过程中插手和指指点点，难道不矛盾？"喜欢管理者进行辅导和教育，希望管理者很大度，但是又希望管理者赏罚有度，对那些真正有功劳的人奖赏，对那些没有功劳的人就要"干掉"。仔细观察，你会发现绝大部分的优秀管理者和不优秀的管理者其实是一样的，两者在某一件事情中做法是一样的，只是不同的人的看法不一样而已。有些人自己做得很好，说优秀的管理者应该赏罚有度；而有些人自己做得不好，说优秀的管理者应该随时给予辅导，而且要大度。

做管理难在哪里？难在管理者要让所有人都明白且同意自己的管理法则。这其实是没有必要的，也做不到的。真正优秀的管理者要能够合理解决问题，且不留下太多的后患。管理的定律其实是一种统计规律，而不是此情此景下的最优选择。

阿里巴巴在发展的过程中有很多这样的决策，比如做口碑网的时候，就来来回回犯过很多的错误。阿里巴巴并不是所有的选择都是正确的，对未来的预判、做这件事情的人的选择、管理的决策等，都出过问题。有些时候，管理是对的，但人不对，如果开车的人不对肯定就到不了目的地，因人成事是管理的重中之重。

管理者要能激发别人的能量，一个优秀管理者无论到了哪个业务部门都能快速成长，往往是因为他懂得如何去通过成就别人来成就自己。要成为一个这样的管理者有四个难点。

第一是成就自己。

第二是成就团队。

第三是成就合作伙伴。

第四是成就社会价值。

下面具体来介绍一下这四个难点。

第一，成就自己。 每个人都要成就自己，对自己有很多的期望，对未来有很多的憧憬。

为什么有些人很久都无法实现自己的目标和愿望，而有些人似乎什么事情都做得好，无论怎样做最终都能达成目标？随着我的自我修行，我越发看到每个人之所以能实现自己的理想，是因为这个人对这件事情有充足的自信，对这件事情坚定不移，坚信这件事情一定是可以做到的。

自信的背后是严格的自律，就是为了实现目标而采取行动，进行自我管理。自律是自信真正的动力源泉。成就自己就难在自律上。学习了很多的管理方法为什么还是管理不好团队？懂得很多的知识为什么还是活不下去？就是因为自律不够、行动不够、知行合一不够。

很多人连早上按时起床都做不到。每天早上起床的时候都有N个声音，"赶快起床我要去奋斗""再睡五分钟""再睡一个小时"。一个连自己都管理不了的人终将一事无成。德鲁克说过一个非常关键的话："所有伟大的管理者首先都是一个伟大的自我管理者。"

请你管理好自己，请你从今天开始严格要求自己，因为只有严格的自律才是人成功的本源。

第二，成就团队，即在做事情的时候去成就团队的成员。

一个优秀的管理者要想成就自己的团队，首先需要对其所管理的项目、业务和获得的资源有充分的了解，而且要非常了解团队中每个人的优势和劣势，然后将自己所有的思考和规划变成大家的共识。第一个很关键的地方是不能简单地把任务下放给团队成员，而应该让所有的团队成员共同参与，让他们把你的想法、你的计划说出来。第二个关键的地方是在获得了成果之后还需要将所有的成果分给团队的成员。作为管理者不邀功，能让功，而且能时时刻刻关注自己团队的成长和团队成员的成就感。管理者需要给团队成员更多的激励和更多的荣耀，而只有舍下自己的利益才有可能给团队成员利益。

从这个角度来讲，成就团队，首先是能够在充分信任的情况下去帮助团队成员；其次是能给团队成员更大的空间，让他们有能力去随时解决问题。管理者的能力越强，团队犯错误的空间就越大。有些管理者之所以非常喜欢去插手他所管理的团队成员的任务，是因为他知道现在不插手，他就再也来不及做这件事情了。但是如果他的能力足够强，在最后一瞬间还能够把错误纠正过来，那么在他能做好事情的最后一瞬间和团队给出的团队犯错误的时间之间就存在很大的可操作空间，这个空间就是管理者能给出的团队犯错误的空间。管理者的能力有多强，这个空间就有多大。

第三，成就合作伙伴。成就合作伙伴最难的就是利益。

做一个项目往往需要和多个团队协同合作，分别在这个业务中承担不同的任务。但是当任务完成后，论功行赏的时候，你会发现很多时候功劳是说不清楚的，于是很多团队就去抢利益，而要成就合作伙伴，就是要让出一部分利益给到其他的团队。

一位大商人曾经说"我能拿51%的时候，永远只拿49%"，因为这样才会有更多的人愿意跟他合作。或许你有这样的境界、想法、胸怀，当团队合作的时候你让出去了更多的利益，但是你的团队是否愿意和你一样让出利益？因为你让出来的是团队利益，不是你的个人利益。很多人在这点上根本搞不定自己的团队。不仅自己愿意让出利益，还要带领自己的团队愿意将利益分给合作伙伴，这一点对于管团队的人而言非常难，而且可以说是最难的事情。但是只有做到这样，自己和自己团队的利益才能更加长久。

第四，成就社会价值。社会价值的成就不仅是利益的问题，还有眼光和境界的问题。

企业的价值，就是组织给予社会的价值。在每件事情发生的时候如何决策，选择的关键点在哪儿？应关注什么？以此为基础，成就自己难在自律，成就团队难在空间，成就合作伙伴难在利益，成就社会价值难在眼光和境界。通过成就别人来成就自己不是一句空话，这是管理者自我成长和自我修行中非常关键的思考和行动。

第2节　阿里巴巴的接班人计划

阿里巴巴有过两次高管整体调动的情况，分别发生在两个大的时间节点。第一次是在2008年，第二个发生在2015年。2008年，也就是公司在中国香港上市一年之后，阿里巴巴有一次非常重大的人事调整——让B2B业务主要的管理者都退居二线，因为需要腾出更多的位置给新的管理者。一批一批管理者在公司的不同阶段会有不同的想法，当时正好股票解禁，高管身家亿万，再让这些人起早贪黑去做事情，也许对于个别人是可能的，对于整体而言确实是一个很大的挑战，这也是人性的问题。马云很果断，让高管集体退居二线。

2014年，阿里巴巴在纽交所上市，创造了上万个千万富翁、上千个百万富翁。2015年，马云再次安排了阿里巴巴的高管退居二线，包括陆兆禧、曾鸣，由"70后"也就是逍遥子所代表的一批人开始执掌阿里巴巴，阿里巴巴发展依然越来越好。在阿里巴巴，这么大规模的高管集体退居二线，并没有对公司的发展造成太大的负面影响。

阿里巴巴有一套非常完整的接班人计划，这是阿里巴巴敢于让高管集体退休的基础条件，也是阿里巴巴永续发展的核心。

下面介绍一下阿里巴巴用的方法。阿里巴巴会做人才复盘，每年都会做业绩考核、人才考核。阿里巴巴永远把人才复盘放在业务复盘的前面。从某个角度来讲，人才复盘的重要性和必要性是超过业务复盘的。大部分的公司做人才复盘比较少，但应该都有做业务复盘。逍遥子在做天猫总裁的时候，马云为他做人才复盘会问三个问题。

第一个问题，今年哪些人成长最好？阿里巴巴有271制度，那些排名前20%的人是公司里面成长最快的人，而排名后10%的人是要被淘汰的人。公司特别重视20%优秀的人，所以作为总裁要很清晰地把公司20%优秀的人的情况如数家珍地讲出来，比如今年哪个地方有成长、做了什么事情，等等。

第二个问题，请问在这些人的成长过程中，你为他们做过什么事情，你帮着他们做了什么事情？如果他们的成长完全靠自己，那么要你这个总裁干什么？总裁在每个人的成长过程中都应该起到促进和推动作用。

第三个问题，你今年主动开除的人，不是那些主动离职的人，而是你认为不适合公司、不符合团队要求而主动淘汰的人，都是谁？他们现在怎么样？

在人才复盘中，要对那些优秀的人、合格的人及不合适的人做出决策。除此之外，还有更详细的人才盘点，比如哪些是公司里面非常重要的人才、哪些人需要长期培养、哪些人需要调动，这些都会做出详细的规划。在阿里巴巴，人才复盘非常重要。

除了人才复盘，每个管理者都需要有自己的接班人，这是管理者在年度复盘和管理者晋升的时候必须考核的。一个管理者必须在系统里面非常明确地写清楚，如果自己请假、轮岗或调任其他岗位，谁能够马上接替自己的工作，而且保证接替者能够将工作做好。这就是接班人计划，阿里巴巴的接班人计划是要写入系统的。在很多世界500强企业也有类似的情况，如果总裁出现问题，CFO马上就可以作为总裁担任职务。

在每个完善的公司都有接班人计划。阿里巴巴的每个管理者都需要有至少一个接班人，而对于组织部总监级别以上的管理者，硬性要求是必须有两个接班人。在考核一个高层管理者是否能进入组织部的时候，公司会先对这个高层管理者的两个接班人进行考核，考核内容包括他们的能力、资质和意愿，以及是否能够马上接替管理工作。除此以外，组织部还有一个硬性要求，就是公司决定调任他过去管理某个部门的时候，被调者要无条件支持、无条件接受，无论去哪个城市，无论什么岗位，无论什么级别。公司的高层管理者肯定都在组织部，每个人下面都有至少两个随时可以接替的人，这样的方式就保证了在任何一次调动中，都不会出现群体混乱的事件，这样，管理都会有序发展，业务也能持续发展。

在这样的管理方法下，管理者必须倾其所有培养自己的接班人，把自己所有的东西教给接班人，因为这是管理者未来能够升职的前提条件。也正是因为这样的要求和机制，阿里巴巴才能够保持团队的永续发展。

为了让所有的管理者能够在接班人计划中做得更好，或者让每个团队成员在有项目和岗位需求的时候能够随时调动，就要培养多面手、培养跨部门的业务管理者。在阿里巴巴经常会做轮岗，比如今天是管理人力资源的，明天有可能会去管理业务，管业务的人明天可能去管产品，而管产品的人可能有一天会去管设计。阿里巴巴这种轮岗非常频繁。每过几个月，某些业务的管理者就会变一个人，这在阿里巴巴是一件很正常的事情，但是对于很多公司而言这是无法接受的。

轮岗是培养管理者的一个重要方法，一个优秀的管理者在任何一个团队里面可以用半年的时间将自己的资源和对事情的理解带过来，快速地将自己的知识、理解、方案、策略变成系统化的流程和标准化的产品。一旦系统化的流程和标准化的产品完全放到了这个业务部门，就代表着管理者的历史使命完成了，那么他的下一个使命是要到新的部门将他的系统化的流程和标准化的产品重新落地，这样他才有成长。在过往的基础上继续加上他对产品、资源、系统的理解，他就会越来越强，团队也会越来越强。而管理者在流动中既带来了资源，又带来了信息，还带来了协同，当然也带来了管理的发展——能够通过轮岗机制随时接任很多岗位。管理不是单个模块的打磨，而是整个系统运营机制的设计和整理。

第 3 节　赋能发展：组织型管理者

兵怂怂一个，将怂怂一窝。在实际工作中，有些人做业务也许不是很好，但是做管理做得很好。管理者一般分为三种类型。

第一种管理者为组织型管理者，就是组织委派其作为管理者。在一般情况下，组织型管理者的重要性比我们想象的重要很多。

第二种管理者为专家型管理者。专属型管理者在某个领域具有相当强的专业能力，拥有专家权和在重要项目中的决策权、建议权。别人不会，就他会，大家都会听他的，因此也叫专家型领导者。

第三种管理者为人格型管理者。人格型管理者非常具有人格魅力，虽然不是组织安排的管理者，或许没有那么强的能力，但是他的所思所想、为人处世、言谈举止都为大家所喜欢。大家愿意去听这个人的话，愿意去相信这个人，这就是人格型管理者。

每种管理者都有不同的能量，也都有不同的管理方式和利弊所在。

三国时期的这三位重要的管理者，实际上就是不同类型管理者的典型代表。

孙权是组织型管理者。东吴的基业是靠孙坚和孙策打下来的，孙策临终前把江山传给了自己的弟弟孙权。当年孙权十九岁，可以说，他就是组织所任命的管理者。孙策离世之前跟孙权说了一句话："内事不决问张昭，外事不决问周瑜。"后来，孙权也是这么做的。苏轼有句词"亲射虎，看孙郎"，意思是孙权一个人可以打死一只老虎。曹操也说"生子当如孙仲谋"。可见，孙权是很厉害的，也很有个人魅力。

曹操是专家型管理者。早年的曹操就非常有志向，有个看相人说曹操这个人长大之后不得了。"治世之能臣，乱世之奸雄"。青年曹操当官的时候提一把刀就能够去抓捕盗贼，而且不避权贵，曹操治理下的区域秩序井然，谁都不敢为非作歹，可见他的能力非常强。曹操打仗的时候历来都是身先士卒，前线指挥能力极强，好几次因为身在前线差点被干掉。赤壁之战，曹操身在一线；南征张绣的时候他也身在一线。曹操不仅有勇有谋，而且诗文了得，他是一个全能的专家型管理者。

刘备是一个典型的人格型管理者，志向远大，礼贤下士。桃园三结义的时候，刘备跟张飞、关羽讲自己是中山靖王之后，却一事无成，甚至讲着讲着就哭了起来。刘备待人仁义，得到了张飞、关羽的兄弟之情，生死追随。尽管有两兄弟帮忙，依然打不下来天下，虽南北征战，却没有尺寸之地。之后到荆州依附刘表，他遇到了徐庶，徐庶向他推荐了一个非常厉害的人——诸葛亮。刘备三顾茅庐，请诸葛亮出山。诸葛亮本不愿意出山，但刘备说："你不出山，天下苍生怎么办？"于是，诸葛亮开始追随他。刘备就是一个典型的人格型管理者，他能让很多人心悦诚服生死相随。

无论哪种类型的管理者，只要做得好，都可以成为优秀的管理者，而组织型管理者能够发挥团队协同的作用。历史上还有一个非常优秀的组织型管理者商鞅。商鞅在说服秦孝公变法之前讲了几个人的变法和改革。在讲到吴起时，商鞅说他只不过是训练了一支好军队。商鞅要进行的变法，不仅是军事的改革，也不仅是一个国家吏制的改革，而是要建立一套制度——一套使国家强大的组织制度。

对于组织型管理者来说，名要正且力要足，所有的方法要有系统、有步骤、有重点、有关键。组织型管理者是依据组织力量来推动企业的发展和组织的永续进步的。秦孝公和商鞅所革新的秦国管理制度，彻底提升了当时秦国的国家实力，而且一直到秦始皇统一六国，其沿用的依然是当年商鞅变法所制定的法律，而这套法律其实就是一套组织运作机制。

阿里巴巴的发展过程也是不停发挥组织力量的过程，比如早期将淘宝一分为三就是运用组织的力量将每个业务独立出来，让它们靠自己的生命力去发展，而不是混在一起以部门的方式去发展。每个单元可以独立发展、不断创新，而组织型的领导者一定要发挥出战略布局的能力、组织协同的能力和人员培养的能力。

第 4 节　解决问题：专家型管理者

在古代，人们形容一个非常厉害的人，会说他通天彻地、文武双全。在企业发展过程中，尤其随着互联网的发展，专家型管理者渐渐成为稀缺的资源，成为对项目、管理和企业发展不可或缺的人才。无论是在古代还是在现代，专家型管理者都具有独特的魅力。专家型管理者才是未来的发展模型。

马云在很多场合讲："唐僧是一个非常优秀的管理者，他的团队是一个非常优秀的团队，大家的性格不一样，但是都有各自的分工，唐僧有信念，孙悟空有能力，猪八戒有情商，沙僧和白龙马有担当。这个团队的成员身上都有明显的优点和明显的缺点，之所以最终能完成西天取经，是因为四个不完美的个人组成了一个完美的团队。"

从管理的角度来看，唐僧并不是一流的管理者，唐僧虽然有非常坚定的信念，但是没有专业能力，属于一个非常纯粹的M1型的人物。唐僧有管理能力，但是缺乏专业能力，没有孙悟空的火眼金睛，经常不知道谁是妖怪、谁是好人。但在唐僧身上有一个特别重要的优点，就是无论遇到什么样的问题，也不管遇到多少困难，他都会让自己的团队坚持走在取经这条路上，永远不会后退。

真实的玄奘之路也是如此。玄奘走到800里沙海的时候，他的水袋被风吹掉在地上，没有水喝了，他面临着一个非常困难的选择，要么向东回去装满水，要么继续西行，但很有可能死在路上。玄奘开始的选择是东归，找一个地方装满水，再西行，结果走了几步之后他问自己："今天我遇到这样的问题就想往东走，明天我遇到别的问题是不是还会往东走？这样我永远到不了西天。"于是，他调转了方向，宁愿西去而死，也不愿东归而生。带着这样的使命，带着这样的决心，玄奘行走在西行的路上。作为一个优秀的管理者，内心对于目标的执着能抵制一切诱惑，是必备的素质。

阿里巴巴经常会有P序列和M序列之间的转换。就拿我来说，我刚到阿里巴巴的时候是P序列——专家型的人，我只负责我的业务就好，后来我转成了M序列的人，成为管理者。我身边有很多的管理者随着业务的变化转成了P序列的人。这样的事情非常多，公司并不要求每个专家都要成为管理者，管理不是唯一的发展路径。

阿里巴巴之所以经常在P序列和M序列之间调动管理者，是因为一个完全不懂业务的纯粹的管理者会有两个方面的问题。

第一个方面，他们往往在决策的时候找不到方向。管理者是一个重要的决策人员，如果在决策的时候认识不到业务方向，就很容易在关键的判断上出现错误。当然有避免这种问题的方法，就是在业务判断中依靠团队，或者借助外面的专家来判断。不懂业务的管理者可以借助外力，但是如果自己在这个方面过于执着自己的判断就会出问题。

第二个方面，他们不了解技术发展所带来的重要机遇，以及技术竞争所带来的重大转变。很多看起来差不多的东西背后其实千差万别。比如米聊和微信竞争的时候就出现过这样一个案例——一个看起来很小的业务点最终导致了米聊项目的失败。当年米聊新版开发的时候，有一个功能是大家非常期待的，叫涂鸦，即不用打字，画画对方也会收到。微信4.0没有模仿这个涂鸦功能，而是开发了一个新功能——语音，结果一夜之间微信的下载量及使用量远远超过了米聊，当年排名第一的社交平台米聊竟然被微信打败。随着移动互联网的发展，任何一个小决策都有可能带来决定性的变化，而不懂业务的管理者很难发现那些细节。

要培养专家型的管理者也经常会遇到问题。

第一个问题是专家型管理者往往喜欢单干。

一个人做事情做惯了，为了效率，他愿意自己一手包办所有事情，不善于与人合作，不善于培养团队。马云在介绍政委体系的时候，讲到了电视剧《历史的天空》里面的情节。男主姜大牙早年作为士兵经常拿着大刀冲锋陷阵，后来当了领导之后，他还是喜欢自己拿着大刀冲在一线，结果被司令骂了。司令说："你是士兵的时候可以这样，但是现在你是领导，冒着枪林弹雨，如果你受伤了，甚至被击毙了，你的团队怎么办？"一旦群龙无首，团队就会被歼灭，这是不负责任的表现。

第二个问题是专家型管理者在培养人的时候往往耐心不够。

因为他自己是专家，效率比常人高很多，他五分钟可以做完的事情，别人或许要半小时才可以做完。他去教团队中的人，教了一两天还是不会，一做就错，但是时间紧，他只好自己重新教，自己更累了，结果也不好，团队出现矛盾。

第三个问题是专家型管理者经常用产品的思维完全替代人性思维。

很多时候，管理者既要考量产品的价值，又要考量实际的应用，以及团队协同和团队上下游的沟通。技术型的管理者往往执着于用自己的技术来解决问题的方案，而不去选择那些妥协性的方案。

Stay hungry，stay foolish.

这句话是乔布斯的名言。大智若愚，求知若渴。这句话所反映的就是乔布斯在公司发展过程中其内心的力量。乔布斯是一个比较典型的既有组织能力，又有专家能力，还有人格魅力的管理者。他的专家型的能力，在他人生成长过程中发挥着相当重要的作用。在中国互联网发展过程中，像李彦宏、马化腾等都是非常重要的技术人才。李彦宏是世界有名的搜索技术方面的专家，而马化腾本身就是技术人员，他写出QQ的整体框架，是一个非常优秀的产品经理。很多互联网公司创业成功的人才大部分都是技术专家出身的，这也代表了未来管理中一个非常重要的发展趋势。

讲到阿里巴巴的发展过程，以及阿里巴巴企业管理中的专家型管理者，就不得不讲在阿里巴巴一个非常有名的人物——王坚博士。有一天我打车，司机跟我讲："现在这两年我发现你们阿里巴巴的王坚博士很厉害，就因为他搞了一个城市大脑的项目，我之前开了十年的车没有被扣过分，最近半年被扣了六分。"因为以前路上95%以上的高清摄像头都是不开的，一是耗电，二是开了也看不过来，因为摄像头太多了。

王坚博士曾经说过这样一句话：世界上最远的距离是什么？是红绿灯和旁边摄

像头的距离。经常前后左右都没有车，但是一等红灯就要等一分钟，这是极浪费时间的。所有的红绿灯和摄像头之间并没有关系，彼此无法真正连接起来。后来，王坚博士带着阿里云做智慧城市项目就解决了这个问题——开启所有的高清摄像头，然后违章行为都由高清摄像头直接拍摄、识别，比如汽车闯红灯、没有礼让行人等违章行为，都会被摄像头直接获取。在处罚之前警察再次确认，若发现确实有问题，则马上开出罚单。有了这样的人工智能系统，城市未来的发展会依赖于数据化手段。

在阿里巴巴早期发展的过程中，大家一直在讨论交易市场如何才能走得更长远。2008年，曾鸣和马云等阿里巴巴高层管理者觉得公司要从交易市场变成一个生态体系，完成中国电子商务的基础建设。沿着这样的思路，公司需要找到一个非常重要的CTO，也就是一个非常厉害的技术专家。虽然找了很多在技术、数据方面能力很强的人，但最终并没有选择这些人，而是选择一个根本不算技术专家的人——王坚博士。他是心理学方面的专家，并不是数据、计算机方面的专家，但是他对技术很了解。

王坚博士来到了阿里巴巴，看到阿里巴巴的发展，于是提出了大家今天耳熟能详的概念——大数据和云计算。当王坚博士提出的时候，不管是马云还是曾鸣，根本没有听过。王坚博士推算了一下，以当年阿里巴巴使用服务器的情况，再过五到十年，每年所赚的钱还不够买服务器。

于是王坚博士说，必须做自己的云储存和云计算，未来是一个以数据为核心的时代。他通过他的专业知识预知到未来商业和未来公司发展的命脉。人类历史发展也是如此，早期每家每户都有一个发电机，后来特斯拉发明了交流电，而随着变压器技术的成熟，不再需要每家每户都有发电机，而是开始集中水力发电、火力发电，经过高压线路传输到各地。沿着这个思路思考，未来不需要每个人都有自己的电脑储存和计算，未来所有的储存和计算都将由中央服务器来解决。

公司开始将资源、技术、人才和资金投向了云计算。从2008年直到2017年近十年的时间，阿里云这个团队花费了公司几百亿元的资金，占用了公司几千个技术人员，但是一直都不赚钱。曾经有人说王坚博士差点通过阿里云让阿里巴巴破产，因为阿里巴巴在早期赚的钱都投给了阿里云这样一个庞大的项目。

等到2017年、2018年移动互联网真正发展起来的时候，所有的企业发现了用云计算、云数据协同的重要性，阿里云成为中国云计算行业最大的公司。目前在亚洲阿里云排名第一，前十名中的后九名加起来的市场还不如阿里云一家，可见当年王坚博士的远见和技术上眼光的独到之处。阿里云的兴起和发展，当时只有王坚博士这样的专家才能够看到和引领。阿里巴巴从早期以销售为核心的B2B时代，过渡到以技术为核心的阿里云时代，这也决定着阿里巴巴未来的发展方向。专家型管理者是阿里巴巴非常关键的人才，并不是所有的企业都有如此厉害的专家，但是可以借助其他的方式解决这个问题。

我在天猫的时候，最早负责天猫商学院的培训，但很快去了新组建的天猫智囊团。天猫智囊团并不是一个简单的战略组织，而是天猫众多业务的智囊机构和战略的策划机构，这个策划机构不需要花钱去请专家，因为最好的创意、最佳的点子、最优秀的产品都在客户手上。平台要做的事情是把那些最佳的点子找出来，然后把它做成产品，让所有客户都用这个点子。我在天猫三年多的时间里一直在天猫智囊团，向商家学习，借助客户的力量去解决公司发展的问题，专家不够，就借助资源、商家和合作伙伴的力量，让上下游所有的人来共享智慧，这是智囊团解决问题的方法。任何一个企业都可以用外部的力量来推动企业的快速发展。

专家型管理者在越来越多的企业里受到重视，比如腾讯的张小龙。张小龙早期做自己的产品，曾经找过雷军，想以十几万元的价格将这些产品的点子卖给雷军，但雷军没有接受。这家小公司后来被腾讯发现，腾讯购买了Foxmail做QQ邮箱的体系，并把QQ邮箱的管理交给了这个看起来不怎么样的张小龙。因为张小龙当年不太愿意讲话，也不太擅长讲话，张小龙这个部门不为人知，也不被重视，张小龙带着团队默默开发，直到随着移动互联网的崛起，大家开始思考移动互联网端的社交产品。在没有任何资源的情况下，张小龙把自己的哲学思维放到了微信这个产品上。

他把自己的喜好、思考、人格融入产品的每个场景，当然他的思考不仅于此。由于张小龙给微信灌输了非常优秀的哲学基因、给微信带来了非常多的人性思考，微信在这个天才级的产品经理手里终于诞生了，这让腾讯再造了一个新的帝国。

　　用户越多的互联网公司对优秀人才的需求就越大，因为平台可以无限放大一个人的能力。即使细小的差别，也会通过平台的扩充变成一个巨大的差别，这就是互联网公司非常重视人才，把人才当成公司第一生产力和核心竞争力的原因。如果今天要学习互联网的管理和互联网时代的运营，就一定要认识到在这个时代什么都比不过人才的重要作用。一定要给人才最充分的空间，因为只有这样才能够让人才在竞争的时代发挥出作用。

第 5 节　以德服人：人格型管理者

一个好汉三个帮，一个篱笆三个桩，只有团队才能获取最终的成功。马云带着一帮子人在杭州起家，从杭州到北京，又从北京回到杭州，大家一起创业。这群优秀的合伙人是公司快速发展的关键所在。

为了研究阿里巴巴的管理之道，我有幸采访了十八罗汉中的楼文胜、彭蕾等人，问了他们同一个问题："过去了这么多年，你为什么愿意跟着马云？他有什么地方吸引你？是因为很聪明，是因为遇到困难会告诉你答案，还是因为他每时每刻都能激励你？"他们告诉我，他们之所以还在阿里巴巴，是因为马云很需要他们，而不是他们很需要马云。马云经常跟公司的人说："当年幸亏你在，要不是因为你公司早就没有了。"

马云跟蔡崇信说："幸亏你在，要不是因为你，公司拿不到一分钱的投资。在公司没有资金的时候，在和雅虎谈判的时候，要不是因为你在，公司哪有今天？"之后他又跟郭靖说："当我们被黑客攻击的时候，要不是因为你，我们哪有今天！"几乎马云跟每个人都说过："要不是因为你，公司早就死掉了，你千万不能走，你走了以后公司就麻烦了。"大家彼此依靠，每个人都被马云需要，所以这些人一直跟着马云，到现在他们也不愿意离开。

我听过一个著名的婚姻学家讲哲学，他说："在婚姻中比'我爱你'更加重要的是'我需要你'！""需要"才是一个人爱上别人的根本原因，母亲无私地去爱一个孩子，是因为孩子对她的需求非常多。当被别人需要的时候，这个人才能看到自己的价值，而这种被需要的感觉是人格魅力的核心，这是很多人不能理解的。很多人把人格魅力理解成完美的、友善的、和气的、漂亮的，但是这些都不是正确的答案。

有一天，我跟马云的一个私人好友聊天。我问他："马云如此成功的最大原因是什么？"他跟我说："因为马云很自卑。"我说："怎么可能？马云是一个如此信心爆棚的人，是一个在演讲中侃侃而谈、指点江山的人，怎么可能是自卑的人？"马云经常跟朋友们讲："我什么都不会，我不是技术人员，我没有钱，我没有任何背景，我也没有任何家世，我一无所有。"当年马云去肯德基找工作，但没有被录用他，因为找不到工作，没有办法，只好创业。

马云说："连我这样的都能创业成功，每个人创业都能成功。"马云真的觉得自己能力差。在阿里巴巴看马云写的内部邮件，里面的标点永远只有句号、逗号，顿号都没有，因为他不知道标点符号怎么打出来，也不愿意学。马云觉得自己什么都不行，于是他永远都在找非常厉害的人来帮助他，这就是马云内心的自卑所带来的强大力量。

后来我看了一个节目，我对自卑又有了新的理解。当时冯小刚正在拍电影《唐山大地震》。杨澜采访冯小刚说："冯导，您这么成功了，为什么还如此努力地去工作，为什么还愿意辛苦地去拍电影呢？"冯小刚说："因为这些作品让我有所触动，我只拍两种电影，第一种看完之后观众笑了，第二种看完之后观众哭了，只有打动人心的剧本才是我愿意拍的。之所以还很努力是因为我很自卑，我要通过拼命地拍电影来证明自己是有能力的，没有别的办法。"

冯小刚说："我是一个不喜欢拿着自己的尺子去量别人的人，我不愿意站在道德的角度去批评别人，其实是自己根本做不到。"他最不喜欢用圣人的道理去教育别人，因为自己还做不到。我们只有打动了自己，只有真实地面对自己的情感和内心，我们才有可能去影响别人。但是，如果我们用空洞的道理去讲，就无法真正地影响别人。我听出了冯小刚自卑的意思，自卑并不是觉得自己真的不行。用马云的话说："什么叫信仰？信，来自感恩；仰，来自敬畏。有信仰之人就是有感恩心、有敬畏心的人。"马云对信仰的理解非常独到。十八罗汉之所以跟随马云，是因为敬畏、感恩，这就是人格魅力的核心。

我特别期望每位管理者都能够反躬自省，看看自己是否真的做到了这些。管理者自己的成长就是团队的成长，对自己的管理就是对团队的管理。就如同德鲁克所说：所有伟大的管理者首先都是一个伟大的自我管理者。管理者只有对自己进行管理，严格自律，才能带领团队发展。团队就是自己的N次方，自己做得不好，怎么能期待团队做得好？

《素书》结尾有一句话：释己而教人者逆，正己而化人者顺。

只会讲道理的人，自己都做不到而去要求别人，一定会让别人叛逆；自己做得很好而感化别人，言传身教，自然万事顺利。

第 15 章

/

领导力发展之路

第 1 节　因材施教：情境领导力模型

管理是一种科学，科学有其标准，而领导是一种艺术，艺术在每个人的身上都会有不一样的体现。

关于企业的情境领导力有一个案例。唐僧带着四个徒弟：大徒弟孙悟空能力很强但脾气很大；二徒弟猪八戒对唐僧还是不错的；三徒弟沙僧勤勤恳恳，看似非常努力却没有大贡献；白龙马不说话但关键时刻能站出来顶一下。在这个团队中，每个人的性格不一样，每个人的想法不一样，每个人的需求也不一样，所以管理就有很多不同的情境。

在考核的时候，阿里巴巴会根据KPI和价值观两个象限将大家分成四种不同的人群，并采用不同的管理策略。在绩效考核打分中，KPI和价值观各占50%，这个比例在过往的20年间一直没有改变过。如果想在考核中得高分，就必须KPI好，价值观也好，两者都非常关键。绩效考核中的价值观和KPI，在情境领导力中也有相对应的内容，叫意愿和能力。意愿类似于价值观，一个人的意愿是做一件事情的动力，阿里巴巴的动力来源就是价值观体系。而一个人的能力跟KPI体系是相关的，有多少的能力最终就能完成多少的任务，KPI是其中最核心的体现之一。在情境领导力中，对于不同特性的员工，使用的管理方法、领导方法是不一样的。

情境领导力认为一个人要完成工作需要具备三个要素。

第一个是能力，包括做事的能力、做事的技能和做事的工具。

第二个是意愿，即想不想做事情、想不想把事情做好、有没有把自己的意愿和自己的发展跟公司的业务配合起来。

第三是资源，指资源是否足够支持完成工作，无论是人力的资源、物质的资源，还是其他的资源。

这三者在情境领导力中是非常关键的三个要素，以此为基础，可以把人分成四个象限，而根据不同象限和不同领域就可以了解该用什么样的领导方法去关注和指导人的成长。这四个象限分别是有意愿有能力、有意愿无能力、有能力无意愿和无能力无意愿。

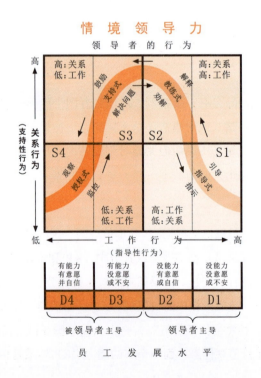

第一，对于那些有意愿有能力，在公司里绩效好、价值观也好的人，阿里巴巴称之为明星。这类人的工作结果远远超出公司的期望。给这种人的奖励不仅是奖金，也不仅是职务，最重要的是一个机会、一个舞台。自己有意愿做事情，也有能力做事情，就好像火种一样，无论放到什么地方，都能够自己发光、发热。这样的人一定会取得好成绩。

当年我在阿里巴巴的时候，政委经常讲我身上有一个优点。我问是什么优点，他说："你最大的优点是，任何时候你都会非常积极乐观地去看待所有的问题，无论这个问题是你造成的还是别人造成的，你都不会去抱怨，都是想着如何去解决，而且不仅要自己去解决这个问题，还要通过自己的努力带着大家去解决这个问题，这是非常好的。"他又说："你还有一个问题是你太讲究效率，所以你要去解决这个问题。"

我当时并没有听懂他什么意思。效率不是很重要的吗？我以前在影响力公司做企业管理培训的时候，一直在讲"效率是管理的核心"，所以我没搞懂政委跟我讲的是什么意思。直到我后来带天猫智囊团的时候我才理解，真正的效率不等于效能。效能是能够把事情最终达成，但事情能否达成不只是自己一个人的事情，而是整个团队乃至整个公司的事情；效率只是在强调快，我们不能单纯为了效率而忽略对过程的要求、忽略对于团队的培养，甚至忽略了对生态的培养。如果只是把事情做好，虽然效率很高，但是可能永远在忙于那些细枝末节，而忘记去建立一个生态、一个平台、一套系统。

管理者看到这样既有意愿又有能力的人一定要给他一个舞台让他尽情发挥，即使他会犯错，但是培养人最重要的方法就是给他机会。只有给权力、压责任、有利益三者齐头并进，才有可能将有意愿有能力的人管理好。

第二，对于有意愿但能力不够的人怎么办？企业要更重视"有意愿"而不是"有能力"，我见过太多的人虽然能力很强，但是事情做得一塌糊涂，原因是他们的心不在于此，志不在于此，没有动力。很多时候，意愿是正和负的问题，能力是60分和80分的问题。一个真正有意愿的人，他的能力是可以被培养的，他的技能是可以被培训的，他的工具也是可以被不停地加强的。但是如果一个人没有意愿，那么即使他再有能力，也无法完成工作。

对于那些有意愿无能力的人，公司需要给予培训，有意愿的员工愿意接受自己不了解的东西。那些自认为什么都行的人，其实是没有自信的人，自信是有标准的，首先知道自己能做什么，知道哪些方面是可以自己挑大梁的；其次理解什么是自己不能做的。一个自信的人应非常清楚自己哪个方面不行，如果连自己不会做什么都不知道，那肯定要闹笑话，而且在很多时候会坏事，耽误团队的发展，给团队造成很大的损害。在没有能力的时候，要讲清楚自己意愿和能力，两者是需要自己思考和平衡的。

一个自信的人在面对一件必须做的事情的时候，虽然有意愿无能力，但只要给他时间，就一定能学会。一个人只有做的事情越来越多，未来面临的事情都是超过自己现有能力的，才可能成长。所以，管理者要让被辅导者做的事情永远比他的能力稍微高一点，给他机会让他成长。意愿是弥补期望和现有能力差距的最核心的动力。

第三，那些有能力无意愿的人的KPI完成得很好，但是价值观不好，在阿里巴巴称为"野狗"。

有能力没意愿，不外乎几个原因。

一是觉得没有挑战。当一个人重复做自己完全可以胜任的工作时，即使他能做得很好，他也是没有兴趣的，效率会越来越低。对于那些有能力的人，给出的任务必须有一定的挑战性，如果没有挑战性，员工和团队就会放松警惕。挑战是一个人能力增长和意愿提升的关键，尤其对那些有能力且业务做得很好的人，可给予他新的挑战。

二是有一种舒适区的情况。他现在已经做得不错了，无论是工作还是生活，已经进入一种舒适区，如果不打破的话，他就一直处于一种看似在认真工作其实并没有用心的非专注状态。在现实工作场景里，这样有能力无意愿的人特别多。阿里巴巴有271制度，让员工之间PK，要给予员工压力，无论是内部压力、外部压力，还是KPI的压力，甚至客户给予的压力。只要让他感觉到有压力，他就会奋起直追。意愿的唤起不能仅靠奖励，还可以以压力为基础。无意愿本身就是自我解压，是对自我成长的放松，所以不能仅用奖励去对付这种人。奖励要给予那些有意愿有能力的人，让这样的人变成公司的形象代表，并得到最好的利益、最好的位置。不要总给那些有能力无意愿的人奖励，还要给他们压力。每种人适用的鼓励方法不一样。

第四，无能力无意愿的人。没有能力，KPI很难完成。没有意愿则有很多种原因，有的是老员工疲惫了，也有的是新员工不了解情况，还有的是招聘的时候招错了。阿里巴巴每个团队每年都会淘汰10%的人，只要是271评选出来的"1"，无论是因为价值观不合格，还是因为工作绩效不合格。

阿里巴巴从2000年开始就有271绩效考核制度，这个制度意味着要淘汰那些无能力无意愿或者是在能力和意愿方面达不到公司要求的人。公司必须有常态的优胜劣汰机制，否则公司就会变成一潭死水，这样一定会滋生细菌，会腐烂，最终一事无成。所以，该开除的就开除，无论是对意愿很好没有能力的，还是意愿不够能力很强的。心要狠，刀要快，只有这样团队才能快速发展。领导者必须有自己的威严，必须有自己的"杀法"，也必须有自己的奖惩措施。

第 2 节　韩非子的奖惩措施

公司马上要做一个大型的活动，但发现团队激情不够、业绩不够，该怎么办？比如快到"双11"了，有什么方法能快速提升团队绩效？给团队"打鸡血"？像喊口号、贴标语、灌输鸡汤名言，有人反对，也有人赞同。阿里巴巴有很多"名言"，比如"此时此刻，非我莫属"，再如"一失足成千'股'恨"（如果今天不努力，团队可能就罚他一千股的股票，按照200美元一股的话，差不多是20万美元。只要项目做得好，就可能拿到20万美元，做得不好就会失去20万美元，这叫一失足成千"股"恨）。

要想快速提升绩效要注重三个重要的方面。

第一个方面，要理解管理中的正面激励和负面激励，也就是奖励和处罚哪个更加重要。

有人说奖励更加重要，因为奖励能让人有意愿去努力，当然也有人说处罚更加重要。其实关于这个话题，韩非子写过一篇文章《二柄》，里面讲的就是如何运用赏罚之策管理团队和国家。韩非子非常明确地提出惩罚力量要比奖励力量更大。举例来讲：如果今天你做得好，就给你一斤肉吃，这叫奖励；如果今天你做得不好，要从你身上割一斤肉下来，这叫处罚。所以，如果想要短期快速提升绩效，一定要给予非常明确的处罚。

在实际管理过程中，我经常会教团队用一种管理方法——六点工作制。每天定好要完成的六件事情，然后说明如果这六件事情都做得到应该怎样奖励自己，如果做不到又将如何处罚自己，且处罚要重，以逼迫自己去完成任务。

我在阿里巴巴的时候也会这样做，如果今天的六件事情做不到，要做一百个俯卧撑或者取消我今年所有的旅游计划。一定要对自己狠一点，因为只有这样才有可能改掉那些坏毛病，才有可能激起自己勇敢做事的心。虽然短期来看，处罚比激励更加有价值和有效率，但是激励在长期来说更有效，激励可以对大家进行长期引导，所以，激励和处罚要同时发力，即使在短期，这两者也要一起使用。

第二个方面，想要快速提升绩效，最重要的是提升这个团队的管理者的能力，因为管理者既是团队的灵魂，也是团队力量和效率的决定因素。

要想提升一个项目的绩效就必须从管理者下手。在要求团队提升绩效的时候，必须给团队的管理者施加压力，要让管理者知道如果做不好会怎么样，如果做得好又会怎么样，要让他认识到团队的绩效系于他一身，从而让他从自己身上找到更多的力量。

当然还有一些更快的方法，比如直接对管理者进行调换，让一个有激情有能力的人当管理者，所谓新官上任三把火，新的管理者一旦到来往往会让团队的绩效快速提升。轮岗机制就是这样，当一个做得还可以的管理者轮岗后，绩效会快速提升。因为当一个新的管理者来到一个新的团队后，他就想必须快速地做出成绩，来验证自己的管理方法。他会带来更多的资源，也希望比上一个管理者做得更好。轮岗本身就是提升绩效的重要方法。可见，对于管理者的管理及进行相应的调动是提升绩效的又快又方便的方法。

第三个方面，在日常管理中，当一个管理者看到自己的下属在管理一个团队或者一个项目的时候，无论是他管理的过程、在管理中使用的方法，还是事情的进展、结果，都让人不满意，到底应不应该插手？

有人说用人不疑，疑人不用，因此不要插手，让他自己做；也有人说为了效率，必须去把每件事情都做到尽善尽美，因为不能犯任何错误，但凡有错误，到了客户那里就是巨大的问题。插手不对，不插手也不对，那么到底怎样做才是对的？

在周星驰的电影《功夫》里面，当有斧头帮欺负百姓的时候，有人很早就站出来了，但是也有人最后才站出来，而越是后面站出来的人越是高手，因为这些高手可以等到飞刀飞到眼前的一瞬间伸手把它抓住。这涉及管理的安全距离，也就是说一个人处理问题的能力越强，那么留给自己的纠错时间就可以越少，这样留给团队的出错时间就可以越多。

比如一个项目，你的下属去做要一个月完成，你自己去做3天就可以完成，那么为了培养下属，这27天的时间差是你对下属的培养时间，在这段时间内，你可以让下属自己摸索、思考、学习。若过了27天你的下属还没有完成，你就要出手了，因为这个项目必须完成，完不成就是所有人的失败。依此类推，如果你需要15天来完成，那么你留给下属摸索、思考、学习的时间就只有15天。

是否插手一件事情，取决于自己亲自完成这件事情所需要花费的时间及下属的能力和努力程度——他越努力你越不用插手，他越不努力你越要插手。若一个员工能力不够，你就要多去现场做指导；若一个员工意愿不够，你就要随时随地提醒。当员工自己的能力越来越强的时候，你就应该开始往后退。在管理过程中，要以插手为基础，以不插手为目的。

所有培养人的机会、时间和效能都来自自己的管理能力、自己处理问题的能力，以及自己最终达成目标能够给出的安全距离的能力。管理者是通过成就他人来成就自己的，只有不停地培养下属，才能不停往后退，才能越来越少插手。既不是真的完全不管，也不是时刻指指点点。有一句管理的名言很有道理：我需要的是你的指点，而不是你的指指点点。

下面总结一下。

第一，负面的处罚比正面的激励在短期更加有效率，正面的激励比负面的处罚更加有效能。

第二，管理好项目带头人或者换一个管理者是快速提升效率的方法之一。

第三，在指导团队提升绩效的时候，要适时逐步地往后退，不要完全退出而让团队失去控制。

第 3 节　持续改进：管理的成长之路

管理不是一蹴而就的事情，需要循序渐进，需要持续思考和发展。

在企业发展的过程中，若需要在短期内快速提升业绩，处罚比奖励更有用。佛家讲究戒、定、慧，"戒"是把管理的基础规则做好，然后才会有"定"，也就是每个人每天做什么，最后才能生成"慧"。

下面从三个方面来讲如何提升管理水平。第一个方面，管理的动力，就是什么东西在促进着企业快速成长和发展。有一位阿里巴巴的高管跟我讲："在做项目的时候，不能只想着去培养人，比培养人更重要的是如何建立组织和制度。"

如果团队想提升三倍的效率，不用那么复杂，用好激励和处罚就行。激励和处罚是直接用来解决效率问题的。

如果要提升十倍以上的绩效，激励和处罚就做不到了，但组织流程的变化可以提升十倍效率。通过流程的再造、通过标准方法的设置、通过对每个步骤的清晰界定，就能够提升十倍的绩效，也就是说标准SOP流程，可以让团队提升十倍以上绩效。

如果要提升百倍以上的绩效，只能靠工具、靠人工智能。在做每件事情的时候，一定要思考有没有新的工具可以取代正在做的事情、有没有更好的人工智能手段，只有以此为基础才能够找到核心方法。教一个人学会用单反相机是很困难的，但是当傻瓜相机出来以后，照相就变成了一件很简单的事情，而当手机出来以后，似乎没有必要去买相机了，因为一个手机就已经解决了照相的问题。通过工具去解决，而不是通过培训人去解决，主要就是用新的思路去解决老的问题。

了解了管理的动力理论，就知道未来到底如何去做。激励和处罚可以提升三倍的效率，流程再造和流程标准化实施可以提升十倍的效率，而人工智能的改造最终可以提升百倍的效率。工具的提升是非常重要的，它本身就是效率提升极致的体现之一。有些时候，管理的核心不在于管理本身，而在于科学，乃至生态。

第二个方面，就是所谓的拿结果。既要结果好，也要过程好，还要团队得到发展，持续提升管理水平，且必须同时满足这三个条件。只有不停地成功，才能给团队带来取得下一次成功的信心、勇气和力量。

"失败是成功之母"这句话是有问题的，成功才是成功之母，因为成功的人一定有方法，成功一定有道理，成功是可以被复制的。阿里巴巴忌讳讲失败的案例，都会讲成功的案例，而要讲失败的背后收获什么。歌颂失败是为了寻找在失败过程中收获了什么，因为那些才是有价值的东西。

除了要有最好的结果，还要改善过程，比如是否有流程的变化，是否用了新工具，等等。过程是可以管控的，在过程管控中经常会发现，团队配合是在焦急中出问题的，只有详细的过程管理才有可能将过程管理得顺风顺水，而这种效率的提升是需要在过程中反复去思考的，也就是复盘。

当一个项目完成之后，就要开会去做这个项目的复盘，去看结果最终是不是达成了。不管是不是达成了，要找出谁在整个过程中做得超出期望、谁在过程中没有达成期望，然后，从价值观、能力等方面，对应地制定好奖惩措施，并一一兑现。团队讲究"愿赌服输，约法三章"。只有有奖惩，团队才能够在每个项目中得以成长和发展。千万记得在过程中要做好复盘。

除此以外，在复盘的过程中要反复考量每个步骤、每个环节是否可以持续改进。有一个课程叫作MOT，也称为关键时刻。当年的美国西南航空把和客户接触的每个环节都变成了一个子项目，然后每个月都在子项目上有持续地推进、演进和转化，由于每个环节不停地进步，这家公司在一年之内从濒临破产变成了全美最赚钱的公司，而这靠的就是所有员工在每个环节都能够做得比以前好。其他企业也是如此，在详细的模块安排下，要求每个人要持续地提升。

最后复盘的是过程中工具的使用，包括现有工具的改进和对新工具做反复调配、推广和演练。就像配备了一个新的武器，如果不能熟练地使用，就和砖头一样。提升效率本身就是团队重要的能力，既要结果好，还要过程好，边打仗边锻炼团队。

第三个方面，提升团队士气及团队的凝聚力。团队士气和团队的凝聚力是胜利的关键。古人云：一鼓作气，再而衰，三而竭。士气一旦破坏，团队就一定会面临失败。一个管理者管理团队的核心就是能够保持士气高涨，如同当年项羽的破釜沉舟，只有进没有退，大家就可以以一当十。提升士气本身就是持续成长的一个要素，也是团队发展的一个重要的指标。

总之，做事情有很多的方法，每个方法背后都需要去思考。提升团队士气的具体的方法，第一要了解管理的动力理论，激励和处罚的流程，还有工具的改造；第二是想办法达成想要的结果，而且在过程中不停地复盘，同时不断改善和提升；第三是提升团队的士气和凝聚力，在"战争"中去训练。只有这样才能打造一支无坚不摧、真正有战斗力的管理团队和真正能够做事情的组织。管理者要经常思考的核心不只是把业务做好，更是管理水平的持续提升。

第 4 节　百战百胜，持续成功

管理者如何在成功的时候持续激励团队？成功对于很多企业而言都是非常重要的，真实情况是很多失败都是藏在成功之后的。

当年李自成占领了北京城，以风卷残云之势获得万众拥护，但在山海关的吴三桂带着清兵一起杀过来之后，在很短的时间内李自成兵败垂成。李自成灭了明朝，吴三桂和清朝却很快又攫取了李自成的成果。

那么，在取得成功的时候，管理者要如何去做才能够将一个团队带领得更好呢？结合阿里巴巴的管理，大家有三条需要注意。

第一条，在成功的时候更要复盘。成功必有其因，也必有其果，成功总结出来的流程和结果是否可以不停地被复制？成功的成果是众缘和合，有很多的因素让这个项目得以成功，但要看到这个成功是如期完成的，还是超额完成的。尤其是超额完成的，是因为哪个地方得到了改善？跟以往有什么不一样（包括过程、人才、方向、资源有什么不一样）？其中有哪些有价值的东西被凸显出来了？每次成功代表着下一次在做同样事情的时候效率会得以提升，每次成功都是客户价值更加精准的体现。所以要去感恩成功，去感谢那些因为这件事情赋予了价值的客户，以及在过程中帮助了自己的合作伙伴。用感恩的心去替代骄傲的心，要知道成功不只是结果的最终达成，更要考量团队在完成这件事情的时候是否更加有能力了、价值观是否更好了，大家之间的配合和团结是否越来越好了。如果没有就要小心了，有很多团队最终的劳动成果是靠牺牲团队内部的利益，乃至休息时间、打疲惫战所换来的，这样的成功是不可持续的。

第二条，成功之后团队成员的心态变化。成功之后团队成员的心态很容易发生一些莫名其妙的变化。其中一种就是骄傲，觉得了不起。成功所带来的骄傲和团队激情是有价值的，但是骄傲一旦变成了自大就是有害的了。

另外一种就是放松，就像结束高考一样，将书全部扔掉。中国足球队老是出现这种情况，进了球还不到一分钟就被人进了球，这就是心态放松的结果。人一旦放松就失去了专注，就失去了对事情的敏感性，很有可能刚刚成功就被人杀一个回马枪，甚至被人偷袭。放松是致命的弱点。

第三条，防范慢心。每当面对项目、对手、客户时，都觉得不过如此，那么自以为是的慢心就会慢慢滋长，这会让人在面临新问题和坎坷的时候不能够实事求是地去看待问题和解决问题。每当项目完成之后要特别关注团队成员的心态，是越来越平静了，还是陷入了慢心状态。

每年的"双11"都是阿里巴巴的一次大战。我当年在阿里巴巴的时候，从每年的9月到10月几个月的时间，每天工作到晚上一两点都是非常正常的事情。

在阿里巴巴每年"双11"之后，团队成员就会发生前面所讲的那些变化。既然可以预知大家心态会出现问题，那么应做哪些事情来应对呢？

在"双11"之后，公司会要求在随后的一周之内关注商家后续的客服、仓储和资金链，对于天猫、淘宝都是如此，要让大家了解到"双11"不是战争的结束，而是成功的开始，还有很长的路要走。

之后要马上准备"双12"，淘宝会有很多的活动。以天猫为主的"双11"过后，"双12"战场就转到了以淘宝为主，但天猫要做好配合，而"双12"之后，马上就要过年了，1月23日要年底清库存。

在"双11"之后马上要做的就是轮岗。逍遥子注意到"双11"之后大家的骄傲或者放松的状态之后，他想到一个方法，在"双11"之后两三周，开始对团队做大的轮岗，做得好的进行奖励，做得不好的进行处罚。在管理者发生变化的同时还要应对马上到来的12月份活动，以及本季度的总结和下一个季度项目的跟进，开拓思考方向和策略。在"双11"之后，公司根本不会让你有沾沾自喜的机会，会让你马上投入一个新的环境去做更多的事情。

　　在每次成功之后都要去思考团队的成长是什么，复盘其中每个值得关注的地方。无论做得好的地方，还是做得不好的地方，都要有相应的变动。战争只要发生，无论结果如何，都需要调整。失败要总结教训，成功更要总结经验。一个了解组织力和组织发展的人，心里时刻要放着一件事情——用成功来换取一个更大的成功，而不要让成功成为通往更大成功的拦路石或者陷阱。

第5节　勇者无惧，哀兵必胜

失败是成功之母，但是面对失败，大部分人都会一蹶不振，而且失败的人更多的是不停地失败。每次面对项目失败，要思考怎么去做才能带好一个团队。人生之不如意十有八九，企业发展中一定也会有这样的问题，尤其互联网公司更是如此。那么，在困境下如何突围？

马云曾经说过一句话，失败是成功之母，但是成功是成功之父。失败也好，成功也好，对一个管理者而言都是有价值的，成功和失败都是在告诉大家还有更大的成长空间，看一看团队到底可以经受住什么样的挑战。

阿里巴巴曾经有一个项目叫来往。投入了大量的人力和几十亿元的资金，阿里巴巴将最优秀的开发团队和运营团队调到来往，十八罗汉亲自参与，但这个项目还是失败了。后来大家复盘失败的原因，有以下几个。

一是定位有问题。它和微信的思路太像，和一个已经长大的、功能相似的App去竞争是没有意义的。

二是没有做出自己的特色。虽然产品做得好，使用体验也很好，但是没有满足客户新的需求。在推广的过程中，忽视了产品本身的要求，陷入了看似功能越来越强，却没有人使用的尴尬境地。当年来往团队中的一个小项目组——那个十个人的团队，不需要公司的任何资源，却做了一个新的产品——钉钉。钉钉非常成功。我相信在这个成功的背后一定有很多东西是值得思考的。

微信是一个以接收者为第一客户的产品，而钉钉是一个以发送者为第一客户的产品，C端的微信和B端的钉钉成为社交中的重要工具。任何一次失败，只要找到失败的原因就都是有价值的。在面临困境的时候，管理者一定要做三件事情。

第一是认可失败。

第二是找出失败背后的原因。

第三是找到失败带来的成长和价值。

在已经失败的时候，不愿意接受失败才是最悲哀的。如果认不清现实，不了解实际情况，甚至带着情绪做事情，就会在同一个地方不停地重复失败。而以为以这样的方式再来一次就能解决失败的问题的想法，也只是撞南墙，虽勇气可嘉但效果极差。是攻击时间不够、策略不好，还是失败只是伪装的，只要再次进攻就会攻克，又或者是真的没有这个能力？要清楚失败的原因到底是什么，承认失败是走出失败的开始。

要分析失败的原因，无论是人、过程，还是资源，都非常重要。之所以失败，一定是有些地方存在问题，可能是时机没有到，可能是人或事的问题，也可能是资源问题，不找到失败的原因就代表着永远找不到那把开启成功之门的钥匙。而每次的经历就是为了告诉我们，其中一把钥匙在哪里、控制点在哪里，以及哪些地方只是没有做到、哪个地方是方法不对。除此之外，要特别关注奖惩，要记住千万不要说失败之后就不用承担责任了。因为必须加强制度的力量，若一个企业没有严格的制度，一切动作都向失败更近一步。

失败对团队来讲更加有价值的是失败之后的收获。

如果失败之后没有收获，失败就失去了其所有的价值；如果失败带来收获，也许失败就是这个项目成功的关键所在。天猫在做"双11"的时候遇到了很多挑战，比如2011年将整个物流行业挤垮，而基于这次失败，阿里巴巴开始思考如何做物流，最后开始做菜鸟。

菜鸟不是一个简单的物流，而是反过来思考可以通过什么样的技术手段、科学手段、生态手段去提升物流中的短板，以及去解决中央仓储和干线物流中的问题。

如果团队在失败中得到了磨炼，何尝不是另外一种成功与成长？失败的只是项目本身，团队成员配合越来越好、团队中每个岗位的工作标准越来越好，这难道不是下次成功的核心吗？请记住一句话：一个项目成不成，关键是团队成不成，也就是说项目不成其实是团队不成的一种表现。团队内部的任何人有成长，都会往成功又靠近一步。

在做投资的时候也是如此，有些项目就是会失败。一个著名投资人在讲他的投资项目的时候讲了一个案例，他说有一天他看到一个很喜欢的团队，投了1000万元，结果不久这个团队的项目做失败了，1000万元花完了，但是这个团队成熟了很多。当这个团队做第二个项目的时候，投资人又投了1000万元，并跟他们说这次投给他们的1000万元不能按1000万元来算，要按2000万元来算，于是这个项目就以2000万元来计算。这个团队的第二个项目又失败了。到了他们的第三个项目的时候，投资人依然觉得这个团队靠谱，又投了1000万元，并且跟他们说这次要按3000万元来计算，因为他投资的是他们的团队，结果第三次获得了很大的成功，投资人也在第三个项目中得到了丰厚的回报。

创业就是如此。创业的团队虽然有前期的失败，谁说他们不能在第三次、第四次、第五次成功？只要失败带给团队的价值超过了失败的成本，就依然是有所获得的。但是有很多的团队经受不了项目失败所带来的资金短缺及士气低下，最终分崩离析。这是管理的问题，也是团队的问题，是项目失败的必然原因。

失败还有一个重要的价值。中国常说哀兵必胜，骄兵必败。那些成功的人往往会骄傲，而那些失败的人就会有哀伤。失败的人因为充分认识到对方的强大和自己的弱小，每时每刻都如履薄冰，反而能找到战胜的机会。那些"骄兵"自以为是，心高气傲，在关键的点就会犯错误。另外，既然已经失败，就没有负担了，不会顾惜自己的颜面，甚至不会顾及自己的生命，以身涉险，在不知道的地方忽然发起攻击。

一个优秀的团队并不是说一直是群情激昂的，而是能够在每件事情上都能做到尽善尽美，行动的时候快如风，静止的时候坐如钟。而失败会让管理者愈发了解自己和团队的不足，越发能需要依靠团队的力量去做事情，而这些正是成功的基础。对管理者来讲，在团队面临失败的时候，依然能够让团队坚持有力量地活着，这才是对管理者最大的考验。

　　困境是团队的炼金石，只有当一个团队处于困境之中，才能看出这个团队真正的能力，管理者才能看到真正的人心和士气。在团队成功、业务顺利的时候，大家用速度掩盖了一切管理本身的问题，比如流程不合理、人才的缺失和团队文化的缺失。一切的问题都被掩盖，而当问题掩盖不住时候，团队就会崩塌。在遇到困难时，停下来看看团队到底有没有真实的能力，流程是否合理，哪些人是真正愿意跟着团队一直走下去，能够荣辱与共、能够在最终获得时分享成功果实的。

第 6 节　意见领袖：用好影响力人物

一个人的领导力来源于三个不同的方面。

组织型管理者，就是组织说我是领导我就是，组织给我责任、让我去坐在管理者的位置。

专家型管理者，就是我有能力，够专业，有权威，在做事情的时候有自己专业的理解、建议和方法。

人格型管理者，就是我不是组织要求的，也不是行业的专家，但是大家愿意听我的，因为我平时跟大家关系好。

除了这三种管理者，团队里面还可能有一种意见领袖，这种意见领袖虽游离在公司的管理之外，但在公司里面发挥着极其重要的作用，有时候是团队的促进剂，有时候又是团队的破坏者，可以说意见领袖就是团队的双刃剑，用得好天下无敌，用不好伤人伤己。

阿里巴巴在成立的时候就建立了阿里巴巴内部的民间组织，比如阿里十派：有舞蹈派，天天教大家跳舞；有吉他派，教大家唱歌、弹琴；也有瑜伽派，带大家练瑜伽；也有电影派，乒乓球派等。其实不止十派，每个人都可以去组织自己的派或者参与到某一个派。阿里巴巴10万人，不是什么事情都靠公司来管理的。我刚到阿里巴巴时参与过很多派的活动，比如乒乓球派，我乒乓球打得不错，我在乒乓球派里面认识很多其他部门的伙伴。我认识了1688的人，认识了中国供应商的人，认识了产品经理，认识了人力资源的人。实际上，通过阿里十派认识的人在未来公司业务合作的时候反而更方便，因为有私交。阿里十派每年还会做大型的演出汇报，每年都会做一个"阿里十大歌手"的评选，会有非常多的人报名，马云有时候也会来高歌一曲。此外，阿里巴巴的集体婚礼也是阿里十派的活动。阿里十派既能够给公司带来丰富多彩的文艺生活乐趣，同时又是跨事业部交流的平台、阿里巴巴文化重要的组成部分。文化的核心就是将人内心的力量、喜好和资源全部调动起来，为企业以及员工的发展和生活所用。

在阿里巴巴还有一个观点：快乐工作，认真生活。只有感受到工作的快乐，才愿意在一个公司持续地待下去；只有认真生活，才能够将自己的家庭和各个方面安排好。一个优秀的员工是能够平衡自己的家庭生活和公司生活的，并不需要每个人一直在公司里面。

意见领袖这把双刃剑在员工的幸福感和员工的发展中也是非常重要的一环。阿里巴巴在成立的时候就有一个愿景，要成为幸福指数最高的企业。当一个企业把员工的幸福感当成了公司使命之一的时候，做事情时就会考量员工的幸福感。阿里巴巴刚刚成立的时候，虽然知道要做电子商务，但是并不清楚到底要怎么做，这种情况让十八罗汉知道无论做什么项目，只有依靠团队才是公司发展的基础。因为认识到这一点，公司在确定愿景的时候就有了这么一条：成为幸福指数最高的企业。

阿里巴巴已经把员工的幸福感当成了公司的基础目标，在做任何业务的时候都会注意到这个目标。员工的幸福感是需要参与的，只有参与才是员工幸福感的来源，而不是接受，幸福感是要靠自己创造的。每个员工在公司的非正式组织中参与的各种活动带来的私人关系的建立，反而让非正式组织成了公司正式组织和业务发展的润滑剂。有时候，幸福就是受一点点小事所影响的，就好像千万里路的阻碍可能不是千山万水，而是脚底的一粒沙子。看不清远方不是因为有山，而是因为眼前的一片树叶。幸福往往是在那些细小的瞬间给你的感动，意见领袖往往都是用心之人，用心之人不一定有很强的能力，不一定在公司中做得非常好，但是由于他的用心，他可以照顾好公司里面的许多人，成为员工彼此间的链接器。

每个人都可以有自己的想法，都可以去实现自己内心那些让自己感到兴奋的想法。这样的人在公司里面是非常宝贵的，因为他们在每个时间点所表现出来的激情是如此的宝贵。

在阿里巴巴，偶尔也会出现意见领袖的想法与公司安排不一致的情况。比如阿里巴巴取消从滨江到总部班车的时候，虽然当年马云亲自出来解释这件事情，但还是有一批意见领袖说这对员工的利益是有损的。当意见领袖变成了情绪倡导者，他就会破坏整个公司的士气，所以就需要公司有方法来引导这些力量。

阿里巴巴的内网里面什么都可以谈，有相亲的，有对某个项目有想法的……人力资源的人也好，各个业务部门的人也好，都在内网上。

在领导力中，不仅要重视那些与业务相关的管理方法，也要特别关注到"土壤、气、阳光"等因素的作用，管理不能只依赖于自己的身体，还要依赖于"雨、雪、风、晴"等环境，依赖于对团队的感知，只有用好意见领袖，才能够让公司的管理面面俱到，从公司非正式环境层面防范可能会发生的问题。

结语

企业管理，首先需要的就是顶层设计，包括战略模式、组织模式、商业模式等，要明确自己想去哪里，要知道实现愿景的路径。

任何事情的发展是有完整的步骤与条件的，就像修行者们讲的"信、解、行、证"。

信：因为相信，所以看见。信为万物之根，智者都懂得，那些真正的力量都是看不见的，都是来源于我们的自心的。心之所向，人之所往，念念不忘必有回响。

解：融会贯通，善解人意。我们有很多的认知，而每种认知又在不同的维度解释与解决着现实中的各种问题。我们常说，小疑小悟，大疑大悟，不疑不悟。

行：六度万行，知行合一。只有我们相信了，才会形成新的认知与理解，进而影响我们的行动，形成我们的习惯，最终决定我们的命运。

证：格物致知，实事求证。我们需要有体证，有证悟，因为别人的境界只是知识，自己的体证才是智慧。

修行是如此，管理何尝不是如此？

管理不是一门知识，而是一门功夫。希望大家将三板斧的管理方法当成一本"武林秘籍"去实践，最终实现"一群有情有义的人，在一起做一件有价值、有意义的事情"。

最后以三板斧的使命一起共勉：成就一家好公司。我们不追求大，不追求强，而追求成为一家对自己有价值、对客户有价值、对社会有价值的持续发展的好公司。